牧誠財団研究叢書 21

多角経営時代の医療法人管理会計

有効活用による経営持続性の向上

荒井 耕 [著]
Arai Ko

Management
Accounting in
Medical Corporations

中央経済社

ま え が き
―問題意識と方法―

　現在の病院施設の約7割を占め，日本病院界の代表的な開設主体である医療法人（病院経営医療法人）は，かつては病院事業のみを運営することが多かったが，1990年前後以降，多角化が進展したとされる（二木，1998）。荒井（2021a，第1章）で明らかにしたように，すでに2007年度時点において，医療法人の本来業務とされる病院・診療所・介護老人保健施設（以下，老健）の各事業のうち病院以外の診療所や老健も経営する本来業務事業による多角化法人は43.7％に及んでいた。また訪問看護事業や通所リハ事業，グループホーム事業などの訪問系・通所系・入所系の附帯業務事業による多角化を含めた場合には，66.5％の医療法人が多角化していた。その後も医療法人の多角化は進展し，2016年度には本来業務事業による多角化法人は46.3％，附帯業務事業による多角化含む多角化法人は70.9％となった（荒井，2021a，第1章）。さらに，2020年度の事業報告書データに基づけば（荒井，2023b，第4章），本来業務事業（病院・診療所・老健と平成30年4月に本来業務として創設された介護医療院）による多角化法人は51.8％と半数を超えるに至り，附帯業務事業による多角化を含めた多角化法人は76.2％にのぼる。つまり，今日では，本来業務多角化も附帯業務多角化もしていない非多角化医療法人は，4法人に1法人も見られなくなっている。

　こうした多角化の進展により，病院経営医療法人の経営は複雑性が増し，また職員数規模も大きくなり，理事長（トップ）による集権的経営が困難となって各施設事業管理者や施設事業内の各部門管理者への大幅な権限移譲を進めざるをえない状況となっている。こうした多角化を背景とした現場管理者への権限移譲に伴い，トップは各現場（各施設事業や施設事業内各部門）の業績を把握・評価し，またトップが目指す方向に沿って各現場の管理者（及び職員）が自律的に各事業・各部門を経営してくれるように働きかける必要性が増している。そのため，多角経営時代の現在，病院経営医療法人にとって管理会計を適切に利用することは，これまで以上に大きな課題となっている。

そこで本書では，病院という「施設」の観点を超えた病院経営「医療法人」という観点を重視しつつ，多角経営時代の病院経営医療法人における管理会計の実践状況（実施状況・特徴・課題・有効化方法など）を，アンケート調査データの分析を通じて明らかにする。なお，本書の各章で紹介する病院を経営する医療法人への調査は，必ずしも多角化法人に限定した調査ばかりではなく，あくまでも多角経営時代の医療法人（非多角化法人を含む場合もある）の管理会計に関する調査である。それゆえに，多角化法人と非多角化法人での管理会計実践の相違も把握可能になっている。

もっとも，本書の第1章と第2章，第5章，第6章における調査は，事業収益10億円以上の法人を対象としており，この対象法人群では非多角化法人は13.3%（2020年度）に過ぎない。また第7章の調査は，一般病床5割以上の法人を対象としており，この対象法人群では非多角化法人は27.7%（2020年度）に止まる。そのため，これらの章で明らかにした医療法人の管理会計実践は，多角化法人を中心とした多角経営時代の医療法人の実践であるといえる。一方，その他の章の調査は，多角化法人に限定した調査となっており，多角化医療法人に限定された管理会計実践を明らかにしている。第3章と第4章は，事業収益が10億円以上の本来業務多角化法人（本来業務として病院のみを経営している法人以外の法人）を対象としており，第8章は事業収益規模を限定しない本来業務多角化法人，第9章は老健併営多角化法人（老健を併営している病院経営法人）を対象としている。

第1章では，病院経営医療法人における新規高額設備機器投資のマネジメントに関する実践状況を，法人の経営多角化類型や診療領域類型，収益規模などの影響要因との関係性なども含めて明らかにするとともに，投資マネジメント実践の事業採算性への効果の検証もする。第2章では，事業計画のバランスト・スコアカード（BSC）的な特徴などを明らかにするとともに，その特徴と事業計画の利用状況や業績評価での活用状況との関係性についても明らかにする。

第3章では病院経営医療法人の各施設事業別の予算管理の実践状況を法人の収益規模などとの関係も含めて明らかにし，第4章では施設事業（病院）内の各部門（診療科等）別の予算管理の実践状況について明らかにする。続く第5

章及び第6章では，第3章及び第4章における施設事業別及び病院内各部門別の予算管理を中心に医療法人の各種経営管理実践を支える，施設事業別及び病院内各部門別の損益計算管理実践を明らかにする。その際には，医療法人の経営多角化類型による実践状況の相違も明らかにし，また損益計算の効果を高める実践に関する仮説の検証もする。

　こうした責任センター（各施設事業や施設事業内各部門）別の管理会計に対して，第7章では，医療の提供プロセスのマネジメントに関わる管理会計手法である医療サービス価値企画活動の実践状況を経営環境適応という観点に着目しつつ明らかにするとともに，価値企画活動本格化への仕組みの有効性も検証する。なお第7章の補論として，医療機関の費用の過半を占める人件費に係る価値企画活動との関連性が高い，労務単価企画活動ともいえる医師から他職種への業務移管（タスクシフト）の現状についても明らかにする。

　第8章では，多角化に伴う多様な経営管理実践について明らかにするとともに，多角化時の各要素考慮度と経営実践などとの関係性や，多角化に伴う管理会計制度と経営課題などとの関係性についても分析する。続く第9章では，多角化に伴う経営管理実践の中でも，多角化後の法人内での各種事業間の連携統合のための経営管理実践について，本格的な医療介護複合体としての多角経営法人を対象に明らかにする。

　これら各章の研究を通じて，多角化時代の病院経営医療法人における管理会計の実施状況や特徴，課題，有効化方法などに関する知見が得られ，会計学界や医療管理学界の研究者がこの分野の研究をさらに進める上での礎を提供することができる。また病院経営医療法人で経営管理に携わる経営者・経営管理職などの実務家や医療界を相手とする各種コンサル事業者にとっても，現在抱える経営管理上の課題に対処するための貴重な知見を得ることができる。

　なお上述の各章は，筆者がすでに公表してきた複数あるいは単一の論文に加筆修正した章と，まったく新たに執筆した章からなる。具体的には，第1章は荒井（2019c，e），第2章は荒井（2018），第5章は荒井（2019b），第6章は荒井（2019b; 2020a，b），第7章は荒井（2022 a），第8章は荒井（2021b，c），第9章は荒井・尻無濱（2018）及び尻無濱・荒井（2019）に加筆修正したものである。補論は新規に執筆したものであるが，その一部は荒井・阪口（2022）の

結果を基に新規に執筆した。第3章と第4章は，完全に新規に執筆したものである。

　筆者が医療分野の管理会計研究に取り組み始めて本年でちょうど30年目であり，これまでも医療機関の管理会計に関する著書を多数執筆してきた。本書は，『病院管理会計：持続的経営による地域医療への貢献』（荒井，2013）及び『病院管理会計の効果検証：質が高く効率的な医療の実現に向けて』（荒井，2019a）とともに，特定の管理会計手法に限定せずに管理会計全般を対象としている。これらの著書同様，本書をきっかけとして，医療法人において管理会計が積極的かつ有効に活用され，その経営的な持続可能性が高まり，地域医療への貢献が永続することを期待したい。

　本書は，公益財団法人牧誠財団の2024年度出版助成によって出版されたものである。財団関係者には，厚く御礼申し上げる次第である。

　なお本書の公刊に際しては，中央経済社の小坂井和重氏を始めとして編集の方々にお世話になった。心より感謝申し上げたい。また，家族のいつも変わらぬ深い理解と支えに感謝したい。ありがとう。

　令和6年7月

時計台棟の研究室にて

荒　井　　耕

I

目　　　次

まえがき―問題意識と方法―・i

第1章　新規高額設備機器投資マネジメントの実践状況
―影響要因及び採算向上効果の検証― ———————————— 1

  1　問題意識・1
  2　研究方法・2
    2.1　質問票調査の概要・2
    2.2　高額設備機器投資に関わる仮説・5
    2.3　投資マネジメント実践の事業採算性への効果・9
  3　結　　果・11
    3.1　高額設備機器投資マネジメントの実践状況・11
    3.2　高額設備機器投資に関わる諸仮説の検証・17
    3.3　投資マネジメント実践による採算性向上効果の検証・22
  4　考　　察・24
    4.1　投資マネジメント実践の現状・24
    4.2　諸仮説の検証・29
    4.3　採算性向上効果の検証・32
  5　ま と め・34

第2章　事業計画の実践状況
―バランスト・スコアカード的性質の有用性― ———————— 37

  1　問題意識・37
  2　研究方法・38
  3　結　　果・39
    3.1　事業計画の特徴・39
    3.2　利用状況と事業計画の特徴との関係性・42

3.3 管理者業績評価での活用を高める事業計画の特徴・43
4 考　　察・45
4.1 事業計画の特徴・45
4.2 利用状況と事業計画の特徴との関係性・47
4.3 業績評価活用を高める事業計画の特徴・48
5 ま と め・50

第3章　施設事業別の予算管理の実践状況
―有効活用化の必要性―　53

1 問題意識・53
2 研究方法・54
3 結　　果・57
3.1 施設事業別予算管理の実践状況・57
3.2 規模別の実践状況・65
4 考　　察・67
4.1 施設事業別予算管理の実践状況・67
4.2 規模別の実践状況・70
5 ま と め・71

第4章　病院内部門別の予算管理の実践状況
75

1 問題意識・75
2 研究方法・75
3 結　　果・76
3.1 部門別予算管理の実践状況・76
3.2 規模別の実践状況・80
4 考　　察・83
4.1 部門別予算管理の実践状況・83
4.2 規模別の実践状況・86
5 ま と め・87

目　次　III

第5章　施設事業別の損益計算・管理の実践状況
─多角経営類型により異なる実施状況─ ───────── 89

　　1　問題意識・89
　　2　研究方法・90
　　　　2.1　質問票調査の概要・90
　　　　2.2　多角経営類型別の実践状況・92
　　3　結　　果・94
　　　　3.1　施設事業別損益計算・管理の実践状況・94
　　　　3.2　多角経営類型別の実践状況の検証・97
　　4　考察とまとめ・99

第6章　病院内部門別の損益計算・管理の実践状況
─────────────────────── 103

　　1　問題意識・103
　　2　研究方法・104
　　　　2.1　質問票調査の概要・104
　　　　2.2　部門別損益計算の効果を高める実践・107
　　3　結　　果・109
　　　　3.1　部門別損益計算・109
　　　　3.2　部門別損益分岐分析・117
　　　　3.3　部門別損益計算の効果を高める実践の検証・119
　　　　　　（1）　部門別損益計算の利用度と効果・119
　　　　　　（2）　部門損益目標設定と効果・121
　　　　　　（3）　部門損益結果の業績評価利用と効果・122
　　　　　　（4）　部門別損益計算頻度と効果・123
　　4　考　　察・124
　　　　4.1　部門別損益計算・124
　　　　4.2　部門別損益分岐分析・130
　　　　4.3　部門別損益計算の効果を高める実践・132
　　5　病棟別損益計算・管理の実践状況・134
　　6　ま　と　め・138

IV

第7章　医療サービス価値企画の実践状況

―環境適応の進展と活動本格化への仕組みの有効性― ―― 141

1　問題意識・141

2　研究方法・143

3　結　　果・146

3.1　標準提供プロセス設計状況・146

（1）　作成状況・146

（2）　作成に際する採算性の定量的検討状況・149

（3）　病棟横断的な標準提供プロセスの設計状況・151

3.2　置かれている制度環境と価値企画実践の関係性・153

3.3　作成委員会と各職種関与度及び各要素考慮度の関係性・155

3.4　採算性の定量的検討と採算性考慮度及び採算確保積極性・156

4　考　　察・157

4.1　標準提供プロセス設計状況・157

4.2　置かれている制度環境と価値企画実践の関係性・161

4.3　作成委員会と各職種関与度及び各要素考慮度の関係性・162

4.4　採算性の定量的検討と採算性考慮度及び採算確保積極性・164

5　ま と め・164

補　論　労務単価企画の実践状況

―――――――――――――――――――――――――――― 167

1　問題意識・167

2　研究方法・168

3　結　　果・169

4　考　　察・174

5　ま と め・179

目　次　V

第8章　事業多角化に伴う経営管理の実践状況
―多角化時の各要素考慮度と多角化に伴う管理会計制度への積極性の影響― ―――――――――――――― 183

1　問題意識・183

2　研究方法・184

3　結　　果・187

  3.1　多角化に伴う経営管理・187

    （1）　多角化意思決定に際する各要素の考慮度・187

    （2）　多角化投資の採算性の定量評価・190

    （3）　多角化事業の事後的検証・191

    （4）　多角化に伴う各種経営課題への重視度・193

    （5）　事業別採算管理に関する考え方・195

    （6）　法人全体経営計画・197

    （7）　法人全体の財務側面別の重視度・199

  3.2　多角化時の各要素考慮度と経営実践及び財務指標重視度の関係性・201

    （1）　事業採算性/財務健全性・201

    （2）　波及効果・205

    （3）　患者ニーズ/制度動向・207

    （4）　地域競争環境・210

    （5）　そ の 他・213

  3.3　多角化に伴う管理会計制度と経営課題及び法人財務成果の関係性・216

    （1）　管理会計制度への積極性と各種経営課題重視度・216

    （2）　管理会計制度への積極性と法人財務成果の重視度・218

4　考　　察・220

  4.1　多角化に伴う経営管理・220

  4.2　多角化時の各要素考慮度と経営実践及び財務指標重視度の関係性・225

  4.3　多角化に伴う管理会計制度と経営課題及び法人財務成果の関係性・228

5　ま と め・231

VI

第9章 法人内連携統合のための経営管理の実践状況
―本格的な医療介護複合体としての多角経営法人での実践―
235

1 問題意識・235

2 先行研究・236

3 研究方法・239

4 結　果・242

 4.1 法人内連携戦略に関する認識・策定・組織体制・242

 4.2 施設事業横断的な収支分析・人事・244

 4.3 施設事業別採算管理に関する考え方・245

 4.4 法人全体対象の中期事業計画・予算・246

 4.5 法人本部による各施設事業予算・投資への介入状況・248

 4.6 主要疾患別の法人内統合一貫サービスモデル作成・251

 4.7 法人内患者データ統合利用・253

 4.8 地域医療・介護体制構築への法人内取り組み度・254

5 考　察・255

 5.1 法人内連携戦略に関する認識・策定・組織体制・255

 5.2 施設事業横断的な収支分析・人事・256

 5.3 施設事業別採算管理に関する考え方・257

 5.4 法人全体対象の中期事業計画・予算・258

 5.5 法人本部による各施設事業予算・投資への介入状況・259

 5.6 主要疾患別の法人内統合一貫サービスモデル作成・261

 5.7 法人内患者データ統合利用・262

 5.8 地域医療・介護体制構築への法人内取り組み度・263

 5.9 多角化度と法人内連携のための経営管理実践・264

6 まとめ・266

■参考文献・271

■索　引・277

第1章

新規高額設備機器投資マネジメントの
実践状況
―影響要因及び採算向上効果の検証―

1 問題意識

　財政難を背景に診療報酬抑制策が続く中，財務状況が悪化している医療機関
も多く見られる。しかし一方で，医療技術の進歩が著しく，地域から期待され
る医療水準の向上に対応するために，新規の高額な設備機器への投資も継続的
に求められる状況下にある。そのため，高額な設備機器投資に際しては，財務
要素を考慮することが重要となっている。また医療技術を使いこなして患者に
より良い医療サービスを提供するためには，医師を中心とした医療機関職員の
知識・技術・意欲が不可欠であるため，医療機関における設備機器投資に際し
ては，職員意欲への影響の考慮も重要である。さらに，政府による地域包括ケ
アの推進に見られるように，医療機関には医療から介護までの多様なサービス
を統合的に提供することが求められる時代となっている。医療法人を中心に，
そうした時代の要請に対応して事業多角化が進められ，同一の法人理念・ビ
ジョンの下，法人内の多様な事業間の連携を強化することが課題となっている。
そのため，新規の高額設備機器投資に際しては，法人の理念・ビジョンとの適
合性，既存事業との関連性も強く意識することが必要となっている。

　このように高額設備機器投資に際しては多様な要素が考慮されることは先行
研究（荒井，2013，第2章）により明らかにされてきたが，こうした多様な要
素がそれぞれどの程度考慮され，また各種要素間ではどの要素が相対的に重視
されているのかは不明である。

　また，設備機器投資のマネジメントの研究においては，伝統的に投資意思決

定時におけるその経済性評価手法（定量的な採択手法）に注目が当てられてきた。そのこともあり，投資意思決定の結果として実現できない現場から要望された投資案件について，現場のモチベーションを低下させないために，どのように現場からの納得を得るかという投資マネジメントや，投資の数年後に投資が意図した効果を発揮しているのかを事後的に検証するという投資マネジメントなどは，少なくとも医療界では定量的に明らかにされてきていない。

　そこで本章では，研究方法を説明したあと，まずこうした高額設備機器投資マネジメントの実践状況を明らかにする。その上で，医療機関における投資意思決定時の各種要素の考慮度や現場納得確保策，事後評価といった投資マネジメント実践をより深く理解するために，投資マネジメント実践に関わるいくつかの仮説について検証する。具体的には，法人の基本属性（多角化状況，診療領域，経済規模）が投資マネジメント実践に与える影響についての諸仮説と，現場納得確保策や事後評価の実施状況に影響を与える諸要因に関する諸仮説を検証する。加えて，採算性に関わる投資マネジメント実践（採算性定量評価，損益目標実現による動機付け，採算性事後評価，目標事業利益率水準）が，医療機関の実際の事業採算性に効果をもたらしているのかどうかの検証もする。

2　研究方法

2.1　質問票調査の概要

　医療法人が提出する『事業報告書等』に基づき，病院を経営する医療法人のデータベース（2014年決算版）を構築し，事業収益が10億円以上の法人を対象に，新規事業や新医療技術導入に伴う高額な設備機器の投資に関する郵送質問票調査を実施した。具体的には，2,758法人を対象に，2019年1月中旬～2月中旬に実施し，204法人から有効回答を得た（有効回答率7.4％）。回答は，「法人内の高額設備機器投資の状況に詳しい方」[1]（「理事長・院長等による投資判断を支援し，実質的な検討に責任を持つ，法人本部長や事務部長など」）にお願いした。なお，質問票の作成段階では，本調査の想定回答担当者である事業収益10億円以上の病院経営医療法人のある管理職の方に質問票案をご確認いただき，対象

第1章　新規高額設備機器投資マネジメントの実践状況　　3

法人群の回答対象者が適切に回答可能な調査票となっているかコメントをいた
だいて最終調査票を完成させた。

　質問票では，「法人グループ全体（関連社会福祉法人等を含む）」（以下，法人グ
ループを法人と略称）の基本属性として，どのような種類の施設・事業を経営
しているかを8種類の選択肢[2]の中から選んでもらった。そして経営している
医療法上の本来業務の施設種類（病院，診療所，老健）の組み合わせに着目し
て（荒井，2017a），各法人を4種類の多角経営類型に分類した（**図表1−1**）。病
院のみ型が4割半で一番多く，次いで病院・老健型が3割程度となっていた。
また，本来業務施設のみで区分した場合（荒井，2013，第9章）における医療
領域内の多角経営類型である病院のみ型と病院・診療所型で5割半を占め，本
格的な医療介護複合体としての多角化である老健併営系2類型は4割半であっ
た。さらに，医療法上の本来業務以外の施設事業である「その他施設」[3]，「訪
問系事業」，「通所系事業」という附帯業務も含めて，医療内多角化か医療介護
複合多角化かに区分した場合（具体的には，老健併営系類型に加えて，病院のみ
型及び病院・診療所型であってもこれらの附帯業務施設事業を経営している法人を
医療介護複合多角化法人に分類した場合）には，医療内多角類型が3分の1，医
療介護複合類型が3分の2であった。

[図表1−1]　回答法人の基本属性：多角経営類型

多角経営4類型	n	割合	本来業務のみで区分			附帯業務含め区分*		
病院のみ型	92	45.1%	医療内多角類型	114	55.9%	医療内多角類型	69	33.8%
病院・診療所型	22	10.8%						
病院・老健型	63	30.9%	医療介護複合類型	90	44.1%	医療介護複合類型	135	66.2%
病院・診療所・老健型	27	13.2%						

＊老健併営2類型に加えて，「その他施設」，「訪問系事業」，「通所系事業」という本来業務事業以外
　の施設事業を経営している法人も医療介護複合類型と分類。

　なお，母集団としての事業収益10億円以上の病院経営医療法人群全体での各
多角経営類型別割合は，病院のみ型39.7％，病院・診療所型19.0％，病院・老
健型24.1％，病院・診療所・老健型17.2％となっていた。回答法人群の方が病
院・診療所型と病院・診療所・老健型の割合が若干低く，病院のみ型と病院・
老健型の割合が若干高いものの，母集団と回答法人群における各多角経営類型

の構成割合はおおむね一致している。

　さらに法人として経営している各種の施設事業の種類数に着目して（荒井，2013，第9章），各法人の多角化度を算定したところ，単独の施設事業のみを経営する法人が2割半と割合が一番大きいが，2種類から6種類まで1割台の割合となっており，多角化度は法人によりかなりばらついている（**図表1-2**）。

[図表1-2]　回答法人の基本属性：多角化度

多角化度	1	2	3	4	5	6	7	8	平均値	中央値
n	50	24	35	33	31	23	6	2	3.4	3
割合	24.5%	11.8%	17.2%	16.2%	15.2%	11.3%	2.9%	1.0%		

　また，医療法人の中核事業である病院の事業内容類型を表す診療領域（病床種類）類型を見た（**図表1-3**）。一般型とは一般病床8割以上の病院であり，3割強を占めている。また療養型とは療養病床8割以上，精神型とは精神病床8割以上の病院であり，それぞれ1割台を占めている。一方，ケアミックス型とは，これら3種類の特定の病床種類に重点のある病院以外の，多様な病床種類の構成割合をバランスさせた病院で，4割強を占めている。なお母集団の診療領域類型別割合は，一般型29.6%，療養型12.5%，精神型19.6%，ケアミックス型38.3%であり，回答法人群の方が精神型の割合が若干低いものの，母集団と回答法人群の各診療領域類型の構成割合はおおむね一致している。

[図表1-3]　回答法人の基本属性：診療領域類型

診療領域類型	一般型	療養型	精神型	ケアミックス型
n	65	24	31	84
割合	31.9%	11.8%	15.2%	41.2%

　最後に，法人の基本属性として，法人全体での総収入額を回答いただいた（**図表1-4**）。10億円台の小規模層の割合が一番高い。母集団としての事業収益10億円以上の病院経営医療法人群全体の経済規模分布は，10億円台50.0%，20億円台21.6%，30億円以上28.4%であり，回答法人群の方が，若干規模が大きい傾向はある。しかしながら回答法人群は，関連法人を含む医療法人グループ全体としての総収入額を回答しているのに対して，母集団の経済規模は『事

業報告書等』から得られる当該法人のみの事業収益額であるため，母集団の経済規模の方が本質的に小さくなる比較となっている。その点を考慮すると，おおむね母集団と回答法人群との経済規模分布は近似しているといえる。

[図表 1-4] 回答法人の基本属性：経済規模

収益規模	10億円台*	20億円台	30億円以上
n	83	49	69
割合	41.3%	24.4%	34.3%

＊調査時の最新決算では10億円を若干下回った4法人を含む。

　以上から，本研究の分析対象法人群は，多角経営類型，中核事業の病院の診療領域類型，経済規模の各観点から，母集団を反映した法人群となっている。本章では，まず，こうした分析対象法人群における新規事業や新医療技術導入に伴う高額設備機器投資マネジメントに関する実践についての調査結果を示す。

2.2 高額設備機器投資に関わる仮説

　次に，高額設備機器投資に関わる諸仮説の検証を試みる。仮説としては，法人の基本的な属性と投資マネジメント実践との関係についての諸仮説と，現場納得確保策や事後評価の実施状況に影響を与えると考えられる諸要因に関する仮説がある。

　第一に，法人の経営多角化類型，診療領域類型，収益規模という法人の基本的な属性が，投資マネジメントの実践に与える影響に関する以下の仮説の検証をする。

　多角経営類型に関して，医療領域内に止まる多角経営類型よりも，医療から介護にわたる施設事業を経営する本格的な多角経営類型（医療介護複合類型）の方が，法人内の施設事業間の連携による患者への包括的な統合一貫サービスの提供という意識が強いと考えられる。そのため，高額設備機器投資に際して「法人の理念/使命/ビジョンへの適合性/法人内の他事業との相乗効果/波及効果」[4]という要素を考慮する程度が高いのではないかと想定される。また，法人としてより多様な施設事業種類を経営している多角化度の高い法人の方が，多角化度が低い法人よりも，やはり同一理念の下での法人内の各種施設事業間の連携による患者への総合的なサービスの向上という意識が強いと考えられる。

そのため，上記と同様に，投資に際して「法人の理念/使命/ビジョンへの適合性/法人内の他事業との相乗効果/波及効果」という要素を考慮する程度が高いのではないかと想定される。そこで本章では，多角経営類型や多角化度と投資に際する理念適合・他事業効果の考慮度に関するこれらの仮説を検証する。

　また診療領域類型に関して，一般型である法人の方が，療養型や精神型の法人よりも，技術革新の進展が早い領域の医療を提供しており，その技術革新への対応が患者の獲得や優秀な医療職の確保という競争において極めて重要な要素となっている。そのため，一般型の法人の方が療養型や精神型の法人よりも，高額設備機器投資に際して「期待される医療技術レベルの維持/新しい医療の時を逸することのない提供」という要素を考慮する程度が高いのではないかと想定される。そこで本章では，診療領域類型と投資に際する技術革新への対応の考慮度に関するこの仮説を検証する。

　さらに，法人の収益規模に関して，先行研究（荒井，2013，第9章ほか）によれば，収益（経済）規模が大きい法人ほど，規模の経済が働いて固定費的性質を有する経営スタッフを充実させることが可能となり，各種管理会計の実施率が高まる。そのため，設備機器投資マネジメントに際する投資決定のための定量的な経済性評価や投資後の事後評価に関して，収益規模の大きな法人の方が実施率が高いのではないかと想定される。そこで本章では，収益規模と定量的評価及び事後評価の実施率に関するこれらの仮説を検証する。

　第二に，投資意思決定結果に対する現場の納得を確保するための対策の実施状況に影響を与えると考えられる要因（投資に際する各要素の考慮度，法人の経験している財務状況[5]，投資時の定量的評価実施）に関する以下の諸仮説を検証する。

　まず投資に際し「投資額に見合った収益が得られるか/効率化による費用減や収益増の実現」を重視する場合，採算性重視に抵抗感を抱きがちな現場医療職を納得させる必要性が高いため，投資意思決定結果に対する現場の納得を得るための何らかの対策をとることが多いと考えられる。そのため，投資に際して採算性の考慮度が高い法人の方が，投資意思決定結果への現場の納得を確保するための何らかの対策を実施する割合が高くなると想定される。そこで本章では，投資採算性の考慮度と現場納得確保策の実施との関係についてのこの仮

説を検証する。

また投資に際し「担当（鍵となる）医師の意欲・活動方針/職員全体の意欲や満足度の向上」をより重視する法人は，そうでない法人よりも，現場から要望された投資案件を実現できない際には，そのことで現場の意欲が大きく低下しないように，投資意思決定結果に対する現場の納得をなんとか確保したいと努力すると考えられる。そのため，投資に際して職員意欲向上の考慮度が高い法人の方が，現場の納得を確保するための何らかの対策を実施する割合が高くなると想定される。そこで，職員意欲向上の考慮度と現場納得確保策の実施との関係についてのこの仮説を検証する。

さらに，実現できない現場からの要望投資案件に対して現場の納得を得るための具体的な対策である「法人の財務状況（収益性や財務健全性や資金調達可能性）の丁寧な説明による投資制約への理解の獲得」に関して，相対的に近年に赤字経験のある法人の方がそうでない法人よりも採用することが多いのではないかと想定される。また同様に，相対的に財務安定性の低い法人の方がそうでない法人よりも，こうした策をとることが多いのではないかと想定される。そこで本章では，赤字経験や財務安定性と財務状況説明による現場理解獲得策に関するこれらの仮説を検証する。

加えて，現場の納得を確保する具体的な対策である「実現できなかった案件を要望していた現場管理者へ，当該案件の各観点からの詳細な評価結果を説明」に関して，投資意思決定に際して定量的評価をしている法人の方が，投資案件の評価結果をしっかりとした根拠に基づき現場に説明できると考えられる。そのため，投資に際し定量的評価を実施している法人の方が実施していない法人よりも，非実現案件を要望した現場管理者への詳細な評価結果説明という現場納得確保策を実施していることが多いのではないかと想定される。そこで本章では，定量的評価の実施の有無とこの現場納得確保策に関する仮説を検証する。

第三に，投資意思決定の数年後における事後評価の実施状況に影響を与えると考えられる要因（予算管理実施[6]，BSC等実施[7]，現場納得確保策実施，定量的評価実施）に関する諸仮説を検証する。まず，年初に予算を編成し，期中及び年末に実績を測定して予算実績差異を把握し，改善策をとるという予算による

PDCA管理をしている法人では，投資マネジメントにおいても，投資決定時点だけでなく投資後の設備機器の運用段階も含めた投資に関わるマネジメントサイクル全体を管理するという考え方が強いと考えられる。そのため，予算管理を実施している法人の方が実施していない法人よりも，投資決定の数年後に事後評価を実施する割合が高いのではないかと想定される。そこで本章では，予算管理実践の有無による事後評価の実施への影響を検証する。

また，事前に目標を設定し，事後に実績を把握して目標と対比して目標達成状況を明確にし，達成に向けて改善策をとるという戦略遂行のためのPDCA管理を基盤とするBSC（バランスト・スコアカード）を実践している法人の方が，マネジメントサイクルという考え方が浸透している。そのため，投資マネジメントにおいても，投資決定時点だけでなく投資後の運用段階も含めた投資に関わるプロセス全体を管理するという考え方が強いと考えられる。したがって，BSCを実施している法人の方が実施していない法人よりも，投資決定の数年後に事後評価を実施する割合が高いのではないかと想定される。そこで本章では，BSC実践の有無による事後評価の実施への影響を検証する。

さらに，投資意思決定の前後，特に投資決定後に，その結果に対する現場の納得を確保するために何らかの対策をとる法人は，高額設備機器投資を，単なる投資意思決定時点におけるマネジメント課題と捉えてはいないと考えられる。すなわち，投資決定後におけるその決定結果が職員の意識に与える影響を適切に管理することを含む，投資に関わるプロセス全体のマネジメント課題として高額設備機器投資を捉えていると考えられる。そのため，現場納得確保策を実施する法人の方が実施しない法人よりも，投資決定の数年後に事後評価を実施する割合が高いのではないかと想定される。そこで，現場納得確保策実施の有無による事後評価の実施への影響を検証する。

加えて，事後評価に際する具体的な観点の「予定どおりの採算性が得られているか」に関して，投資意思決定に際して定量的な経済性評価をしている法人の方が，投資の採算性が事前に定量的に明確に想定されているため（経験に基づく曖昧な採算性の想定ではなく），事後的に採算性が予定どおりかを適切に検証することが可能である。そのため，投資に際し定量的評価を実施している法人の方が実施していない法人よりも，採算性の観点からの事後評価を実施して

いることが多いのではないかと想定される。そこで本章では，定量的評価の実施の有無と採算性の観点からの事後評価の実施に関する仮説を検証する。

また，「職員の意欲・満足度は高まったか」という観点からの事後評価もしばしば実施されているが，投資意思決定結果に対する現場の納得を確保するために何らかの対策をとる法人は，投資が職員の意欲に与える影響を適切に管理することが重要であると強く認識していると考えられる。そのため，現場納得確保策を実施する法人の方が，投資決定数年後においてその投資により職員の意欲が向上しているかどうかを事後評価して，職員意欲の向上効果を適切に管理したいと考えるのではないかと想定される。そこで，現場納得確保策を実施する法人の方が実施しない法人よりも，職員意欲向上の観点からの事後評価を実施する割合が高いのではないかという仮説を検証する。

2.3　投資マネジメント実践の事業採算性への効果

高額設備機器投資のマネジメントにおいては，医療の質の向上や職員意欲の向上など多様な観点から実践がなされているが，事業採算性の観点からの実践も非常に重要な要素となっている。すなわち，①投資判断に際する定量的な採算性評価や，②現場から要望された投資案件を実現できない際に，現場の納得を得るために，経営層設定の損益業績目標を現場が達成した場合には要望投資を採択することを示唆する現場納得確保策（損益目標達成と投資採択との連動による動機付け），③採算性の観点からの事後評価，④将来投資に備えた目指すべき事業利益率水準の高さ（将来投資のための利益獲得意識の強さ）といった，事業採算性の観点からの投資マネジメント実践が見られる。本章では，これらの投資マネジメント実践が，医療機関の実際の事業採算性に効果をもたらしているのかどうかについて，『事業報告書等』から得られる客観的な財務データ（事業利益率）を用いて検証する。

投資時に採算性の定量的な評価を実施している法人は，定量的評価を実施していない法人よりも，医療の質や職員意欲なども重視しながらも，投資採算性をより明確に把握した上で投資判断できる。そのため，病院全体としての事業採算性が相対的には悪くないのではないかと想定される。そこで定量的な採算性評価実施法人の方が非実施法人よりも，事業利益率が高いのではないかとい

う仮説を検証する。

　また，要望投資案件非採択部門への損益目標達成による採択という動機付けをしている法人は，こうした対策をしていない法人よりも，現場部門の損益獲得意識及びそれに基づく努力が強くなると考えられる。そのため，病院全体としての事業採算性が相対的に良くなるのではないかと想定される。そこで損益目標達成と投資案件との連動による動機付けを実施している法人の方が非実施法人よりも，事業利益率が高いのではないかという仮説を検証する。

　さらに，投資の数年後に採算性の観点から事後評価を実施している法人は，採算性の事後評価をしていない法人よりも，投資後に事業採算性をより意識して予定どおりの採算性を実現するよう努力すると考えられる。そのため，病院全体としての事業採算性が相対的に良くなるのではないかと想定される。そこで，投資採算性の事後評価を実施している法人の方が非実施法人よりも，事業利益率が高いのではないかという仮説を検証する。

　加えて，上記3点の採算性に関係する投資マネジメント実践とは性質が異なるが，将来の設備機器投資に備えて目指すべきと考えている事業利益率水準が相対的に高い，将来投資のための利益獲得意識が相対的に強い法人の方が，相対的に弱い法人よりも，強い利益獲得意識に基づいて，より積極的に利益獲得努力をすると考えられる。そのため，病院全体としての事業採算性が相対的に良くなるのではないかと想定される。そこで，目標利益率水準が相対的に高い法人の方が低い法人よりも，実現している事業利益率が高いのではないかという仮説を検証する。

　なお本研究では，質問票における全設問に回答した法人のみを対象とするのではなく，少ない回答数をできるだけ生かすため，設問ごとに回答した全法人を分析対象とする方法を採用した。また各区分の割合（比率）の差を検証する際にはχ^2検定を用い，各区分の平均値の差を検証する際にはWelch検定（分散分析）を用いた。

3　結　　果

3.1　高額設備機器投資マネジメントの実践状況

　本調査では，高額設備機器投資に関して，「新規事業や新医療技術導入に伴う高額設備機器の投資意思決定に際して考慮する要素」について質問している。具体的には，「投資に際する考慮要素と想定される以下に挙げた11の要素について，貴法人での実際の投資に際して優先考慮している要素（重視度の高い要素）から順番に，1位から8位までの優先順位[8]をご記入ください。また，11の各要素について，考慮している程度を以下の5段階評価でお答えください」と質問している。11の考慮要素とは，具体的には，**図表1-5**に記載した各要素である。また各要素の考慮度を5段階評価する際の各段階の評価は，「全く考慮せず」（1），「あまり考慮せず」（2），「ある程度考慮する」（3），「かなり考慮する」（4），「非常に考慮する」（5）である。

　まず，投資意思決定時における各考慮要素間の相対的な重視状況が明らかとなった。

　各考慮要素に付けられた優先順位を回答法人群全体で平均した結果は，**図表1-5**の優先順位欄のとおりであった[9]。優先順位平均の結果を見ると，「機能・質・安全性の向上」と「長期的な採算性」が順位が一番高い考慮要素群であることが明らかとなった。次に優先順位が高い考慮要素群として，「法人内の既存職員の意欲等」，「採算性以外の財務的要素」，「医療技術の革新への対応」が挙げられた。そして三番目の優先考慮要素群として，「地域における自法人の競争環境」，「法人理念との適合性等」，「社会全般や医療制度の変化」が挙げられた。

　また，要素ごとにその考慮度を5段階評価した場合における各要素の考慮度平均点の結果は，**図表1-5**の考慮度欄のとおりであった。考慮度平均の結果を見ると，「機能・質・安全性の向上」と「長期的な採算性」が考慮度が一番高い要素群であることが明らかとなった。次に考慮度が高い要素群として，「法人内の既存職員の意欲等」，「採算性以外の財務的要素」が挙げられた。そして

[図表1-5] 新規の高額設備機器投資に際する考慮要素

設備機器投資に際する考慮要素	優先順位		考慮度		
	n	平均	n	平均	標準偏差
（1）長期的な採算性	137	2.9	201	4.1	0.87
投資額に見合った収益が得られるか/効率化による費用減や収益増の実現					
（2）採算性以外の財務的要素	137	5.8	198	3.5	0.92
資金調達可能性/財務的安定性					
（3）機能・質・安全性の向上	137	2.8	202	4.1	0.74
病院施設や法人全体の機能向上/医療の質やサービスの質の向上/患者満足度の向上/安全な医療の提供					
（4）医療技術の革新への対応	137	5.9	201	3.3	0.89
期待される医療技術レベルの維持/新しい医療の時を逸することのない提供					
（5）社会全般や医療制度の変化	137	6.6	195	3.4	0.82
国民や患者等の意識・期待の変化/医療（特に診療報酬）制度・政策の動向					
（6）地域における自法人の競争環境	137	6.4	198	3.4	0.87
近隣病院の動向/地域での自院の位置づけの変化/医療圏での将来的優位性の確保/自法人でないと提供できないか否か					
（7）法人内の既存職員の意欲等	137	5.7	200	3.6	0.72
担当（鍵となる）医師の意欲・活動方針/職員全体の意欲や満足度の向上					
（8）新規事業等の実施要員の確保等	137	7.3	195	3.4	0.86
新しい事業や技術のための新規の医師や看護・リハビリ要員の確保可能性/優秀な医師の採用可能性の維持					
（9）法人理念との適合性等	137	6.4	198	3.3	0.92
法人の理念/使命/ビジョンへの適合性/法人内の他事業との相乗効果/波及効果					
（10）地域の必要性・要請	137	7.8	197	3.2	0.95
地域・自治体からの要請/自法人の地域に必要な医療資源の確保					
（11）物的投資と人的投資とのバランス	137	8.4	190	3.2	0.92
機器や設備への投資と教育研修費や賞与への投資とのバランス					

考慮度の高い三番目の要素群として，「社会全般や医療制度の変化」，「新規事業等の実施要員の確保等」，「地域における自法人の競争環境」が挙げられた。

　優先順位で分析しても，考慮度平均で分析しても，「機能・質・安全性の向上」と「長期的な採算性」が一番重視され，「法人内の既存職員の意欲等」と「採算性以外の財務的要素」が二番目に重視され，「社会全般や医療制度の変化」と「地域における自法人の競争環境」が三番目に重視されている。また，

第1章　新規高額設備機器投資マネジメントの実践状況　13

優先順位でも考慮度でも，「地域の必要性・要請」と「物的投資と人的投資とのバランス」が，重視度が一番低い結果となっていた。優先順位の方は回答法人数が少ないため，厳密にはいえないものの，優先順位で分析しても考慮度で分析しても，考慮要素間の重視度の違いはおおむね同様の傾向が見られた。

　また，各考慮要素の考慮度を個々に見てみると，どの要素についても，平均値ベースでは，「ある程度考慮する」（3）以上であることが判明し，今回提示した要素はいずれも投資に際してある程度考慮されている要素であることが確認された。特に，長期的な採算性と機能・質・安全性の向上は，平均値ベースで「かなり考慮する」（4）を超えており，投資意思決定に際してとても重視されている要素であることが明らかとなった。

　次に，新規の高額設備機器投資の採算性を検討する際に，定量的な評価をしているかどうかを質問した。また，定量的な評価をしている場合，どのような評価手法を活用しているかを複数回答可能方式で4つの選択肢（**図表1-6**表頭参照）から選んでもらった。6割強の法人が定量的な経済性評価を実施しており，実施している法人の大部分が回収期間法を活用していることが明らかとなった。投資利益率法は3割弱の法人で利用されているが，割引現在価値法を活用している法人は1割未満であった。また，定量的評価を実施している法人のうちの20.0%の法人では，複数の評価手法を活用していることも判明した。

[図表1-6]　**投資意思決定に際する定量的な評価の実施状況**

定量的評価の実施状況		評価手法			
		投資利益率法	回収期間法	割引現在価値法	その他
n	204	125			
実施率	61.3%	28.0%	86.4%	8.0%	1.6%

　さらに，本調査では，現場部門からの新規の高額設備機器の投資要望に関して，「現場（部門）からも多数の投資要望がなされる一方で，資金制約から優先順位を付けて投資していると考えますが，実現できない現場の要望に対して，どのように納得してもらっていますか（複数選択可）」を質問している。具体的な選択肢は，**図表1-7**上のとおりである。まず，特に何もしていない法人が27.6%見られ，その大部分は「経営層が判断したことを尊重する文化があるた

[図表1－7] 実現できない現場の投資要望に対する現場の納得確保策の実施状況

実現できない現場の要望に対する納得確保策		n	割合		対策実施法人中	
特に何もしていない		55	27.6%		単一対策	複数対策
内訳	a．そもそも現場（部門）からの強い要望はほとんどないため，特に何もしていない	9	4.5%		68	76
	b．現場からの要望はあるが，経営層が判断したことを尊重する文化があるため，特に何もしていない	35	17.6%		47.2%	52.8%
	c．現場からの要望はあり，本来なんらかの対策を取りたいが，現状では，特に何もしていない	11	5.5%		単一対策法人群内割合	複数対策法人群内割合
何らかの対策をしている（複数選択可能）		144	72.4%	実施内割合		
内訳	1．投資判断に際する考慮要素やその考慮ウエイトなどの投資判断基準（観点）を，事前に明示・説明	39	19.6%	27.1%	11.8%	40.8%
	2．採択した投資案件に関する各観点からの詳細な評価結果を，現場（部門）管理者会議等で説明	39	19.6%	27.1%	17.6%	35.5%
	3．実現できなかった案件を要望していた現場管理者へ，当該案件の各観点からの詳細な評価結果を説明	60	30.2%	41.7%	27.9%	53.9%
	4．法人の財務状況（収益性や財務健全性や資金調達可能性）の丁寧な説明による投資制約への理解の獲得	71	35.7%	49.3%	35.3%	61.8%
	5．要望現場部門の損益業績が経営層設定の目標に達した場合における，将来的な採択の可能性を示唆	28	14.1%	19.4%	2.9%	34.2%
	6．その他（　　　　　　）	5	2.5%	3.5%	4.4%	2.6%

め」としている。一方，実現できない現場からの投資要望に対して，投資意思決定前後（特に投資決定後）に何らかの対策をとっている法人は，72.4％見られる。一番よく見られる現場納得確保策は，法人の財務状況の丁寧な説明により投資制約への現場の理解を得るという対策であり，それは3割半の法人で見られ，何らかの対策をとっている法人の約半数において活用されている。次に多い対策は，非実現案件を要望した現場管理者に当該案件の詳細な評価結果を説明して納得してもらうという対策で3割で見られ，何らかの対策をとっている法人の4割強で活用されている。その他の対策も利用されているが，いずれ

第1章　新規高額設備機器投資マネジメントの実践状況　15

も2割未満という結果であった。

　また，何らかの現場納得確保策を実施している法人には，複数の対策を同時に実施している法人も多く見られ，3種類以上の対策を実施している法人も確保策実施法人群の1割超（10.4％）見られた。単一の対策をとる法人と複数の対策をとる法人は，約半々であった。単一の対策のみを取っている法人群において，どのような対策が選ばれているかを分析してみると，財務状況説明による理解獲得が一番多く，次いで非実現案件要望現場への当該案件の詳細な評価結果説明も多い。一方，部門損益目標達成時の採択可能性の示唆や投資判断基準の事前説明という対策を単独で活用している法人は少ないことが判明した。

　また複数の対策をとる法人群でも，財務状況説明や非実現案件説明がよく選択されているが，損益目標達成時可能性の示唆や投資判断基準の事前説明の活用率が非常に高まる。これらの対策は，多くの場合，複数の対策を活用する際に，財務状況説明や非実現案件説明とセットで用いられる対策である様子が窺われる。ちなみに2種類の対策が取られている法人群におけるその対策の組み合わせを分析してみると，いろいろな組み合わせが見られる。しかし1割以上を占める組み合わせは，財務状況説明と投資基準事前説明（19.7％），財務状況説明と損益目標達成時可能性示唆（13.1％），財務状況説明と非実現案件説明（13.1％），非実現案件説明と損益目標達成時可能性示唆（11.5％）に限定されていた。

　次に，本調査では，投資後の事後検証の実施状況についても把握している。具体的には，「新規の高額設備機器投資の<u>数年後に</u>，その投資に関する<u>事後的な検証（評価）</u>を実施していますか。実施している場合，<u>どのような観点から検証</u>していますか。以下の中からご回答ください（複数選択可）」と質問している。事後検証をしている場合のその検証の観点の選択肢は，**図表1-8**のとおりである。

　まず，投資数年後に事後評価をしている法人は，約半数に止まっていることが明らかとなった。事後評価をしている場合に一番よくなされている検証の観点は，「予定どおりの採算性が得られているか」であり，4割強の法人で実施されており，事後評価を実施している場合の8割強で実施されている。次に多く実施されている事後評価の観点は「機能・質・安全性はどの程度向上したか」であり，2割半の法人で実施されている。また，「財務的安定性が損なわ

[図表 1 - 8]　投資後の事後評価の実施状況

事後的な検証（評価）	n	実施率	実施法人数
実施状況	203	49.3%	100
検証の観点（評価要素）	n	実施率	実施内割合
1．予定どおりの採算性が得られているか		40.9%	83.0%
2．財務的安定性が損なわれてないか		19.7%	40.0%
3．機能・質・安全性はどの程度向上したか		25.6%	52.0%
4．技術革新へ十分に対応できたか		7.4%	15.0%
5．社会・制度・政策の動向に対応できたか		4.4%	9.0%
6．地域での競争優位を築けたか	203	8.9%	18.0%
7．職員の意欲・満足度は高まったか		15.8%	32.0%
8．新事業等の要員は十分確保できたか		2.5%	5.0%
9．法人内他事業への波及効果はあったか		5.9%	12.0%
10．地域の必要性・要請を満たせたか		5.4%	11.0%
11．人材育成・確保のためにかけるべき費用（人的投資）にしわ寄せが及ばなかったか		2.5%	5.0%

れてないか」と「職員の意欲・満足度は高まったか」も１割半強から２割の法人で実施されているが，その他の観点からの事後評価の実施は，いずれも１割未満となっていた。採算性と機能等向上は投資意思決定時に最も重視される考慮要素群であり，財務安定性と職員意欲向上は投資意思決定時に二番目に重視される考慮要素群であったが，投資決定数年後の事後評価に際する観点としても，同じ要素群が重視されている。ただし，投資意思決定時には，採算性と機能等向上が同程度に一番重視されていたのに対して，事後評価に際しては採算性の観点が突出して一番重視されている状況も明らかとなった。

　また事後評価を実施している場合には，複数の観点から検証をしている法人が多く，単一の観点からのみ検証している法人は事後評価実施法人群のうち13％（13法人）に過ぎない。２つの観点から検証している法人が30％（30法人），３つの観点の法人が34％（34法人），４つ以上の観点の法人が23％（23法人）であった。単一観点からの検証法人群のほとんどが（13法人中11法人），採算性の観点から検証している。２つの観点からの検証法人群でも30法人中26法人では採算性の観点との組み合わせとなっており，もう１つの観点は，機能等向上が10法人，財務安定性が８法人，職員意欲向上が４法人，その他合計で４法人と

なっている。３つの観点からの検証法人群におけるその組み合わせは非常に多様であり，34法人中３法人以上に見られる組み合わせは，採算性・機能等向上・意欲向上を組み合わせる７法人と採算性・機能等向上・競争優位を組み合わせる４法人のみであった。

　加えて本調査では，時代に応じた医療を持続的に提供するために必要と考える目指すべき事業利益率についても回答してもらった。具体的には，「各時代の要請に対応しつつ法人の経営的持続性を確保するためには，継続的な投資が必要ですが，そのためには一定程度の利益を確保し，将来の投資に備える必要があります。医療法人の経営管理者層としては，過去10年間を振り返り，また今後10年を考えた時，毎年どの程度の事業利益率を確保する必要があるとお考えですか。時代に合った水準の医療を提供し続けるために，医療法人の経営管理者層として目指すべきと考える事業利益率の水準をご回答ください」とし，８つの選択肢（**図表１-９**表頭参照）から回答してもらった[10]。５％程度が一番多いが，10％程度や７～８％も多く，これらの水準で８割半を超えている。

[図表１-９]　将来投資に備えて目指す事業利益率水準

事業利益率	0%	2～3%	5%程度(4～6%)	7～8%	10%程度(9～11%)	12～13%	15%程度(14～16%)	その他(20%)
n	1	12	68	51	55	4	8	1
割合	0.5%	6.0%	34.0%	25.5%	27.5%	2.0%	4.0%	0.5%
5区分	0～3%		4～6%	7～8%	9～11%	12%以上		
	13		68	51	55	13		

3.2　高額設備機器投資に関わる諸仮説の検証

　次に，①法人の基本的な属性が，新規の高額設備機器投資マネジメントの実践に与える影響（特に投資意思決定に際する各要素の考慮度に与える影響）に関する諸仮説と，②現場納得確保策や③事後評価の実施状況への影響要因に関する諸仮説，を検証する。

　まず，法人の基本属性に関して，医療内に止まる多角経営類型よりも，医療から介護にわたる複合的な多角経営類型の方が，高額設備機器投資に際して法人理念適合性及び法人内他事業との効果を考慮する程度が高いという仮説を検

証した。医療法上の本来業務施設の種類のみで医療内多角類型と医療介護複合類型に区分して両者におけるこの要素の考慮度の違いを分析した場合には，**図表1-10**左欄のように，両者に有意差は見られなかった。一方，医療法上の本来業務以外の施設事業（附帯業務）も含めて医療内多角類型と医療介護複合類型に区分して分析した場合には，医療介護複合類型の方がこの要素の考慮度が有意に高いことが確認された（**図表1-10**右欄）。

[図表1-10]　多角経営類型と投資に際する理念適合性等の考慮度

多角経営類型と法人理念適合性及び法人内他事業波及効果の考慮度					
本来業務のみ区分	n	平　均	附帯業務含め区分	n	平　均
医療内多角類型	111	3.29	医療内多角類型	67	3.09
医療介護複合類型	87	3.43	医療介護複合類型	131	3.48
Welch検定	P値	0.300	Welch検定	P値	0.005

　また，法人としてより多様な施設事業種類を経営している多角化度の高い法人の方が，多角化度が低い法人よりも，投資に際して法人理念適合性及び法人内他事業との効果を考慮する程度が高いという仮説を検証した。その際，多角化度が7及び8の法人はごくわずかであるため，多角化度6と区分を統合して分析した。また参考までに，多角化度の平均値が3.4であったため，多角化度3及び4を中程度の多角化度，それよりも高い多角化度，それよりも低い多角化度の3区分に多角化度を集約することで，各区分のサンプル量をさらに確保して統計的に安定した分析もしてみた。**図表1-11**のように，いずれの区分方法の分析でも，多角化度の高い法人の方が低い法人よりも，投資意思決定に際してこの要素の考慮度が高い傾向にあることが確認された。

[図表1-11]　多角化度と投資に際する理念適合性等の考慮度

多角化度と法人理念適合性及び法人内他事業波及効果の考慮度							
多角化度	1	2	3	4	5	6〜8	Welch検定
n	48	23	32	33	31	31	P値
考慮度平均	3.06	3.04	3.41	3.42	3.74	3.48	0.029
低中高区分	低い		中程度		高い		Welch検定
n	71		65		62		P値
考慮度平均	3.06		3.42		3.61		0.002

さらに，診療領域類型が一般型である法人の方が，療養型や精神型の法人よりも，高額設備機器投資に際して医療技術革新への対応を考慮する程度が高いとの仮説を検証した。**図表1-12**のように，一般型の法人の方が療養型や精神型の法人よりも，投資に際する技術革新への対応の考慮度が有意に高かった。

[図表1-12] **診療領域類型と投資に際する技術革新対応の考慮度**

診療領域類型と技術革新対応考慮度		
	n	平　均
一般型	65	3.57
療養型	23	3.09
精神型	31	3.00
ケアミックス型	82	3.32
Welch検定	P値	0.008

加えて，設備機器投資マネジメントに際する投資意思決定のための定量的な経済性評価や投資後の事後評価に関して，収益規模の大きな法人の方が実施率が高いという仮説を検証した。**図表1-13**のように，収益規模が30億円以上と大きな法人の方がそこまで経済規模が大きくない法人よりも，定量的な経済性評価の実施率は有意に高いことが確認される一方，投資後の事後評価の実施率には有意差までは見られなかった。ただし回答法人群に限定すれば，30億円以上と規模の大きな法人の方が事後評価の実施率も高い様子が窺われる結果ではあった。

[図表1-13] **収益規模別の定量評価及び事後評価の実施率**

収益規模	定量評価		事後評価	
	n	実施率	n	実施率
10億円台	83	54.2%	82	45.1%
20億円台	49	51.0%	49	44.9%
30億円以上	69	76.8%	69	56.5%
Welch検定	P値	0.004	P値	0.303

第二に，投資意思決定結果に対する現場の納得確保策の実施に与える影響要因に関する諸仮説を検証した。まず，投資に際して採算性の考慮度が高い法人

の方が，投資意思決定結果に対する現場の納得を確保するために何らかの対策を実施する割合が高いという仮説を検証した。**図表1-14**上段のように，考慮度が高い法人の方が現場納得確保策の実施率が有意に高かった。

また，投資に際して職員意欲向上の考慮度が高い法人の方が，現場の納得を確保するための何らかの対策を実施する割合が高いという仮説を検証した。**図表1-14**下段のように，考慮度が高い法人ほど現場納得確保策の実施率が有意に高かった。

[図表1-14]　投資意思決定結果に対する現場の納得確保策の実施への影響要因

考慮度と現場納得策	投資に際する長期的採算性の考慮度				χ^2検定
	2	3	4	5	
n	10	34	80	73	P値
実施率	50.0%	55.9%	78.8%	75.3%	0.029
考慮度と現場納得策	投資に際する職員意欲向上の考慮度				χ^2検定
	2	3	4	5	
n	7	93	76	20	P値
実施率	57.1%	63.4%	81.6%	85.0%	0.025

さらに，近年に赤字経験のある法人の方が，実現できない現場からの要望投資案件に対して現場の納得を得るために，財務状況の丁寧な説明による投資制約への理解の獲得という対策をとることが多いのではないかという仮説を検証した。**図表1-15**上段のように，より近年に赤字を経験している法人ほど，こうした対策の実施率が有意に高いことが確認された。また，過去5年以内での赤字経験の有無により分析した場合でも，相対的に近年に赤字を経験している法人の方が，財務状況説明による現場理解獲得策の実施率が有意に高いことが確認された。

同様に，相対的に財務安定性の低い法人の方が，実現できない現場からの投資要望案件に対して現場の納得を得るために，財務状況説明による投資制約への理解の獲得という対策をとることが多いのではないかという仮説を検証した。**図表1-15**中段のように，財務安定性がとても高い純資産比率40%以上の法人の方がそうでない法人よりも，こうした対策の実施率が有意に低いことが確認された。また，純資産比率が30%未満の法人と30%以上の法人とに区分した場

合でも，相対的に財務安定性が低い法人の方が，財務状況説明による現場理解
獲得策の実施率が有意に高いことが確認された。

[図表 1-15]　投資結果への各現場納得確保策の実施に与える影響要因

赤字経験と財務状況説明による投資制約への現場の理解獲得					
経常損益赤字経験	n	実施率	赤字経験	n	実施率
直近での赤字経験あり	47	46.8%	過去5年以内赤字経験あり	100	45.0%
中期での赤字経験あり	53	43.4%			
長期での赤字経験あり	23	30.4%	過去5年以内赤字経験なし	96	26.0%
長期での赤字経験なし	73	24.7%			
χ^2検定	P値	0.045	χ^2検定	P値	0.006
純資産比率と財務状況説明による投資制約への現場の理解獲得					
純資産比率	n	実施率	純資産比率	n	実施率
40%以上	91	22.0%	安定：30%以上	115	27.8%
30%台	24	50.0%			
20%台	31	48.4%	相対的に不安定：30%未満	82	46.3%
20%未満	51	45.1%			
χ^2検定	P値	0.003	χ^2検定	P値	0.007
定量評価実施と非実現評価結果の丁寧な説明による現場の納得確保					
定量的評価	n	実施率			
非実施	75	17.3%			
実施	124	37.9%			
χ^2検定	P値	0.002			

　加えて，投資に際し定量的評価を実施している法人の方が，実現できなかっ
た案件を要望していた現場に対して当該案件の詳細な評価結果を説明するとい
う現場納得確保策を実施していることが多いという仮説を検証した。**図表1
-15下段**のように，定量的評価を実施している法人の方が，非実現案件要望現
場への詳細な評価結果説明という策を実施している割合が有意に高かった。
　第三に，投資意思決定の数年後における事後評価の実施に影響を与える要因
に関する諸仮説の検証をした。まず，予算管理を実施している法人の方が事後
評価を実施する割合が高いという仮説を検証し，予算管理実施法人の方が事後
評価実施率が有意に高いことが確認された（**図表1-16**）。また，BSCを実施し
ている法人の方が，事後評価を実施する割合が高いのではないかとの仮説も検

証した。**図表1-16**のように有意なほどの差は確認されなかったものの，回答法人群ではBSC実施法人の方が事後評価の実施率が高く，BSC実施が事後評価の実施に影響を与えている様子が窺われる結果ではあった。さらに，現場納得確保策を実施する法人の方が事後評価を実施する割合が高いという仮説を検証し，納得確保策実施法人の方が事後評価実施率が有意に高いことが確認された。

[図表1-16]　**事後評価の実施に与える影響要因**

事後評価実施状況	予算管理		バランスト・スコアカード		現場納得策	
	非実施	実施	非実施	実施	非実施	実施
n	138	64	151	51	55	144
実施率	44.2%	59.4%	45.7%	58.8%	30.9%	56.3%
x^2検定	P値	0.045	P値	0.105	P値	0.001

加えて，投資意思決定に際して定量的な経済性評価をしている法人の方が，採算性の観点からの事後評価を実施していることが多いとの仮説を検証した。**図表1-17**のように，定量評価実施法人の方が採算性の観点からの事後評価を実施している割合が有意に高いことが確認された。また，現場納得確保策を実施する法人の方が，職員意欲向上の観点からの事後評価を実施していることが多いとの仮説を検証し，納得確保策実施法人の方が職員意欲向上の観点からの事後評価実施率が有意に高いことが確認された。

[図表1-17]　**各観点からの事後評価の実施に与える影響要因**

採算性の事後評価			職員意欲向上の事後評価		
定量的評価	n	実施率	現場納得策	n	実施率
非実施	78	20.5%	非実施	55	3.6%
実施	125	53.6%	実施	144	20.1%
x^2検定	P値	0.000	x^2検定	P値	0.004

3.3　投資マネジメント実践による採算性向上効果の検証

まず，投資意思決定に際して定量的な採算性評価をしている法人の方が，事業利益率が悪くないとの仮説を検証した。**図表1-18**のように，定量評価実施法人の方が非実施法人よりも，10％水準ではあるものの，事業利益率が有意に

高いことが確認された。

[図表 1 -18]　投資時の定量的採算性評価と事業採算性

投資採算性検討時の 定量評価状況	n	平均事業 利益率	標準偏差
定量的評価非実施	76	0.9%	5.0%
定量的評価実施	122	2.2%	4.0%
Welch検定		F値	P値
		3.21	0.075

　また，現場要望投資案件を不採択とした際に，経営層設定の損益目標を現場
部門が達成した場合には現場部門が要望する投資案件を採択するという現場納
得策を採用している法人の方が，事業利益率が良いとの仮説を検証した。**図表
1 -19**のように，現場の損益目標達成と現場の希望投資採択を連動させている
法人の方が，そうした動機付けのない法人よりも，事業利益率が有意に高いこ
とが確認された。

[図表 1 -19]　**損益目標達成に連動した希望投資採択と事業採算性**

損益目標達成時の 希望投資採用示唆	n	平均事業 利益率	標準偏差
当該納得策なし	166	1.4%	4.5%
当該納得策あり	27	3.6%	4.0%
Welch検定		F値	P値
		6.83	0.013

　さらに，投資数年後に採算性が予定どおりであるかを事後評価している法人
の方が，事業利益率が相対的に良いとの仮説を検証した。**図表 1 -20**のように，

[図表 1 -20]　**採算性事後評価と事業採算性**

投資採算性の 事後評価状況	n	平均事業 利益率	標準偏差
事後評価非実施	118	1.9%	4.6%
事後評価実施	79	1.4%	4.2%
Welch検定		F値	P値
		0.81	0.369

事業利益率に，採算性の事後評価を実施しているか否かによる有意差は見られなかった。

　将来の設備機器投資に備えて目指すべきと考えている事業利益率水準が高い，将来投資のための利益獲得意識が相対的に強い法人の方が，事業利益率が相対的に良いとの仮説を検証した。**図表 1 -21**上段のように，目指す事業利益率水準が高い法人ほど，10％水準ではあるものの有意に，高い事業利益率を実現できていることが確認された。特に，7 ％以上の相対的に高い利益率水準を目指している利益獲得意識が相対的に強い法人群と，5 ％程度の水準の法人群，3 ％未満の法人群とはかなり明確な事業採算性の違いが見られた。そこでその3 つの目標利益率水準意識と事業利益率との関係を追加で分析したところ，5 ％水準で有意に，相対的に高い利益率水準を目指している法人群ほど高い事業利益率を実現できていた（**図表 1 -21**下段）。

[図表 1 -21]　**将来投資に備え目指す利益率水準意識と事業採算性**

目標事業利益率水準	0 ～ 3 %	5 ％程度（4 ～ 6 %）	7 ～ 8 %	10％程度（9 ～11%）	12％以上
n	12	67	51	51	13
現状の平均事業利益率	-1.7%	1.1%	2.4%	2.4%	2.6%
標準偏差	5.1%	4.1%	4.4%	4.1%	6.4%
Welch検定	F 値	2.33	P 値	0.072	
目標事業利益率水準	0 ～ 3 %	5 ％程度（4 ～ 6 %）	7 ％以上	Welch検定	
n	12	67	115	F 値	P 値
現状の平均事業利益率	-1.7%	1.1%	2.4%	4.73	0.016
標準偏差	5.1%	4.1%	4.5%		

4　考　　察

4.1　投資マネジメント実践の現状

　本調査により，新規の高額設備機器投資の意思決定に際しては，「機能・

質・安全性の向上」と「長期的な採算性」が一番重視されていることがわかった。荒井（2013）で指摘したように，医療機関での設備機器投資に際しては採算性以外にも多様な要素が考慮されているが，それでも採算性が一番重視される考慮要素の１つであることが今回明らかとなった。また同時に，採算性が唯一の一番重視される考慮要素ではなく，機能・質・安全性の向上とともに一番重視される要素であることも判明した。

さらに，「法人内の既存職員の意欲等」と「採算性以外の財務的要素」が二番目に重視される考慮要素群であることが判明した。投資に際して職員意欲の向上を重視する点は，医療界における特徴の１つと考えているが，他の多くの考慮要素との相対的な重視状況で見た場合にも，非常に重視されるほどの考慮要素であることがわかった。知識・技術・意欲・チームワークといった職員の無形資産が医療機関にとっては極めて重要であるということを示唆する結果であると考えられる。

また採算性以外の資金調達可能性や財務安定性への重視度も，考慮要素間で相対的に考えた場合でも，かなり高いことが判明した。日本の医療界は，個々の法人の経済規模が決して大きくはない業界であり，また公的保険制度に強く依存していて財政難から公定価格が強く抑制されているために他産業と比べて収益性が低く利益蓄積が十分でない業界であるため，こうした財務的要素の相対的重視度も高くなっているのではないかと考えられる。

なお，優先順位で分析しても考慮度で分析しても，投資に際する考慮要素間の相対的な重視状況はおおむね同様であることが判明した。このことは当然の結果ともいえるかもしれないが，投資に際する各種考慮要素の重視状況に関する今回の回答データが，信頼のおける回答データであることを示唆する結果であるといえるだろう。

また，投資に際する各種考慮要素の考慮度を個々に見てみると，医療機関での設備機器投資に際しては採算性以外にも非常に多様な要素が考慮されていることが定量的に明らかにされた。高額設備機器投資の意思決定に際する考慮要素についての８法人へのインタビュー等による調査結果（荒井，2013，第２章）を基礎として提示した考慮要素であるため，「全く考慮せず」（１）ということはないと考えていたが，今回の200法人前後からの回答結果でも，提示した考

慮要素のすべてが，平均ではある程度考慮されていることが定量的に明らかになった。

次に，医療界においては，投資意思決定に際して，投資の経済性を定量的に評価している法人は，6割強に止まることが明らかとなった。利益を上げることを組織目的としているわけではない医療機関であるとはいえ，持続的な医療提供のためにある程度の採算性を確保することは課題となっており，実際，上述のように今回の調査でも，投資意思決定に際して採算性は一番よく考慮されている要素である。それにもかかわらず，こうした実施状況であることには留意が必要である。こうした実態の背景（阻害要因）の1つとしては，本章での法人収益規模と定量評価実施率との関係についての分析結果が示唆するように，法人としての経済規模の小ささゆえに，実践するための経営スタッフの確保が十分にできないという要因もあると考えられる。しかし，今後，こうした実態の背景をより体系的に明らかにし，定量的評価の実施を促進していく必要があると考えられる。

なお，投資意思決定に際して採算性を考慮する程度が高い法人ほど，投資経済性の定量評価を実施していると考えられるが，今回の調査データで実際に分析してみると，やはり採算性考慮度が高い法人群ほど定量評価実施率が高いという結果であった（**図表1-22**）。ただし，投資に際して採算性を「かなり考慮する」（4）法人でも6割強，「非常に考慮する」（5）法人でさえも7割半の定量評価の実施率に止まっており，投資意思決定に際する重視状況に見合った定量評価の実施状況とはなっていないことがわかる。

[図表1-22]　投資採算性の考慮度別の定量評価実施率

考慮度と定量評価	投資に際する長期的採算性の考慮度				χ^2検定
	2	3	4	5	P値
n	11	34	82	74	P値
実施率	9.1%	44.1%	62.2%	75.7%	0.000

また定量評価を実施している場合には，大部分の法人で回収期間法が活用されていて，割引現在価値法は1割未満の法人でのみ活用されていることが明らかとなった。こうした状況は，インタビュー等に基づく荒井（2013，第2章）でも指摘されていたが，今回，定量的に，こうした実態が確認された。回収期

間法が幅広い法人で活用され，理論的には最も適切な投資経済性評価の手法である割引現在価値法があまり活用されない状況は，他産業でもある程度は見られるものの，割引現在価値法の利用率の低さは際立っているといえるだろう。こうした実態の背景の1つには，荒井（2013，第2章）が指摘したように，医療機関の設備機器投資に際しては採算性以外の考慮要素が多く存在するため，採算性の定量評価を厳密に実施したとしても他の要素からの投資意思決定がなされることも多いという状況があると考えられる。

なお，今回の調査から，定量評価をする場合に，2割の法人では複数の評価手法が活用されていることも明らかにされた。回答法人群全体で見た場合には1割強に限定されるものの，一部の法人ではかなり念入りに投資の定量評価がなされていることもわかる。ちなみに，定量評価をしていない法人群と1つの手法で定量評価をしている法人群と複数の手法で定量評価をしている法人群に3分類して，投資採算性の考慮度の平均値に有意差があるかを分析したところ，複数の定量評価手法を活用している法人群は考慮度平均が一番高いことが確認された（**図表1-23**）。採算性考慮度が非常に高い一部の法人では，とても丁寧に投資の定量評価を実施しているといえそうである。

[**図表1-23**] **定量評価手法の利用状況別の投資採算性考慮度**

定量評価手法利用状況別採算性考慮度		
定量手法利用状況	n	平　均
手法利用無し	78	3.73
単一手法利用	99	4.23
複数手法利用	24	4.67
Welch検定	P値	0.000

第三に，実現できない現場からの投資要望に対して何らかの対策をとっている法人は7割強に上り，財務状況の説明による理解獲得という対策が一番多いことが判明したが，投資には多額の資金が必要であることを考えると，この対策が一番多い点は予想どおりの結果だといえる。また，投資判断基準の事前説明や採択案件の評価結果説明といった間接的な現場納得確保策よりも，非採択案件の評価結果説明という直接的な納得確保策の方が実施されていることが多いことがわかった。実現できない現場の要望に対する納得確保策としては，間

接的な方法では不十分という実態があるのではないかと推察される。また対策を実施している法人では，複数の対策を実施している場合が半数強を占めており，現場の納得を確保するために一生懸命努力している医療機関も多いといえるだろう。さらに，損益目標達成時の採択可能性示唆や投資判断基準の事前説明という対策は，そうした複数活用の際に，財務状況説明や非採択案件説明などとともに活用されることが多く，各現場納得確保策にも活用方法の特性があるといえる。

第四に，投資に関わるマネジメントを，投資意思決定時点の経営管理としてだけでなく，運用後の事後評価・改善行動やその後の再投資まで含めたマネジメントプロセス全体（投資のPDCAサイクル）と捉えて経営管理していくことが重要である。しかし現状では，こうした投資マネジメントの重要な部分プロセスである事後評価は，半数程度の法人でのみ実施されている状況であることが判明した。医療機関においては，まだまだ投資マネジメントをPDCAサイクルとして実践していく考え方が十分に広がっていない様子が窺われ，今後改善の余地が大きい重要な課題であるといえる。

また事後評価を実施している場合には，採算性の観点からの評価が突出して多く，また機能等向上，財務安定性，職員意欲向上もある程度採用されている評価観点であることが判明した。採算性と機能等向上は投資意思決定時に最も重視される考慮要素群で，財務安定性と職員意欲向上は二番目に重視される要素群であり，投資意思決定時点と投資決定数年後の事後評価時点での，重視する要素には一貫性があるといえる。

さらに，投資意思決定時と異なり事後評価時点では，機能等向上よりも採算性の観点からの評価の方が明確によく実践されているが，その背景の1つとしては，両要素の実現確率の違いがあるのではないかと考えられる。すなわち設備機器投資による機能・質・安全性の向上は，想定以上に故障しやすく十分利用できないといったことも起こりえないわけではないものの，機器設備のスペックにより，かなりの確率で実現する。一方で，投資採算性は，想定どおりに利用患者（症例）が集まらずに予定ほど収益が上がらないといった不確実性が高く，予定どおりの採算性が実現できない可能性も相対的に高い。そのため，投資採算性は事後的に検証する必要性が高いのではないかと考えられる。

第1章　新規高額設備機器投資マネジメントの実践状況　　29

　なお，事後評価を実施している法人では，複数の観点からの事後評価をしていることが9割近くに上り，4つ以上の観点から評価している法人も2割を超えており，採算性だけでなく他の要素の観点からも丁寧に事後評価している法人も多いことがわかる。

　最後に，時代に合った水準の医療を提供し続けるために法人経営層として目指すべきと考える事業利益率水準としては，5％程度が一番多く約3分の1を占めていた。荒井（2021a，第7章）に基づくと，事業利益率2〜3％が病院経営医療法人の過去10年ほどにおける年次平均事業利益率の最低水準であると推察される。そのため，今後10年における技術革新等による医療水準の向上に対応するためには，約3分の1の法人は，過去10年における最低水準を数％上回る事業利益率を目指すべきと考えているといえる。

　一方で，7〜8％以上を目指すべきと考えている法人が約6割と過半を占めていることも明らかとなった。こうした法人は，①今後10年の方が過去10年よりも，格段に技術革新等への対応投資が必要となると考えているか，②過去10年の対応投資により財務健全性が悪化し，今後の対応投資のための財務余力が低下しているため，将来の投資に向けて利益を蓄積し健全性を回復する必要があると考えているか，だと推察される。いずれにせよ，こうした高い事業利益率を実現するためには，近年の診療報酬改定の動向を踏まえれば，大胆に業務改善に取り組んで大きく効率性を向上させるか[11]，健診事業や治験事業など公的保険制度外の事業を拡充するといった取り組みが必要となるだろう。

4.2　諸仮説の検証

　まず法人の基本的属性による影響に関して，附帯業務も含めてより厳密に医療内多角類型と医療介護複合類型に区分した場合，医療介護複合類型の法人の方が，投資意思決定に際して，法人理念適合性及び法人内他事業との相乗効果を考慮する程度が高いことが確認された。また，より多様な施設事業種類を経営している多角化度の高い法人の方が，理念適合性及び法人内他事業波及効果の考慮度が高い傾向にあることも確認された。医療内に止まる法人よりも医療から介護にわたる本格的な多角化をしている法人の方が，またより多様な施設事業種類を経営している法人の方が，法人内の多様な施設事業間の連携を通じ

て，患者に対して法人としてのより優れた総合サービス（包括的で一貫した統合サービス）を提供したいという意識が強いからではないかと考えられる。

　また，診療領域類型が一般型である法人の方が，療養型や精神型の法人よりも，医療技術革新への対応をよく考慮していることが確認された。一般型である法人の方が，療養型や精神型の法人よりも，技術革新の進展が早い領域の医療を提供しており，その技術革新への対応が患者の獲得や優秀な医療職の確保という競争において極めて重要な要素となっているためではないかと考えられる。

　さらに，経済規模の大きな法人の方が，設備機器投資に際する定量的な経済性評価の実施率が高かった。定量的な経済性評価の実施状況には，上述のように，投資採算性の考慮度の高さが影響を与えているが，実際に定量的評価を実施するとなると，それを実践するための経営スタッフが必要となる。経済規模が大きな法人の方が経営管理スタッフを雇用することが経済的に容易であることから，規模の大きな法人の方が実務的な実施可能性が高くなる。こうした事情が反映された結果であると考えられる。一方，経済規模の大きな法人であっても，統計的に有意なほどには，事後評価の実施率は高くなかった。事後評価の実践にも経営管理スタッフが必要であるが，事後評価までとなると単に規模が大きくスタッフが充実しているだけでなく，投資を意思決定時点だけでなくその前後を含むマネジメントサイクルとして捉える考え方の有無も関係するためではないかと考えられる。

　第二に，現場納得確保策の実施状況に与える影響について，投資に際する採算性考慮度が高い法人の方が，現場納得確保策の実施率が高いことが確認された。これは，投資に際し採算性を重視する法人では，採算性重視に抵抗感を抱きがちな現場医療職を納得させる必要性が高いためではないかと考えられる。また投資に際して職員意欲向上の考慮度が高い法人の方が，現場納得確保策の実施率が高いことも確認された。これは，投資に際し職員意欲向上をより重視する法人は，現場から要望された投資案件を実現できない際に，そのことで現場の意欲が大きく低下しないように，投資意思決定結果に対する現場の納得をなんとか確保したいと努力するためではないかと考えられる。

　さらに，具体的な現場納得確保策に関して，近年に赤字を経験している法人

の方が，財務状況説明による現場理解獲得策の実施率が高いことが確認された。近年に赤字を経験している法人の方が財務面の危機意識が強いため，財務状況の説明により収益性の低い投資をする余裕はないことを現場に理解してもらおうという意識が働きやすいからではないかと考えられる。また財務安定性が相対的に低い法人の方が，財務状況説明による現場理解獲得策を実施する割合が高いことも確認された。財務安定性が低い法人の方が財務面の危機意識が強い上に，実際に資金調達可能性が低下していることが多い。そのため，財務安定性をさらに低下させるような収益性の悪い投資はできないという説明や，投資に必要な資金の調達が容易ではないという説明により，投資に制約があることを現場に理解してもらおうという意識が働きやすいからではないかと考えられる。加えて，投資に際し定量評価を実施している法人の方が，非実現案件要望現場への詳細な評価結果説明という納得確保策の実施率が高いことが確認された。これは，定量評価実施法人の方が，投資案件の評価結果をしっかりとした根拠に基づき現場に説明できるためではないかと考えられる。

　第三に，事後評価の実施に影響を与える要因に関する仮説については，まず予算管理実施法人の方が，事後評価実施率が高いことが確認された。予算管理実施法人は，年初に予算編成し，その後実績を測定して予算との差異を把握して現状を評価し，改善策をとるというマネジメントサイクルが定着している。そのため，投資に関わるマネジメントでも，投資決定時だけでなく投資後の運用段階も含めたマネジメントサイクル全体を管理するという発想を持ちやすいためではないかと考えられる。

　また，BSC実施法人の方が，統計的有意性まではないものの，事後評価実施率が高い様子が窺われた。BSC実施法人は，事前に目標を設定し，事後に実績を把握して目標と対比して現状の目標達成状況を評価し，達成に向けて改善策をとるマネジメントサイクルの考え方が浸透している。そのため，投資マネジメントにおいても，投資決定時だけでなくその後の運用段階も含めた投資に関わるプロセス全体を管理するという考え方につながりやすいためではないかと考えられる。

　さらに，投資意思決定結果に対する現場の納得を確保するために何らかの対策をとる法人の方が，事後評価実施率が高いことが確認された。現場納得確保

策を実施している法人は，高額設備機器投資を単なる投資意思決定時点におけるマネジメント課題としてではなく，投資決定後におけるその決定結果が職員意識に与える影響を適切に管理することを含む，投資に関わるプロセス全体のマネジメント課題として捉えているからではないかと考えられる。

　加えて，投資意思決定に際して定量評価を実施している法人の方が，採算性の観点からの事後評価をよく実施していることが確認された。これは，定量的な経済性評価をしている法人の方が，投資の採算性が定量的に明確に予定されているため，事後的に採算性が予定どおりかどうかをより適切に検証できるからではないかと考えられる。また，投資意思決定結果に対する現場の納得を確保するために何らかの対策をとる法人の方が，職員意欲向上の観点からの事後評価をよく実施していることが確認された。これは，現場納得確保策を実施している法人の方が，投資が職員意欲に与える影響を適切に管理することが重要であると強く認識しており，そのため投資後の職員意欲向上効果を適切に管理したいと考えていることが多いためではないかと考えられる。

4.3　採算性向上効果の検証

　投資に際して定量的な採算性評価をしている法人の方が10％水準で有意に事業利益率が高く，事業採算性が悪くない傾向にあることが判明し，投資時の定量的採算性評価という投資マネジメント実践が採算性向上に効果を有していることが明らかとなった。なお，病院における高額設備機器投資に際しては，採算性だけでなく，医療の質の向上や職員意欲の向上など必ずしも事業採算性の向上と直結しているわけではない要素も強く考慮されることを踏まえれば，5％水準では有意でない状況もある程度理解できるところである。

　また，現場要望投資案件の不採択時に，現場が損益目標を達成した際には要望案件を採択してあげるという現場納得策を採用している法人の方が，事業利益率が有意に良いことが明らかとなり，現場の投資要望と損益目標達成の連動という投資マネジメント実践の有効性が検証された。病院においては設備機器投資への現場部門からの要望が多くなされることが知られており，こうした病院界の実態を踏まえると，現場の投資要望と現場の損益目標達成とを連動させる経営政策は，採算性向上に向けて現場を強く動機付けることができる貴重な

経営手段であるということが改めて認識される。

　一方，投資後に採算性が予定どおりであるかの事後評価をしている法人としていない法人の間で事業利益率に有意な差は見られず，投資後に採算性面から事後評価するという投資マネジメント実践は，病院全体の事業採算性の向上には効果をもたらしていないようであった。投資後にも採算性の評価をすることで採算性向上への努力が引き出されるのではないかと想定していたが，必ずしもそうなっていない。こうした背景の1つには，設備機器投資に際しては採算性だけでなく医療の質の向上なども非常に重視されているため，投資後に採算性面からの事後評価をすることになっていても，医療の質の向上などの実現が優先されて，予定どおりの採算性を確保しようという経営管理上の規律が十分に働いていない可能性がある。また投資意思決定時の想定した採算性がそもそも高い水準でなく，赤字回避か僅かに黒字を確保する採算性水準であると，予定どおりの採算性の確保努力では，病院全体の事業採算性を相対的に良くする効果は得られないという面もあるだろう。

　将来の設備機器投資に備えて目指すべき事業利益率水準が相対的に高い法人の方が，実現できている事業利益率が相対的に良いことが明らかとなった。目指す事業利益率水準が相対的に高いために，その相対的に強い利益獲得意識に基づいて，採算性向上に向けた努力がより積極的になされ，結果として相対的に高い事業利益率が実現しているのではないかと考えられる。なお，目指す利益率水準の高さに現れる利益獲得意識の強さが，採算性向上に向けた努力の積極化につながっている様子は，目指す事業利益率水準と採算性向上のための典型的な具体的取り組みである部門別損益計算の実施状況との関係にも見られている。**図表1-24**に示すように，目標利益率水準が特に低い利益獲得意識が弱い法人群と，5％程度～10％程度の中間法人群と，目標水準が特に高い利益獲得意識が強い法人群との間には，部門別損益計算の実施率に有意な差が見られ，目指す利益率水準が相対的に高い法人群の方が部門別損益計算により積極的に取り組んでいる。

[図表1-24]　将来投資に備え目指すべき利益水準意識と部門別損益計算実践

目標事業利益率 水準別実施率		0～3％	5％程度 （4～6％）	7～8％	10％程度 （9～11%）	12％以上
部門別 損益計算	n	13	68	50	55	13
	実施率	23.1%	27.9%	30.0%	29.1%	69.2%
χ^2検定		χ^2値	9.65	P値	0.047	

5　ま　と　め

　本章での研究により，病院界における高額な設備機器投資に関わるマネジメント実践が，投資意思決定のための定量的な経済性評価だけでなく，投資決定に際する多様な考慮要素や非採択投資案への現場納得確保策，事後評価なども含めて，初めて総合的かつ定量的に明らかとなった。その実践には，病院界の特性が反映されているとともに，まだ多くの課題が見られることが明らかとされた。また法人の基本属性によってもその実践に違いが見られることも判明した。さらに，投資に際し重視する要素や法人が経験している財務状況などが現場納得確保のための実践に影響を与えていること，その現場納得確保実践や予算管理などの管理会計実践の状況などが事後評価実践に影響を与えていることなども明らかとなった。加えて，投資時の定量的な採算性評価や，投資要望と損益目標達成との連動，将来投資に備えた利益獲得意識向上という，採算性に関する設備投資マネジメント実践は，実際に事業採算性向上という効果を有することが確認された。

　これらの知見は，病院界における高額設備機器投資マネジメント実践への理解を深めたという実務的貢献がある。さらに，従来ほとんど定量的に研究されていない病院界での投資マネジメント実践を対象とし，また伝統的な管理会計研究が焦点を当ててきた投資意思決定手法に限定せずに，投資が及ぼす組織成員への影響を考慮した対応活動や投資数年後の効果検証活動までを含めて研究対象としている点では，従来の管理会計研究の対象領域の拡張という学術的貢献がある。加えて，いくつかの設備投資マネジメント実践が，客観的な財務指標データとしての事業利益率に実際に効果を与えていることを検証した点も，

第1章　新規高額設備機器投資マネジメントの実践状況　35

学術的に大きな成果である。

〔注〕

1　以下，本章において，「」で引用している文言（それに付された下線なども含めて）は，本研究で利用した質問票における文言そのものである。

2　本調査では，法人で運営している施設・事業の種類を複数回答可能方式で，「1．急性期病院　2．回復期病院　3．慢性期病院　4．診療所　5．介護老人保健施設　6．その他施設（　）　7．訪問系事業（診療・看護・介護等）　8．通所系事業（介護・リハ等）」の中から選択してもらった。

3　「その他施設」としては，調査票上に具体的に記載回答されている法人では，グループホーム，サービス付き高齢者向け住宅，特別養護老人ホームが多かった。なお，本調査を実施した年度（2018年度）より療養病棟からの転換が始まった介護医療院と記載回答した法人も4法人見られたが，これらは老健扱いとして分類した。

4　この考慮要素については，「法人の理念/使命/ビジョンへの適合性」がある投資であれば，同一の理念/使命/ビジョンの法人下で展開されている他事業との関連性が高いはずであるため，「法人内の他事業との相乗効果/波及効果」が高くなるはずである，という理念次元と便益次元の関係性にあると考え，1つにまとめている。この両者を分けて考慮度を回答してもらうことも考えられたが，質問票調査という性質から，あまり考慮要素を細分化すると，回答が煩雑となり，回答率が下がるのではないかという懸念もあり，今回は統合して調査した。

5　本調査では，法人の経験している財務状況として，過去10年間における経常損益ベースでの赤字の経験状況と，現在の財務健全性を表す純資産比率の水準を把握している。過去の赤字経験状況は，具体的には以下の選択肢から回答してもらっている。

1．昨年度は赤字であった，あるいは，本年度は赤字になりそうである【直近での赤字経験あり】

2．昨年度や本年度は赤字でないが，過去5年以内に赤字だったことがある【中期での赤字経験あり】

3．過去5年間は黒字であるが，過去10年以内には赤字だったことがある【長期での赤字経験あり】

4．過去10年間，常に黒字を確保している【長期での赤字経験なし】

6　本調査では部門別予算管理の実施状況を把握しており，31.5％（n＝203）が実施している。

7　本調査ではBSCあるいは多様な業績側面を計画管理する事業計画（以下，BSC等）の実施状況について把握しており，25.1％（n＝203）が実施している。

8　回答依頼対象管理職への事前の調査票確認に際して，11もある要素のうちで優先順位の低い要素に細かく序列をつけることは困難であるとの指摘を受けたため，1位から8位までを明確に順位づけしてもらう方式にした。

9　優先順位の平均の算出に際しては，順位づけがされていない9位～11位相当の考慮要素

は平均としての10位を割り当て計算した。ただし9～11位の順位づけもされていた回答はそのままその順位を利用した。逆に，わずかではあるが見られた，6位までなど8位まで回答していない場合には，7位～11位相当の考慮要素には平均としての9位を割り当てるという処理方法を用いた。また少ないものの見られた，1位が2つあるなど同順位の考慮要素が複数ある場合には，5段階評価の考慮度を参照してそこに大小関係があれば，その関係に基づき1位と2位というように同順位を異なる順位に分け，5段階評価の考慮度も同じ（大小関係がない）であれば，両者を1位と2位の平均としての1.5位とする処理をした。なお，こうした同順位要素の処理の後，元々2位・3位…であった考慮要素を3位・4位…というように順位をずらす処理をした。そのため，すべての優先順位回答法人の回答順位の単純合計は1～11の合計である66となるように処理してあり，すべての回答法人の平均に与えるウエイトを同一にしてある。

10　「その他（　）」を選択した法人が3法人あったが，いずれの法人も具体的な数値を記載していた。そのうちの2法人は，他の選択肢に分類できる利益率であったため，適切な選択肢に修正した。また残りの1法人は，20％と回答していた。そのため結果として，「その他（　）」水準は20％水準と同じこととなった。

11　増患による病棟等の稼働率・回転率向上を通じても，利益率を向上させることは可能である。しかし地域によっては，すでに医療需要の上限に達しており，今後は増患には一定の限界がある。そのため，本書第7章および補論で論じるように，医療材料費や人件費を質・安全性などと共に医療提供プロセスに作り込んでいく医療サービス価値企画の本格化が求められる。なかでも，医師等から他職種へのタスクシフト（労務「単価」企画）と，ICTの活用や業務プロセスの標準化及び円滑化による業務の効率化（業務時間短縮による人件費節約：労務「時間」企画）を通じた人件費の作り込みが大きな課題となる（荒井，2024）。

第2章

事業計画の実践状況
―バランスト・スコアカード的性質の有用性―

1 問題意識

　医療法人のトップ経営層だけでなく，各施設事業の現場管理者による主体的な経営管理の重要性が高くなってきた。それに伴う現場管理者への権限移譲に伴い，トップ経営層は現場管理者の業績を把握・評価し，またトップ経営層が目指す方向（戦略）に沿う形で，現場が自律的に経営するように働きかける必要性が増している。そのため，病院などの施設事業ごとに事業計画を策定して適切に活用していくことは，重要な課題である。したがって，現在策定されている事業計画がどのような特徴を有しており，どの程度利用されているのか，また事業計画の特徴とその利用度の関係性を明らかにすることは，意義がある。

　また事業計画による経営管理に実効性を持たせる上で，事業計画の結果を対象施設事業の管理者の業績評価に活用することは重要である。今回の研究対象とは異なるが，DPC関連病院群[1]では事業計画を業績評価に利用している病院の方が有意に採算性がよいという先行研究（荒井，2015）もある。しかし伝統的に自立性が高い医療専門職である医師管理者に対して，経営管理に無関心な傾向が従来ある中で，管理手法による結果を基に業績評価を実施することは困難を伴うことが多い。そのため，どのような特徴を持つ事業計画であると管理者が業績評価での活用を受け入れやすいか，事業計画の特徴が及ぼす管理者業績評価での活用状況への効果を検証することも意義がある。

　医療法人における責任センター別管理会計では事業計画がよく利用され，管理者業績評価にも活用されていることは，インタビュー調査に基づく先行研究

（荒井，2013，第 5 章）で明らかにされてきたが，どのような特徴を持つ事業計画であると業績評価に活用されやすいかの定量的な検証はまだ見られない。荒井・尻無濱（2015a）では，業績評価対象の管理者にとって業績評価を受け入れやすい特徴を有する予算管理実務の存在が明らかにされているが，事業計画にもそのような特徴があるのかはまだ不明である。

　そこで本研究では，医療法人における事業計画について調査し，その特徴などを明らかにするとともに，業績評価での活用状況との関係を検証する。事業計画の特徴及び利用度については2010年にも調査分析しているが（荒井，2013，第 3 章），業績評価での活用状況への事業計画の特徴がもたらす効果を検証するために，改めて調査した。

2　研究方法

　医療法人が提出する『事業報告書等』に基づき，病院を経営する医療法人のデータベース（2014年決算版）を構築し，事業収益が10億円以上の法人を対象に，管理会計に関する郵送質問票調査を実施した。具体的には，2,759法人を対象に，2018年 1 月中旬〜 2 月下旬に実施し，194法人から有効回答を得た（有効回答率7.0％）。ただし事業計画の策定の有無に回答した法人は191であった。本研究の分析対象法人群は，多角経営類型，経済規模，中核事業の病院の診療領域類型の各観点から，母集団を反映した法人群となっている。本調査の詳細は，施設事業別損益計算・管理について述べた本書第 5 章の研究方法の節（第 2 節）で詳述したのでそちらを参照されたい。

　本章ではまず，事業計画の特徴と利用状況を明らかにするとともに，事業計画の特徴と利用度との関係性を分析する。次いで，事業計画の特徴がもたらすと考えられる管理者業績評価での活用への効果に関する仮説の検証も試みる。具体的には，施設事業管理者を業績評価するために事業計画の結果を活用することをより容易にすると考えられる事業計画の特徴に関係する以下の 2 つの仮説を検証する。

　まず，財務要素や効率要素に限定せずに医療の質や地域連携，能力向上といった要素を含んだ事業計画である方が，非営利的な性格を持つ医療セクター

の従事者である施設事業長（病院長ほか）にとって，業績評価されることに対して相対的に納得しやすいと考えられる。そのため，財務・効率関連に限定された事業計画を策定している法人よりも，その面以外の要素を含む事業計画を策定している法人の方が，事業計画を管理者業績評価に活用できているのではないかと想定される。また，後述する視点包括度がより高く，より多様な要素を対象としている事業計画を策定している方が，業績評価に活用できているのではないかと想定される。

　次に，事業計画を通じて管理する諸要素間の因果関係をよく考慮して編成した方が単に多様な要素を管理対象とするよりも業績評価される管理者の納得感が得られやすいと考えられるし，また業績評価する側もより自信をもって事業計画による管理者評価をできると考えられる。そのため，因果関係の考慮度が高い事業計画を策定している法人ほど，事業計画を管理者業績評価に活用できているのではないかと想定される。

3　結　　果

3.1　事業計画の特徴

　まず，医療法人内の各施設事業別の事業計画を策定している法人は，回答191法人中79.1％であった[2]。また「策定している場合，その計画（目標設定）内容には，以下の15項目のうち，どの事項が含まれていますか」[3]を回答してもらった（**図表2-1**の①～⑮参照）。なお，「施設事業により計画事項が異なる場合，最も多くの施設事業で策定されている事業計画か法人を最も代表する施設の事業計画での状況をお答えください」とした。

　財務関連の各事項は8割以上の法人で設定されており，特に収入額はほぼすべての法人が設定している（**図表2-1**）。そのため，財務視点のなんらかの事項が99.3％の法人で目標設定されている。次によく設定されているのは病棟運営効率関連の事項であり，特に病床利用率は9割以上で設定されている。ただしパス適用率は2割未満での設定に止まっている。患者満足・質関連の各事項は，それぞれ2割半程度の法人でのみ設定されている状況だが，患者満足・質

視点のなんらかの事項は４割強で設定されている。地域連携関連では患者紹介率は４割弱，逆紹介率は３割強で，視点としては４割強で設定されている。最後に，人材・学習関連では，法人内研修参加率は３割半，職員満足度及び定着率はともに２割台前半で，この視点のなんらかの事項ということでは４割半の法人で設定されている。

[図表２−１] 事項別及び視点別の目標設定率

事項領域	財務関連				患者満足・質関連			地域連携関連		病棟運営効率関連			人材・学習関連		
計画事項	①	②	③	④	⑤	⑥	⑦	⑧	⑨	⑩	⑪	⑫	⑬	⑭	⑮
回答数	151	151	151	151	150	150	150	150	150	150	150	150	149	150	150
設定率	96.7%	80.1%	80.8%	87.4%	26.7%	26.0%	24.0%	39.3%	31.3%	18.7%	73.3%	92.7%	22.1%	23.3%	35.3%
視点設定率	99.3%				40.7%			41.3%		93.3%			45.0%		

①収入額，②損益率・差額，③患者単価，④患者（利用）数，⑤患者満足度，⑥褥瘡発生率，⑦再入院率，⑧患者紹介率，⑨患者逆紹介率，⑩パス適用率，⑪平均在院日数，⑫病床利用（稼働）率，⑬職員満足度，⑭職員定着率，⑮法人内研修参加率。

いま**図表２−１**に示した５つの視点について，各法人がいくつの視点に関連する事項に対して目標設定しているのか（以下，視点包括度）を分析してみると，２つとする法人が３割半と一番多く，１つの法人は一番少なかった（**図表２−2**）。平均は3.2視点であったが，この平均程度の視点包括度３の法人は17％程度にとどまり，５つの視点すべてに関わる事項を設定している法人も２割半強見られる。平均程度の視点包括度３より高い法人群と低い法人群がちょうど同じ４割強を占めていた。また視点包括度１及び２の法人のその視点を具体的に分析してみると，**図表２−2**の注に記載したように，これらの法人は財務のみか病棟運営効率のみかこの両者のみの視点を有していることが判明した。そのため，視点包括度１及び２の法人群と視点包括度３以上の法人群との違いは，伝統的な事業計画でよく見られる財務・効率事項のみを設定管理する事業計画を運用している法人群と財務・効率事項以外も設定管理する事業計画を運用している法人群の違いとなっている。

第2章　事業計画の実践状況　41

[図表2-2]　事業計画の視点包括度

視点包括度	1＊	2＊＊	3	4	5	n
割合	6.0%	35.6%	16.8%	15.4%	26.2%	149
視点数多寡3区分	低		平均程度	高		平均
	41.6%		16.8%	41.6%		3.20
事業計画の性質区分	財務・効率のみ		財務・効率以外含む			標準偏差
	41.6%		58.4%			1.33

＊　9法人中8法人は財務のみ。1法人は病棟運営効率のみ。
＊＊　すべて財務と病棟運営効率の組み合わせ。

　次に，「上記の施設事業別事業計画の策定に際しては，上記各計画事項の間の大半の因果関係（ある計画事項の実現のためにはその前提として別のある計画事項の実現が必要であるといった計画事項間の相互関係）を，どの程度考慮しつつ策定しているか，7段階評価[4]で」回答いただいた（**図表2-3**）。平均は4.7程度であり，平均に最も近い考慮度5の法人が3割を占め，考慮度がそれより低い法人が4割半，それより高い法人が2割半と，考慮度は法人によりばらついている。

[図表2-3]　事業計画での因果関係考慮度

因果関係考慮度	1	2	3	4	5	6	7	合計	平均値
割合	2.1%	2.7%	6.2%	34.2%	29.5%	22.6%	2.7%		4.65
3区分	低				平均程度	高		146	標準偏差
	45.2%				29.5%	25.3%			1.18

　以上の視点包括度と因果関係考慮度という事業計画の2つの特徴の間には，視点包括度が高い事業計画ほど因果関係の考慮度が高いという関係性が有意に見られた（**図表2-4**）。また，財務・効率のみを計画管理する事業計画か否かという事業計画の性質と因果関係考慮度という特徴の間にも，財務・効率以外の事項も計画管理する事業計画の方が，事項間の因果関係の考慮度が高いという傾向が有意に見られる（**図表2-5**）。

[図表2-4] 視点包括度と因果関係考慮度の相互関係

因果関係 考慮度	全体	視点包括度			Welch検定	
		低	平均程度	高	F値	P値
n	144	60	25	59	12.97	0.000
平均値	4.63	4.15	4.56	5.15		

[図表2-5] 事業計画の性質と因果関係考慮度の相互関係

因果関係 考慮度	全体	事業計画の性質		Welch検定	
		財務/効率 のみ	財務/効率 以外含む	F値	P値
n	144	60	84	17.87	0.000
平均値	4.63	4.15	4.98		

3.2 利用状況と事業計画の特徴との関係性

次に，「（1）トップ経営層による各施設事業の分析的利用と，（2）現場管理者及び職員への働きかけ（経営管理面の意識醸成や自律性促進）的利用，の各利用方法での事業計画の利用の程度を7段階評価で」回答いただいた（**図表2-6**）。両利用方法とも利用度は法人によりばらついているが，平均では，分析的利用度は5.2，働きかけ的利用度は4.7であり，ともにどちらかといえば「非常によく利用」に近い利用状況であった。また平均では，分析的利用の方が働きかけ的利用よりも利用度が高い。個々の法人ごとに両利用方法での利用度の相対的な大小を比べた場合にも，分析的利用の方が利用度が高い法人が43.6%を占め，働きかけ的利用の方が利用度が高い法人は8.7%に止まる。

[図表2-6] 利用方法別の事業計画利用度

施設事業別事業 計画の利用度	1 全く利用 してない	2	3	4 どちらとも いえない	5	6	7 非常に よく利用	合計	平均値	標準偏差	利用方法の重点	
											同等	47.7%
法人トップ層の分析 的利用	0.0%	4.0%	4.0%	13.4%	32.9%	33.6%	12.1%	149	5.24	1.19	分析 焦点	43.6%
現場（施設管理者及 び職員）への働きか け的利用	1.3%	6.7%	4.7%	24.8%	40.9%	17.4%	4.0%	149	4.66	1.22	働きか け焦点	8.7%

また，3.1項で明らかにした事業計画の視点包括度と因果関係考慮の各特徴と利用度との関係を分析すると，視点包括度については，かならずしも包括度

が高いほど利用度が高いわけではない（**図表2－7**上段）。ただし，視点包括度が高い事業計画の方が低い事業計画よりも，両利用方法とも利用度が高いという関係性にはある。一方，因果関係考慮度については，両利用方法ともに，考慮度が高いほど利用度が高い傾向が有意に見られる（**図表2－7**下段）。

[**図表2－7**] **視点包括度及び因果関係考慮度と利用度**

事業計画利用度		全体	視点包括度			Welch検定	
			低	平均程度	高	F値	P値
分析的利用	n	147	60	25	62	2.62	0.081
	平均値	5.23	5.07	5.00	5.48		
働きかけ的利用	n	147	60	25	62	4.72	0.012
	平均値	4.67	4.52	4.20	5.00		
事業計画利用度		全体	因果関係考慮度			Welch検定	
			低	平均程度	高	F値	P値
分析的利用	n	146	66	43	37	37.31	0.000
	平均値	5.22	4.62	5.33	6.16		
働きかけ的利用	n	146	66	43	37	10.88	0.000
	平均値	4.63	4.20	4.70	5.32		

3.3　管理者業績評価での活用を高める事業計画の特徴

　事業計画の管理者業績評価での活用状況を質問した。具体的には，「事業計画の達成度を施設事業の管理者の業績評価に利用していますか。利用している場合，ボーナスや給与などの金銭的報酬にもその評価結果を反映させていますか」を回答いただいた（**図表2－8**）。事業計画の達成状況の結果は，その計画による管理の対象者である施設事業管理者の業績評価に44.0％の法人で利用されており，業績評価に利用している場合，66.7％の法人ではその評価結果を金銭的報酬に反映していることが判明した。

[**図表2－8**] **事業計画達成度の活用状況**

業績評価		金銭的報酬	
回答数	利用率	回答数	反映率
150	44.0%	66	66.7%

また業績評価に利用している場合，「事業計画達成状況は，施設事業管理者の業績評価要素（項目）全体に占める割合（重み）は，どの程度ですか」も把握したところ（**図表2-9**），半数の法人は1割前後と非常に低い重みを与えているに過ぎなかった。また5割前後までの重みを与えている法人が累計で8割強を占め，事業計画の達成度が業績評価上過半の重みを持つ法人は限定されていることが判明した。ただし7割前後の重みを持つ法人も2割弱いる点にも留意が必要である。

[図表2-9]　事業計画達成度の業績評価上の重み

回答数	1割前後	3割前後	5割前後	7割前後	9割前後
51	51.0%	17.6%	13.7%	17.6%	0.0%

次に，業績評価での活用を容易にする事業計画の特徴に関する仮説の検証を試みた。まず，設定管理している事項が財務及び効率関連だけでなくその他の側面を含んでいる方が，事業計画が管理者業績評価に有意により多く活用されていることが確認された（**図表2-10**）。また，より多様な業績側面を管理している視点包括度がより高い事業計画の方が，管理者業績評価に有意により多く活用されていることも検証された（**図表2-11**）。さらに，設定事項間の因果関係をよりしっかりと考慮している事業計画の方が，管理者業績評価に有意により多く活用されていることも確認された（**図表2-12**）。

[図表2-10]　事業計画の性質と業績評価での活用状況

業績評価での利用率	全体	事業計画の性質		Welch検定	
		財務/効率のみ	財務/効率以外含む	F値	P値
n	148	61	87	8.75	0.003
平均値	43.9%	29.5%	54.0%		

[図表2-11]　視点包括度と業績評価での活用状況

業績評価での利用率	全体	視点包括度			Welch検定	
		低	平均程度	高	F値	P値
n	148	61	25	62	10.18	0.006
平均値	43.9%	29.5%	44.0%	58.1%		

[図表2-12]　因果関係考慮度と業績評価での活用状況

業績評価での利用率	全体	因果関係考慮度			Welch検定	
		低	平均程度	高	F値	P値
n	146	66	43	37	7.18	0.028
平均値	45.2%	34.8%	46.5%	62.2%		

4　考　　察

4.1　事業計画の特徴

　まず，ほぼ8割の法人では事業計画による管理をしているが，逆に言えば2割ほどの法人では事業計画を持たずに成り行きに任せた管理に止まっている状況が判明した。今回と同じ事業収益10億円以上の病院経営医療法人群を対象に，2010年にも事業計画の実施状況を調査したが，その時の実施状況（8割半程度）とおおむね同水準であり（荒井，2013，第3章），この間にさらなる普及は見られなかったようである。

　事業計画の内容については，財務関連の目標はほぼすべての法人，また病床利用率中心に病棟運営効率関連の目標もほとんどの法人において，事業計画上設定されていることが確認された。こうした中，病棟運営効率に関連するパス適用率についてのみは，事業計画上での目標設定率が2割未満となっている。しかし，パス適用率は，基本的に急性期の病院で注目される事項であり，回復期及び慢性期（特に慢性期）の病院ではあまり注目されない事項である中，調査には急性期病院以外の病院経営医療法人も多数対象に含まれているためではないかと考えられる。

　また，伝統的には事業計画上ではあまり目標設定されてこなかった，患者満足・質関連や地域連携関連，人材・学習関連の各視点の目標も4割強の法人において設定されており，事業計画を通じて医療機関の多様な業績側面を同時統合的に管理していくようになってきていることが今回も確認された。財務・効率関連のみを計画管理している伝統的な事業計画は4割程度にとどまり，質や連携や人材関連も計画管理する事業計画が6割近くにも及ぶ。もちろん，医療

機関は質や人材を伝統的に重視しているため，事業計画によって管理してこなかっただけで，質管理や人材管理は各種委員会や人事課を通じてなされてきたが，事業（病院）全体を統合的に計画管理するマネジメント手法である事業計画においても，財務・効率関連の目標と一緒に統合管理するようになってきている。

　さらに，事業計画の策定においては計画事項間の因果関係がだいぶ考慮されるようになっているが，視点包括度が低いよりも高い法人，財務効率関連だけでなく質・連携・人材関連をも組み込む法人の方が，因果関係考慮度が高いことが今回の調査でも確認され，この関係性の頑健性が確認された（荒井，2013，第3章）。こうした傾向が見られる背景として，1つには，質・連携・人材関連をも組み込む法人は，病院界におけるBSC導入の流行の中で，病院事業全体を管理する事業計画において多面的な業績を同時管理することが目指されてきた可能性が高い。そのため，BSC推進活動の中で同時に強調されている因果関係の考慮も，伝統的な財務効率関連のみの事業計画の法人よりも，相対的に進んだのではないかと考えられる。

　事業計画上で計画管理する事項の包括度と事項間の因果関係の考慮は，BSCの二大特徴でもある。BSCの特徴の1つとして，管理会計手法で伝統的な財務及び効率視点だけでなく，より多様な業績側面の視点も含むという特徴がある。またBSCのもう1つの重要な特徴として，単に多様な目標・指標を並列的に管理対象とするのではなく，各視点内の各目標・指標間の因果関係を考慮するという特徴がある。そこで，財務及び効率視点以外を含む視点包括度3以上で，かつ因果関係考慮度尺度の中間値である考慮度4以上の事業計画を広義のBSCと定義し，現在の事業計画におけるBSC的性質の有無を分析したところ，56.3％の事業計画がBSC的性質を有していることが判明した。またもう少し厳格に，より多様な視点を含む視点包括度4以上で，かつ因果関係考慮度が回答法人の平均値程度以上である考慮度5以上を狭義のBSCと定義した場合には，31.3％の事業計画がBSC的性質を持っていることが明らかとなった。

[図表２-13] BSCの各定義と各BSC的性質を持つ事業計画の割合[5]

事業計画の性質	定義		回答数	実践割合
	視点包括度	因果関係考慮度		
狭義BSC	4以上	5以上 平均値以上	144	31.3%
広義BSC	3以上 財務/効率以外含む	4以上 尺度中間値以上	144	56.3%

　本章での広義のBSCと同じ定義でのBSC的性質を持つ事業計画の割合は，2010年の前回調査では54.6％であった（荒井，2013，第3章）[6]。広い意味でのBSC的性質を持つ事業計画が半数強の法人で利用されている状況の確からしさが高まったが，同時に，この間（2010年代）はBSC的な経営管理手法のさらなる進展はあまり見られなかった様子が窺われる。

4.2　利用状況と事業計画の特徴との関係性

　事業計画はどちらの利用方法でもよく利用されているが，分析的利用の方が働きかけ的利用よりも平均利用度が高く，また分析的利用の方が利用度が高い法人が多くを占め，働きかけ的利用の方が高い法人は1割もないことが判明した。2010年実施の調査結果（荒井，2013，第3章）と同様であり，ほとんど変化していないようである。

　また因果関係考慮度が高いほど分析的利用でも働きかけ的利用でも利用度が高い一方，視点包括度は高いほど利用度が高くなるわけではないものの，視点包括度が高い方が利用度が高い傾向はあることが明らかとなった。先行研究（荒井，2013，第3章）でも，因果関係考慮度が高いほど両利用方法とも利用度が有意に高い一方，視点包括度は働きかけ的利用度に関してのみ高いほど有意に高いという結果であり，ほぼ同様の傾向であった。そのため，事業計画の利用度を高める要素としては，より多様な事項を管理していることよりも，その多様な事項間の因果関係をしっかりと考慮していることの方が重要である様子が窺われる。

　また4.1項で定義した事業計画の狭義及び広義のBSC的性質の有無により，利用度が異なるのか分析したところ，両利用方法での利用度とも，狭義のBSC的性質を有する事業計画の方が有意に高いことが判明した（**図表２-14上段**）。

一方，広義のBSC的性質を有するか否かは，両利用方法の利用度にも，5％水準では有意な違いをもたらしていない（**図表2-14**下段）。ただし10％水準では，広義のBSC的性質を有する事業計画の方が，両利用方法とも利用度が有意に高い。この結果は，多様な業績事項間の因果関係をしっかり考慮しつつ多様な事項を同時管理するBSC的性質を有する事業計画であると，トップ経営層は自信を持ってより積極的に利用できるし，事業計画により管理される現場管理者の納得も得られやすいため積極的に利用できるという状況を反映していると考えられる。先行研究（荒井，2013，第3章）でもBSC的性質を有する事業計画の方が利用度が高いという結果であり，この関係性は堅固である。

[図表2-14]　事業計画のBSC的性質と利用度

事業計画のBSC的性質と利用度		全体	狭義BSCの性質		Welch検定	
			無し	有り	F値	P値
分析的利用	n	144	99	45	14.73	0.000
	平均値	5.21	4.99	5.69		
働きかけ的利用	n	144	99	45	14.11	0.000
	平均値	4.64	4.41	5.13		
事業計画のBSC的性質と利用度		全体	広義BSCの性質		Welch検定	
			無し	有り	F値	P値
分析的利用	n	144	63	81	3.21	0.076
	平均値	5.21	5.00	5.37		
働きかけ的利用	n	144	63	81	2.97	0.087
	平均値	4.64	4.44	4.79		

4.3　業績評価活用を高める事業計画の特徴

　事業計画を事業管理者の業績評価に利用している法人はまだ4割半に止まることが判明した。また，財務効率関連以外の側面を含んでいる事業計画の方が，また視点包括度がより高い事業計画の方が，さらに因果関係考慮度が高い事業計画の方が，管理者業績評価に有意により多く活用されていることも検証された。

　この背景の1つには，非営利公共セクターである医療分野において，財務及び効率面を中心とした事業計画を，医療職である病院長などの施設事業管理者

第 2 章 事業計画の実践状況 49

の業績評価に活用することへのトップ経営層（ほとんどの場合，自身も医療職）
の疑念あるいは副作用への懸念があるとまず考えられる。また，業績評価する
トップ経営者側の活用意思の問題だけではなく，業績評価される施設事業管理
者側の事業計画による業績評価への抵抗感もあるものと考えられる。勤務先が
医療法人という民間病院であるとはいえ，非営利で公共的な性格が強い医療セ
クターに奉職している意識の強い医療職たる事業管理者にとって，財務効率面
のみの事業計画により業績評価されることには抵抗感が強く，質・連携・人材
といったより多様な側面を含む事業計画でないと業績評価を受け入れがたいと
いう状況が推察される。また計画事項間の因果関係をしっかりと考慮して策定
された事業計画の方が，その計画により業績評価される事業管理者の納得を得
られやすいし，業績評価する側も自信を持って現場管理者の業績評価をできる
という状況が窺われる。

　そこで，4.1項で定義した，視点包括度と因果関係考慮度の両特徴を組み合
わせた事業計画の狭義及び広義のBSC的性質の有無による，業績評価での活用
状況への違いを分析したところ，狭義及び広義のBSC的性質を有する事業計画
の方が，業績評価に有意により多く活用されていることが確認された（**図表2
-15**）。全体としては事業計画の業績評価利用が4割半に止まる中，BSC的性質
を有する事業計画の場合には，6割前後で業績評価に利用されており，広義の
BSC的性質を持つ事業計画か否かでは，業績評価での利用率が2倍も異なって
いる。

［図表2-15］　BSC的性質と業績評価での活用状況

業績評価での 利用率		全体	事業計画のBSC的性質		Welch検定	
			無し	有り	F値	P値
狭義BSC	n	144	99	45	7.71	0.005
	平均値	45.1%	37.4%	62.2%		
広義BSC	n	144	63	81	12.41	0.000
	平均値	45.1%	28.6%	58.0%		

　上述のように，事業計画を管理者業績評価に用いている法人は全体としては
まだ半数に満たない状況である。しかし事業計画による経営管理をより実効性
のあるものにする上で，その事業計画の遂行を担当する施設事業管理者をその

計画の達成度により業績評価することは有効であると考えられ，今後より多くの法人において業績評価に活用されるべきであろう。今回の分析対象医療機関群とは異なるが，DPC関連病院群では，事業管理者の業績評価に利用している病院群の方が医業利益率や病床当たり医業利益が有意に大きいという先行研究結果（荒井，2015）も見られる。

　今後の活用拡大のためには，トップ経営者側の活用意思だけではなく，業績評価される施設事業管理者側の抵抗感の軽減も重要となる。本研究結果より，事業計画の視点包括度をより高め，また因果関係考慮度をより高めることにより，すなわちBSC的性質を持たせることにより，おそらくは施設事業管理者の抵抗感が和らぐことで，相対的に業績評価に活用される可能性が高いことが検証されており，こうした方向での事業計画の洗練化が今後の課題である。

　なお，事業計画を業績評価に活用している法人では，3分の2において評価結果を金銭的報酬に反映させており，事業計画の実効性をより強めている。しかしながら，そもそも事業計画の達成度という結果が管理者の業績評価制度において大きな重みを与えられている法人は多くないため，現状では多くの法人ではその実効性は限定的なものであると考えられる。それゆえに，現状では，事業計画を管理者業績評価に活用することの副作用を心配する状況ではない。少なくとも，高まる実効性ともたらされる副作用とを比較考量した場合，メリットの方が大きいと考えられる。

5　まとめ

　本研究により，広い意味でのBSC的性質を持つ事業計画が半数強の法人で見られ，BSC的性質を持つ事業計画の方が利用度が高いこと，特に因果関係考慮度が利用度に強い効果を持つことが確認された。また事業計画を管理者業績評価に利用できている法人はまだ半数に満たないが，より多様な視点を管理対象とし因果関係をよりしっかりと考慮すると，おそらく管理者の業績評価受容性が高まることにより，業績評価での活用率が高まることが確認された。

第2章　事業計画の実践状況　51

〔注〕────────────────────

1　本書においてDPC関連病院とは，DPC対象病院とDPC準備病院の両者を示すものである。なお，DPC対象病院とは，DPC別包括払い制の適用を受けている病院であり，DPC準備病院とは，当支払制度の適用に向けてデータ整備などの準備をしている病院である。

2　経済規模の大きな医療機関の方が，経営スタッフを充実させることができ，各種管理会計実践が盛んであることが示唆されてきた（荒井，2009,第2章・第6章; 荒井，2011,第10章; 荒井，2013，第9章）。本章でも経済規模別の策定状況を見たところ，本調査は10億円以上の法人を対象としているにもかかわらず，そうした中でも規模による有意な違いがあることが判明した（10億円台71.6％，20億円台80.0％，30億円以上97.8％，χ^2値12.61，P値0.002）。

3　以下，本章において，「」で引用している文言（それに付された下線なども含めて）は，本研究で利用した質問票における文言そのものである。

4　「全く考慮せず」（1）から「非常によく考慮」（7）までの7段階で，尺度中間値の4を「どちらともいえない」としている。

5　なお因果関係考慮度がより強い手法としてBSCを定義（視点包括度4以上かつ因果関係考慮度6以上）すると，BSC的性質を有する事業計画は14.6％まで減少する。先行研究（荒井，2013，第3章）での同じ定義でのBSC的性質を有する事業計画の割合（17.5％）とほぼ同じである。

6　本章での狭義のBSCと同じ定義での割合は，先行研究では分析されていない。

第3章

施設事業別の予算管理の実践状況
―有効活用化の必要性―

1　問題意識

　医療界では，厳しい財務環境下で採算性を確保するために，収益及び費用を予算管理する必要性がますます高まっている。また医療法人に関しては，ますます事業多角化が進展してきたため，経営の複雑性が増し，また規模が大きくなっている。そのためトップ経営者のみによる法人経営は困難となり，各現場管理者への権限移譲が進みつつある。それに伴い，各現場（施設事業や施設内部門）の財務的業績を把握・評価したり，現場管理者に努力を促したりする必要性がますます生じており，施設事業別や施設内部門別の予算管理が重要となってきた。

　こうした医療法人における予算管理の重要性の高まりに対応して，筆者は10年前に，病院経営医療法人での予算管理の実践状況を質問票調査により定量的に明らかにした（荒井・尻無濱，2014a）。しかしすでに10年が経ち，その間，本書のまえがきで示したように，医療法人の多角化はさらに進展しており，また医療法人を取り巻く経営環境（診療報酬制度，地域医療構想・地域包括ケアなど地域の医療介護提供体制，人口動態など）も大きく変化してきた。

　そこで本書では，質問票調査を用いて，改めて病院経営医療法人における予算管理の詳細な実践状況を定量的に明らかにする。本章では多角化法人における法人内の各施設事業別の予算管理の実践状況について述べ，次章では病院施設内の各部門別の予算管理の実践状況について述べる。

2　研究方法

　本来業務多角化をしている病院経営医療法人を対象として，予算管理の実践状況に関する質問票調査を2023年10月上旬～11月上旬に実施した。具体的には，筆者が構築した医療法人財務諸表データベース（2021年決算）に収集されている病院を有する医療法人の中から，事業収益10億円以上の本来業務多角化をしている医療法人（病院のみ型を除く医療法人）を抽出し，郵送質問票調査を実施した。調査への回答は，法人本部長，事務部長ほか法人の予算管理に詳しいトップ経営層の方に依頼した。対象法人1,890法人中135法人から有効回答を得た（有効回答率7.1％）。

　質問票では，「関連社会福祉法人等を含む貴医療法人グループ全体」（以下，法人グループを法人と略称）の基本属性として，どのような種類の施設・事業を経営しているかを8種類の選択肢[1]の中から選んでもらっている。その施設・事業の組み合わせに着目して，各法人を各種多角経営類型に分類した。病院・診療所型が2割強，病院・老健型が4割強，病院・診療所・老健型が3割半という状況であった[2]（**図表3－1左欄**）。母集団としての本来業務多角化している病院経営医療法人群全体での各類型別割合は**図表3－1右欄**のとおりであり，回答法人群の方が病院・診療所型の割合が若干低く病院・診療所・老健型の割合が若干高いものの，回答法人群における各多角経営類型の構成割合は母集団とおおむね一致している。

[図表3－1]　回答法人の基本属性：多角経営類型

多角化類型	調査回答群		調査対象群	
	n	構成割合	n	構成割合
病院・診療所型	29	22.0%	537	28.4%
病院・老健型	56	42.4%	800	42.3%
病院・診療所・老健型	47	35.6%	553	29.3%
合計	132	100%	1,890	100%

また法人の基本属性として，法人グループ全体での総収入額を回答いただい
た（**図表3-2**）。母集団における事業収益額規模分布と比べて，回答法人群の
方では10億円台が少なく50億円以上が多い傾向はある。しかしながら回答法人
群は，関連法人を含む医療法人グループ全体としての総収入額を回答している
のに対して，母集団の方は『事業報告書等』から得られる当該法人のみの事業
収益額であるため，母集団の収益規模の方が本質的に小さくなる比較となって
いる。その点を考慮すると，母集団と回答法人群との収益規模分布は近似して
いるといえる。また多角経営法人の場合，法人規模とは必ずしも一致しないが，
法人の中核事業である病院の規模を表す病床数で回答群と母集団の分布を比べ
たものが**図表3-3**である。回答群は100床未満が若干少なく100床台が若干多
いものの，回答法人群の病床規模の構成割合は母集団とおおむね一致している。
なお，本章及び次章での法人規模別の予算管理実践の分析に際しては，多角経
営法人の規模をより反映する経済規模を用い，10億円台を小規模法人，20億円
台と30億円台を中規模法人，40億円以上を大規模法人として分析する。

［図表3-2］　回答法人の基本属性：経済規模

法人グループ 総収入額規模		調査回答群		調査対象群	
		n	構成割合	n	構成割合
小規模	10億円台	31	23.1%	631	33.4%
中規模	20億円台	26	19.4%	444	23.5%
	30億円台	19	14.2%	255	13.5%
大規模	40億円台	16	11.9%	173	9.2%
	50億円以上	42	31.3%	387	20.5%
合計		134	100%	1,890	100.0%

［図表3-3］　回答法人の基本属性：病床規模

病床数規模	調査回答群		調査対象群	
	n	構成割合	n	構成割合
100床未満	27	20.1%	488	25.8%
100床台	55	41.0%	643	34.0%
200床台	21	15.7%	312	16.5%
300床以上	31	23.1%	447	23.7%
合計	134	100%	1,890	100%

さらに，医療法人の中核事業である病院の診療領域類型を見た（**図表3-4**）。
一般型とは一般病床8割以上の病院であり，療養型とは療養病床8割以上，精
神型とは精神病床8割以上の病院である。またケアミックス型とは，これら3
種類の特定の病床種類に重点のある病院以外の，多様な病床種類の構成割合を
バランスさせた病院である。療養型と精神型が若干少なくケアミックス型が少
し多いものの，回答法人群と母集団の構成割合はおおむね一致している。

[図表3-4]　回答法人の基本属性：診療領域類型

診療領域類型	調査回答群		調査対象群	
	n	構成割合	n	構成割合
一般型	40	29.9%	548	29.0%
療養型	12	9.0%	251	13.3%
精神型	18	13.4%	321	17.0%
ケアミックス型	64	47.8%	770	40.7%
合計	134	100%	1,890	100%

以上から，本研究の分析対象法人群は，多角経営類型，規模，診療領域類型
の各観点から，母集団を反映した法人群となっている。

本研究では，（1）予算編成の実施，（2）予算実績差異管理の頻度，（3）予算
編成の主導層，（4）予算スラック対策，（5）予算への戦略反映度，（6）予算実
績差異情報の主たる利用者層，（7）予算実績差異情報の開示階層範囲，（8）予
算管理機能の活用度，（9）予算管理業績の施設長評価での利用状況及び重みづ
け，(10)施設長への金銭的報酬以外の予算管理努力を引き出す動機付け手段，
について調査を行っている。以上の調査項目と，各調査項目に関して質問票上
で選択肢として示した事項（各対策・手段等）は，筆者の医療機関への予算管
理に関するインタビュー調査からの知見に基づいて（荒井，2013，第5章ほか），
設定されている。

また法人の規模が大きくなると，トップ経営層による現場（各施設事業や施
設内の各部門）の直接的な管理が困難となって現場への権限移譲が不可避とな
り，その結果，現場状況の把握・評価や現場への働きかけの必要性が増すため，
予算管理の必要性が高まる。同時に，経営スタッフ等の確保の費用対効果から，
予算管理の実践能力も高まると考えられる。そのため，規模が大きな法人の方

第3章　施設事業別の予算管理の実践状況　57

が予算管理実践に積極的であると考えられ，先行研究（荒井，2013，第9章）でも，施設別の収益及び費用予算の編成率と差異管理頻度の月次率は規模が大きい組織の方が高いことが示されてきた。そこで本章でも，収益及び費用予算の編成率と管理頻度の月次率の規模別状況を分析する。また，法人規模が大きくなるとトップ経営層から現場管理者への権限移譲が不可避となることから，法人規模は予算水準設定の主導層や予実差異情報の主たる利用層にも相違を生み出す可能性が高いと考えられるため，これらについても規模別状況を分析する。

　なお本研究では，質問票における全設問に回答した法人のみを対象とするのではなく，少ない回答数をできるだけ生かすため，設問ごとに回答した全法人を分析対象とする方法を採用した。また各区分の割合（比率）の差を検証する際にはχ^2検定を用い，各区分の平均値の差を検証する際にはWelch検定（分散分析）を用いた。

3　結　　果

3.1　施設事業別予算管理の実践状況

　まず，「施設事業（以下，施設）ごとに収益（収入）予算や費用（支出）予算を編成して」いるか調査し，「また編成している場合，予算管理の期間（予算・実績差異の把握頻度）はどのくらい」かを選択肢の中から回答いただいた。なお，「施設ごとに状況が異なる場合には，中核施設（病院）での状況に基づきご回答ください（以下，同様）」とした。収益予算は9割強，費用予算は8割半の法人が施設事業ごとの予算を編成していた（**図表3-5**）。両予算とも大部分の法人で編成されているが，費用予算は収益予算ほどには編成されていない。また予算実績差異の把握頻度は，両予算ともに6割程度の法人が月次で，四半期や半年は少なく，年次は3割程度見られた。

[図表3-5]　施設予算編成の有無・主導層と予算実績差異把握頻度

施設予算管理		編成している	編成していない	月次	四半期	半年	年次	法人経営層（本部）主導	施設経営管理者層主導
収益予算	n	124	11	76	2	9	34	67	55
	割合	91.9%	8.1%	62.8%	1.7%	7.4%	28.1%	54.9%	45.1%
費用予算	n	121	14	70	3	9	35	76	43
	割合	84.9%	15.1%	59.8%	2.6%	7.7%	29.9%	63.9%	36.1%

　さらに「施設ごとに予算を編成している場合，その予算上の収益及び費用の水準は，以下のどちら主導で設定されていますか」として「法人経営層（本部）主導」と「施設経営管理者層主導」のどちらかを選択していただいた。収益予算は，5割半の法人では法人経営層主導で編成されており，予算編成対象である施設の経営管理者層主導で編成している法人は4割半であった。一方，費用予算は，6割半の法人では法人経営層主導で，施設の経営管理者層主導で編成している法人は3割半であった。

　また，「施設ごとに予算を編成している場合，容易に達成可能な収益予算やゆとりを持った費用予算が編成されることを防ぐために，どのような方法を取られていますか（複数選択可）」と質問し，予算スラック対策として，質問票で提示した選択肢の中で採用している対策を複数回答可で調査した（**図表3-6**）。綿密な話し合い及び採算が重要であるとの認識・組織文化の浸透が約6割半及び5割強と幅広く用いられている一方，厳しい予算作成基準の提示は2割強に止まっている。また，施設の損益状況と金銭的報酬の連動を図る際には[3]，予算を編成している以上，やはり予算損益達成状況と連動されることが一般的であり，予算損益達成状況と関係なしに達成した損益額水準や損益改善額と連動させることはあまりないようである。

　なお，その他として具体的な記述があった回答には，「トップダウンに近い」，「前年より必ず成長しているという目標」，「外部コンサルの導入」（以上の回答法人はいずれも収益及び費用予算を法人経営層主導で編成），「経営コンサル，銀行，当法人顧問会計士等と打ち合わせの上，メイン行の承認」（収益及び費用予算を施設経営管理者層主導で編成している法人）といったものが見られた。そもそも法人経営層主導で編成しているためスラック対策の必要性が低い法人のほか，

第3章　施設事業別の予算管理の実践状況　59

予算編成の主導層がどちらの法人でも外部コンサル・銀行などの外部の目（圧力）を活用する法人が見られた。

[図表3-6]　予算スラック対策

対策（本問への回答法人数 n ＝120）	法人数	割合
法人経営層と施設経営管理者層との綿密な話し合い	77	64.2%
厳しい予算作成基準の提示	27	22.5%
持続的な医療機能向上にとって十分な財源基盤（採算）が重要であるとの認識・組織文化の浸透	62	51.7%
予算損益達成状況と金銭的報酬等との連動ではなく，達成損益（水準・改善幅）額そのものとの報酬連動	13	10.8%
その他	8	6.7%

　加えて，予算編成法人において，「法人の経営政策（戦略）を具体的に表した中期経営（事業）計画をどの程度反映した予算編成となっていますか」を，「全く反映していない」（1）から「非常によく反映」（7）までの7段階尺度で回答してもらい，予算編成時の戦略反映度を把握した（図表3-7）。平均値は3.9であり，3〜5が2割台と多いが，全く反映していない法人や非常によく反映している法人も少しずつ見られた。なお平均値3.9で中央値4であるため，4の法人を戦略反映度が中程度の法人とし，1〜3を反映度が低い法人，5〜7を反映度が高い法人と区分したところ，反映度が低い法人は4割，高い法人は3割半であった。

[図表3-7]　予算への戦略反映度

反映度	1	2	3	4	5	6	7	n	平均値
n	5	17	28	30	28	11	5	124	3.9
割合	4.0%	13.7%	22.6%	24.2%	22.6%	8.9%	4.0%	中央値	標準偏差
3区分	低50（40.3%）			中	高44（35.5%）			4	1.4

　次に，「施設ごとに予算を編成している場合，定期的な予算・実績差異情報の主たる利用層（者）は，どの階層ですか」と質問し，「法人経営層（法人本部），施設経営管理者層，施設内各部門管理者層」の中から選択してもらった。図表3-8のように，複数の階層を主たる利用層と回答した法人も若干見られたが，法人経営層とする法人が半数を占め一番多く，施設経営管理者層の法人も37％

ほど見られる。また，差異情報により施設を管理する側である法人経営層のみ
が主たる利用層である法人（**図表3-8**のAの法人群）と，差異情報による管理
の対象である施設側の経営管理者層（部門管理者含む）が主たる利用層に含ま
れる法人（**図表3-8**のA以外の法人群）に区分してみると，法人本部主体の集
権的な管理の性格が強い法人と現場主体の分権的な管理の性格が強い法人がほ
ぼ半々という状況であった。

[**図表3-8**] **予算実績差異情報の主たる利用層**

主たる 利用層	全体	法人経営層 （本部）：A	施設経営管 理者層：B	施設内各部門 管理者層：C	AとBの 両階層	すべての 階層
n	123	62	46	6	5	4
割合	100%	50.4%	37.4%	4.9%	4.1%	3.3%
現場含か否か	本部のみ	現場経営管理者層含む61（49.6%）				

　また「予算・実績差異情報の開示範囲（階層）はどの階層範囲」かを「法人
経営層のみ，施設経営管理層まで，施設内部門管理層まで，職員全般」の中か
ら選択してもらったところ，施設の経営管理層までとする法人が4割弱，施設
内の部門管理層までとする法人が3割強と多かった（**図表3-9**）。予算実績差
異情報による管理の対象である施設側の経営管理層が開示対象に含まれる法人
が8割半を占めている一方で，管理対象施設の経営管理層に開示せず，施設を
管理する側の法人経営層（法人本部）のみが差異情報を把握している法人も，
1割半見られる。また，職員全般に差異情報を開示している法人も，1割半ほ
ど見られる。なお開示階層に施設内の部門管理層が含まれるか否かで区分した
場合には，部門管理層が含まれる法人が半数弱という状況であった。

[**図表3-9**] **予算実績差異情報の開示階層範囲**

開示 階層	全体	法人経営層 のみ	施設経営管 理層まで	施設内部門 管理層まで	職員全般
n	122	18	46	39	19
割合	100%	14.8%	37.7%	32.0%	15.6%
施設内部門含か否か	部門管理層含まず 64（52.5%）		部門管理層含む 58（47.5%）		

　次に，予算編成法人群において，各種の予算管理機能をどの程度活用してい

るか，「全く活用していない」（1）から「非常によく活用」（7）までの7段階
尺度で調査した（**図表3-10**）。各機能とも，活用度は法人によりかなりバラツ
キが見られ，施設間配分機能や費目間配分機能を中心に，ほとんど活用してい
ない法人も2割前後見られる。また予算編成段階における予算管理機能といえ
る，施設間配分機能と費目間配分機能の活用度は，共に平均値4.0で7段階尺
度の中間値である。一方，予算編成後の期中の予算統制段階における予算管理
機能といえる，本部による施設の分析的利用や施設への働きかけ的利用の活用
度は，平均値5.3及び4.8であり，7段階尺度の中間値よりも大きい5前後と
なっている。特に本部による施設の分析的利用については，全く活用していな
い法人は見られず，各種予算管理機能の中では最も活用されている。さらに，
予算編成の対象階層である施設の中での，施設経営管理者層による配下の部門
管理者に対する働きかけ機能は平均値4.3であり，予算編成対象階層そのもの
である施設に対する分析的利用や働きかけ的利用ほどには活用されていないも
のの，施設間及び費目間の配分機能よりは活用されている。

[図表3-10]　予算管理機能の活用度

予算管理機能	1	2	3	4	5	6	7	n	平均値	中央値	標準偏差
（1）施設間の収益目標及び資源の配分機能	10	15	21	23	23	13	11	116	4.0	4	1.73
	8.6%	12.9%	18.1%	19.8%	19.8%	11.2%	9.5%				
（2）費目（材料費・人件費・機器設備費・教育研修費など）間の資源配分機能	9	12	24	24	25	14	8	116	4.0	4	1.63
	7.8%	10.3%	20.7%	20.7%	21.6%	12.1%	6.9%				
（3）予算・実績差異を通じた法人経営層（本部）による各施設の状況把握・管理機能（分析的利用）	0	5	6	21	30	31	24	117	5.3	5	1.34
	0.0%	4.3%	5.1%	17.9%	25.6%	26.5%	20.5%				
（4）法人経営層（本部）による各施設経営管理層への予算達成促進機能（現場への働きかけ的利用）	2	9	7	28	31	26	14	117	4.8	5	1.46
	1.7%	7.7%	6.0%	23.9%	26.5%	22.2%	12.0%				
（5）施設経営管理層による施設内部門管理者への施設予算（目標）達成への協力（貢献）の働きかけ機能	3	11	18	36	25	16	7	116	4.3	4	1.43
	2.6%	9.5%	15.5%	31.0%	21.6%	13.8%	6.0%				

なお，予算編成後の期中における予算実績差異情報などに基づく予算統制段階での（3）～（5）の3つの予算管理機能について，その利用度に影響を与えると想定される以下の2つの点を分析してみた。

1つは，予算編成時の本部・施設間の対話が低調か活発かという予算編成過程の状況が，編成された予算への信頼感・納得感に違いを生み，その利用度に影響するのではないかと想定されるため，予算編成時の対話度の違いによる3つの予算統制機能の利用度の違いについて分析してみた。上述した予算編成時のスラック対策としての，本部・施設間の綿密な話し合い，厳しい予算作成基準の提示，採算が重要であるとの認識・組織文化の浸透は，広い意味で本部と施設とのコミュニケーションがとられているかどうかを反映している。そこでこの3つの対策のうち各法人がいくつ対策を講じているかを集計し，対策数が0及び1の法人を本部施設間の対話度が低い法人，対策数が2及び3の法人を対話度が高い法人として分類し，両法人群間での各種予算統制機能の活用度に違いがあるかどうか分析してみた。その結果，本部による分析的利用，本部による施設経営管理層への働きかけ的利用，施設経営管理層による施設内部門管理者への協力働きかけ利用のいずれの予算統制機能についても，予算編成時の本部と施設の間のコミュニケーションが活発な法人の方が低調な法人よりも，活用度が有意に高いことが判明した（**図表3-11**）。

[**図表3-11**] **予算編成時の本部・施設間対話度による予算統制機能活用度**

予算管理機能	本部施設間対話	n	平均値	標準偏差	F値	P値
（3）予算・実績差異を通じた法人経営層（本部）による各施設の状況把握・管理機能（分析的利用）	低調	67	5.0	1.4	8.82	0.004
	活発	48	5.7	1.1		
（4）法人経営層（本部）による各施設経営管理層への予算達成促進機能（現場への働きかけ的利用）	低調	67	4.4	1.5	18.2	0.000
	活発	48	5.4	1.2		
（5）施設経営管理層による施設内部門管理者への施設予算（目標）達成への協力（貢献）の働きかけ機能	低調	66	3.8	1.4	14.0	0.000
	活発	48	4.8	1.3		

また，戦略を具体的に表した中期経営計画を予算編成に反映している程度（予算編成時の戦略反映度）は，本部側および施設側の編成された予算への自

信・信頼感に違いを生み，予算統制機能の利用度に影響を与える可能性が高いと想定されるため，戦略反映度の違いによる３つの予算統制機能の利用度の違いについても分析してみた。先述した戦略反映度の低・中・高区分別に分析したところ，いずれの予算統制機能に関しても，戦略反映度が高い法人群の方が，活用度が有意に高いことが判明した（**図表３-12**）。

[図表３-12]　**予算への戦略反映度による予算統制機能活用度**

予算管理機能	戦略反映度	n	平均値	標準偏差	F値	P値
（３）予算・実績差異を通じた法人経営層（本部）による各施設の状況把握・管理機能（分析的利用）	低	46	4.8	1.5	8.71	0.000
	中	29	5.1	1.2		
	高	42	5.9	1.0		
（４）法人経営層（本部）による各施設経営管理層への予算達成促進機能（現場への働きかけ的利用）	低	46	4.4	1.6	6.14	0.003
	中	29	4.6	1.3		
	高	42	5.4	1.2		
（５）施設経営管理層による施設内部門管理者への施設予算（目標）達成への協力（貢献）の働きかけ機能	低	46	3.9	1.4	7.37	0.001
	中	29	3.8	1.0		
	高	41	4.9	1.5		

　また，「施設ごとの予算管理上の業績を，施設長の業績評価に利用していますか。また業績評価に利用している場合，賞与等の金銭的報酬にその評価結果を反映させていますか」と質問したところ，業績評価に利用している法人は，３割弱であった（**図表３-13**）[4]。その場合に，その評価結果を賞与等に反映させている法人は７割弱であった。さらに，業績評価に利用している場合に，予算達成の度合い（程度）で評価している法人が６割弱，予算目標水準（値）の達成の有無で評価している法人が４割強であった。

[図表３-13]　**予算管理業績の施設長業績評価での活用状況**

施設長業績評価での活用状況	業績評価に		金銭的報酬に		予算業績の評価方法	
	利用している	利用してない	反映している	反映していない	予算達成の度合い	予算目標水準の達成の有無
n	34	89	23	11	18	13
割合	27.6%	72.4%	67.6%	32.4%	58.1%	41.9%

加えて，業績評価に利用している場合，「予算管理上の業績が施設長の業績評価要素（項目）全体に占める割合（重み）」はどの程度かを5つの選択肢（**図表3-14**の表頭参照）から回答してもらった。重みが2割未満（1割前後）とする法人が3割強を占めて一番多く，2割以上4割未満（3割前後）までで過半を占めるが，5割前後とする法人も2割半見られた。また，6割以上8割未満（7割前後）や8割以上（9割前後）とする予算管理業績の評価ウエイトが高い法人も多くはないが見られた。

[**図表3-14**]　**施設長業績評価に際する予算管理業績の重み**

業績評価上の重み	全体	2割未満（1割前後）	4割未満（3割前後）	5割前後	6割以上（7割前後）	8割以上（9割前後）
n	31	10	7	8	4	2
割合	100%	32.3%	22.6%	25.8%	12.9%	6.5%

　また，業績評価に利用している場合に，「施設長への予算管理努力の動機付け手段として，施設長への金銭的報酬（賞与等）以外に，何か対策が取られて」いるか，**図表3-15**の各選択肢（複数回答可）により把握した。賞与等の金銭的報酬以外の施設長の動機付け手段としては，会議での予算達成状況の公開による社会的牽制が約6割の法人で取られており一番多いほか，人事考課での評価による昇進・昇格も4割半程度の法人で採用されていて多い。また，施設長個人に対するメリットではなく施設長が責任を持っている施設に対するメリットによる動機付け手段も，ある程度活用されている。施設希望機器の優先購入は1割半程度の法人が動機付け手段として活用しているほか，施設に対する増員の優先実現や施設自由裁量費の褒賞的付与なども，少ないものの見られる。同一法人が複数の手段を用いていることには留意が必要であるが，施設長ではなく施設に対するメリットによる動機付け手段も，合計すれば3割弱の法人で用いられていることになる。さらに，施設長及び施設の両者あるいはどちらかを対象としたインセンティブであるといえる，表彰制度（非金銭的）も1割弱の法人が動機付け手段として活用している。加えて，その他として「当該施設職員に対する賞与加算」という記述回答が見られ，施設内の職員全般の個人に対する金銭的報酬による動機付けも見られた。一方で，施設長個人への金銭的報酬以外には特に対策を取っていないとする法人も2割強見られる。なお，

第3章　施設事業別の予算管理の実践状況　65

施設長個人への金銭的報酬以外の何らかの動機付け手段を採っている法人では，平均で1.8個の手段を用いている。

[図表3-15]　施設長への予算管理努力の動機付け手段（賞与等以外）

対策（本問への回答法人数 n＝32）	法人数	割合
特に対策を取っていない	7	21.9%
理事長賞・院長賞等の表彰制度（非金銭的）	3	9.4%
施設長が集まる会議での各施設の予算達成状況の公開（同僚間の社会的牽制）	19	59.4%
人事考課での評価による昇進・昇格	14	43.8%
施設で使ってよい研究研修費の増額	0	0.0%
施設での自由裁量費の褒賞的な付与	1	3.1%
施設希望機器の優先的な購入	5	15.6%
施設増員希望の優先的な実現	3	9.4%
その他	1	3.1%

3.2　規模別の実践状況

収益及び費用予算ともに収益規模の大きな法人ほど編成しているが，どちらの予算においても統計的に有意な差は確認されない（**図表3-16**）。

[図表3-16]　規模別の予算編成率

規模別編成状況	施設別収益予算			施設別費用予算		
	10億円台	20-30億円台	40億円以上	10億円台	20-30億円台	40億円以上
n	30	45	58	30	45	58
編成率	86.7%	88.9%	96.6%	83.3%	88.9%	93.1%
χ^2検定	χ^2値	P値		χ^2値	P値	
	3.27	0.195		2.03	0.363	

ただし，編成している場合の予算実績差異の把握（管理）頻度は，収益予算では大規模法人の方が頻度の高い月次実施であることが10％水準ではあるものの有意に多く，特に10億円台と20億円以上で大きな違いが見られる（**図表3-17**）。一方，費用予算でも大規模法人の方が月次実施であることが多いが，統計的な有意性までは確認されなかった。

[図表3-17]　規模別の予算実績差異管理の月次率

規模別の予算管理期間	施設別収益予算			施設別費用予算		
	10億円台	20-30億円台	40億円以上	10億円台	20-30億円台	40億円以上
n	25	39	56	24	39	53
月次実施率	44.0%	64.1%	69.6%	41.7%	64.1%	64.2%
χ^2検定	χ^2値	P値		χ^2値	P値	
	4.91	0.086		3.99	0.136	

　また収益及び費用予算ともに，大規模法人ほど法人経営層（本部）主導（トップダウン）での編成率が低く，予算編成対象である施設の経営管理者層主導（ボトムアップ）での編成率が高い（**図表3-18**）。

[図表3-18]　規模別の予算編成主導層

規模別の予算水準設定の主導層		施設別収益予算			施設別費用予算		
		10億円台	20-30億円台	40億円以上	10億円台	20-30億円台	40億円以上
n	法人経営層（本部）	21	23	22	21	27	27
	施設経営管理者層	5	16	33	4	12	26
割合	法人経営層（本部）	80.8%	59.0%	40.0%	84.0%	69.2%	50.9%
	施設経営管理者層	19.2%	41.0%	60.0%	16.0%	30.8%	49.1%
χ^2検定		χ^2値	P値		χ^2値	P値	
		12.2	0.002		8.74	0.013	

　さらに，予算実績差異情報の主たる利用層について，差異情報により施設を管理する側である法人経営層のみが主たる利用層である法人と，差異情報による管理の対象である施設側の経営管理者層（部門管理者を含む）が主たる利用層に含まれる法人に区分し，その状況を規模別に見た。規模が小さい法人では３割未満のところのみで現場施設側の経営管理者層が主たる利用層に含まれているだけであるのに対して，規模が大きい法人では６割半に上る（**図表3-19**）。小規模法人では法人本部主体の集権的な管理の性格が強い法人が７割半近くに及ぶ一方，大規模法人では現場主体の分権的な管理の性格が強い法人が６割半という状況である。大規模法人ほど，現場施設の経営管理者層が主たる利用層

第 3 章　施設事業別の予算管理の実践状況　67

に含まれる割合が高い。

[図表 3 -19]　規模別の予算実績差異情報の主たる利用層

規模別の施設別予実差異の主たる利用層		10億円台	20-30億円台	40億円以上
n	法人経営層（本部）のみ	19	23	19
	現場経営管理者層含む	7	17	36
割合	法人経営層（本部）のみ	73.1%	57.5%	34.5%
	現場経営管理者層含む	26.9%	42.5%	65.5%
χ^2検定		χ^2値	P値	
		11.7	0.003	

4　考　　察

4.1　施設事業別予算管理の実践状況

　経営多角化が進む中，施設事業ごとの予算管理が大部分の法人では実施されている。しかしながら，経営している施設事業が多様化しているにもかかわらず，費用面についてはなお 1 割半の法人はまだ施設事業ごとの予算管理をしていない。

　また 6 割前後の法人では月次で予算管理されているものの，約 3 割の法人では年次で予算実績差異を把握しているに過ぎず，期中の予算管理がかなり弱い状況である。 1 年に一度，年度終了後に 1 回だけ予算実績差異を把握しているだけでは，施設側に損益面も意識してもらうという観点からも，十分な効果が発揮できるか疑問である。

　さらに，法人本部主導で集権的に施設予算を編成している法人の方が，予算管理対象である施設側の経営管理者層主導で分権的に編成している法人よりも多い。経営多角化している法人では分権的な経営体制の必要性が高いが，医療法人の経営者であり所有者でもある理事長を中心とした集権的な経営体制が強い法人の方がなお多いことがわかる。

　予算スラック対策としては，綿密な話し合いや採算重要性認識の浸透は過半

の法人で見られるものの，予算作成基準による抑制は２割に止まる。この背景には，医療法人の現在の施設予算編成は，法人本部主導で集権的に実施されていることの方が多いために，管理対象である施設側に予算スラックの余地があまりないということもあると思われる。なお，その他として具体的に回答されていた，外部コンサルや銀行などの外部からの目を活用する方法は一定の有効性を持っているのではないかと考えられる。

予算は，戦略を具体的に表した中期経営計画の中での当該年度の計画を財務的な観点から表現する（裏付ける）ものであるべきだが，予算への戦略反映度が７段階尺度の中間値（４）にも満たないとする法人が４割見られた。各法人が自身の強みを生かして独自の戦略を持って経営していくことが求められている時代であるため，法人の戦略が予算編成に十分に反映されていないという状況は大きな問題であるといえる。

予算実績差異情報の主たる利用層として，法人経営層のみが半数，法人経営層が含まれる法人であれば６割近くを占める。しかし，差異により管理される側の施設経営管理者（部門管理者含む）が主たる利用層に含まれる法人という捉え方をするならば，半数の法人で，予算により管理される現場の管理者が主たる利用層となっている。つまり本部主体の集権的な管理の性格が強い法人が半数を占めるものの，現場主体の分権的な管理の性格が強い法人も同時に半数ほどを占めている。ただし，施設予算編成に際して収益予算でも費用予算でも法人経営層主導であるトップダウン型予算編成法人群と，収益予算でも費用予算でも施設経営管理者層主導であるボトムアップ型予算編成法人群に分けて，予算編成主導状況と予実差異主利用層との関係を見ると，次のような状況であった。トップダウン型法人では主たる利用層が法人経営層である割合が７割近くに及ぶ一方で，ボトムアップ型法人では主たる利用層が施設側の管理者層である割合が７割を占めており，予算編成方法の違いが主たる利用層の違いをもたらす大きな要因となっていた（**図表3-20**）。現場主導での予実差異管理活動を期待するのであれば，予算編成段階からボトムアップ型で実施することが有効であることがわかる。

第3章　施設事業別の予算管理の実践状況　　69

[図表3-20]　予算編成主導層別の予実差異主利用層の相違

	予実差異の主たる利用層	トップ ダウン	ボトム アップ	χ^2検定
n	法人経営層（本部）のみ	44	13	χ^2値
	現場経営管理者層含む	20	30	15.3
割合	法人経営層（本部）のみ	68.8%	30.2%	P値
	現場経営管理者層含む	31.3%	69.8%	0.000

　予算実績差異情報は8割半の法人において施設経営管理者層に対して開示されているが，彼らがその情報により管理されることを考えれば，当然のことであろう。また施設予算の差異情報であるにもかかわらず，施設内の部門管理者層まで開示する法人が3割強見られる[5]のは，施設予算の直接的な主要責任者は施設長であるものの，施設予算は各部門での収益及び費用の積み上げ[6]であるため，施設内の部門管理者層にも差異の状況を認識してもらいたいと考えているからであろう。また職員全般に開示している法人も1割半ほど見られたが，その開示により職員の経営管理意識の向上を狙っていると考えられる。一方，法人経営層のみが差異情報を把握している法人は，法人本部が現場施設の財務状況を把握しておき，必要性が生じた時に現場に介入するために施設予算を利用しようと考えていると思われる。

　各種予算管理機能の活用状況は法人によりばらついており，法人本部による施設状況の分析的利用という機能を除くと，予算編成している場合でも十分に活用していない法人もある程度見られ，今後有効に活用していくことが課題である。また，基本的に編成段階に関わる施設間及び費目間の配分機能よりも，主として期中での統制段階に関わる分析的及び働きかけ的機能の方が，活用度が高い様子が窺われた。さらに，法人本部による施設状況の分析的利用と施設への働きかけ的利用の両者に関しては，分析的利用の方が働きかけ的利用よりも活用度が高い様子が窺われた。インタビュー調査でも，財務的な側面が強調される予算管理はトップ経営層による現場分析的利用が中心であり，相対的に現場への働きかけ的利用は抑制されていたが[7]，同様の結果となっている。

　また期中の予算統制段階における予算機能の利用度には，予算編成段階における法人本部と予算編成対象である施設との間の対話の程度や，予算への戦略

（経営計画）の反映度が影響を与えており，対話度が活発な法人や戦略反映度が高い法人の方が3種類のいずれの予算統制機能の利用度も有意に高かった。予算編成時の本部施設間の対話度が高いと，法人経営層および施設経営管理層の編成された予算に対する信頼度・納得度が高くなり，予算統制活動に積極的になるためではないかと考えられる。また予算編成時に戦略が予算によく反映されていると，法人経営層および施設経営管理層の編成された予算への自信・信頼感が強くなり，予算統制活動に積極的になるためではないかと考えられる。

　予算管理業績を施設長の業績評価に利用している法人は3割弱で，そのうち7割弱が金銭的報酬とその評価結果を連動させているため，施設予算を編成している場合には2割弱（18.7% =27.6%×67.6%）の法人が施設長の予算管理上の業績を賞与等に反映している。予算管理が施設長の金銭的報酬とはあまり結びついていない状況であることがわかる。また予算業績の評価方法も，予算目標値の達成の有無とする法人は4割強で，過半の法人は予算達成の程度で評価しているため，予算目標値の達成動機は強くは働かない仕組みとなっている。加えて，予算を業績評価に活用する場合であっても，過半の法人ではその評価ウエイトは1割前後〜3割前後であり，予算損益偏重という次元のものではなく，損益面を軽視しがちな医療系管理職としての施設長に損益面にも留意を促すという程度のものである。なお，施設長の業績評価に利用している場合に，施設長個人への金銭的な動機付け以外の手段も8割弱の法人では用いられており，施設長自身への非金銭的な動機付け手段が主として用いられているが，施設長個人ではなく施設自体に対する利点を通じた動機付け手段も利用されている。

4.2　規模別の実践状況

　大規模法人の方が収益及び費用予算の編成率が有意に高いことは確認されなかった。収益予算はすでに9割超，費用予算もすでに8割半の法人が編成しており，編成していることがほぼ当たり前となっていることが影響していると考えられる。

　また大規模法人の方が，収益及び費用の両予算ともにその予算実績差異の把握頻度（月次把握率）が高く，収益予算では統計的な有意性も確認された。予

算実績差異を月次で把握するためには，まず事前に月ごとの収益及び費用の予算を編成する必要があるため，それを行う経営スタッフを確保している必要がある。また，毎月という高頻度で，施設ごとの各種の収益及び費用の実績値を把握する必要があるため，それを可能にする情報システムと毎月の作業をこなせるだけの経営スタッフを確保する必要もある。経営スタッフも情報システムも基本的には固定費であるため，大規模組織では規模の経済が働くことから，その保有の費用対効果が高い。そのため，大規模法人の方が，予算実績差異の把握・管理を月次で行うための実践能力が高いということが考えられる。

さらに，大規模法人の方が収益及び費用の両予算ともに，施設経営管理者層主導（ボトムアップ）で編成されている割合が統計的に有意に高い。大規模法人では，トップ経営層（本部）が現場施設を直接管理することが困難となり，現場施設に大幅な権限移譲をしないとうまく経営できないため，予算編成も積極的に現場施設主導にしているのではないかと考えられる。また，大規模法人では，法人本部と現場施設との情報的な距離が相対的に遠いために，法人本部主導で予算編成しようにも，現場施設の経営環境（人員体制等の実態や当該地域の詳細なニーズ）をきめ細かに反映したしっかりとした施設予算を編成することが困難な状況の法人も存在すると考えられる。

最後に，施設の経営管理者層が予算実績差異情報の主たる利用層に含まれる割合は，大規模法人の方が有意に高く，大規模法人の方が現場主体の分権的な管理の性格が強い。大規模法人では現場施設に大幅な権限移譲をしないとうまく経営できず，予算実績差異情報を活用した現場の管理についても，積極的に施設側の管理者層に担ってもらう必要があるためと考えられる。

5　ま　と　め

医療法人の事業多角化を背景として，施設事業別の予算は大部分の法人において編成されるようになっており，本部主導の予算編成が相対的には多いものの法人の経済規模により異なり，大規模法人ほど現場施設の経営管理者層主導で編成されるようになっている。しかし，予算実績差異の把握頻度が年次となっていて期中の予算管理が十分に機能しない法人も3割程度見られた。ただ

し予実差異管理の頻度は，そのための実践能力の違いを背景に経済規模の大きな法人では相対的に高い。またその予実差異の主たる利用層は，法人の経済規模が大きいほど本部ではなく現場経営管理者層となっている。

　また，予算編成はされているものの，必ずしも戦略を十分に反映した予算とはなっていない法人も４割程度見られたほか，施設間及び費目間の資源配分機能を中心に予算管理機能をほとんど活用していないとする法人も２割前後見られた。かなりの法人が施設予算を編成してはいるものの，有効かつ十分に活用していない法人・管理機能も少なくないのが現状である。ただし法人経営層による分析的利用についてはほとんどの法人が一定程度以上利用しており，また予算編成段階での本部と施設との対話が活発な法人や戦略反映度が相対的に高い法人では，働きかけ的利用も含めて各種予算統制機能の利用度が高い。

　今後は，予算編成段階での本部施設間対話の活発化や中期経営計画（戦略）の本格的反映，予実差異把握の月次化を通じて，すでに大部分の法人で実践されている施設予算の有効化・積極活用化が課題である。

　また予算管理業績の施設長業績評価での利用に関しては，各法人の財務状況等により適切な運用方法は異なると考えられるが，現状では業績評価での利用割合や金銭的報酬への反映状況，評価方法や評価上の重みのいずれの面からも，慎重な運用がなされている。今後も，非営利組織であり人命を預かる組織としての立場を踏まえつつ，置かれた財務状況等の変化に応じて，損益偏重という副作用を統制しつつ，健全に活用していくことが期待される。

〔注〕────────────

1　本調査では，法人で運営している施設・事業の種類を複数回答可能方式で，「１．急性期病院　２．回復期病院　３．慢性期病院　４．診療所　５．介護老人保健施設　６．その他施設　７．訪問系事業（診療・看護・介護等）　８．通所系事業（介護・リハ等）」の中から選択してもらった。

2　運営している施設・事業種類の回答がなく，また法人名も匿名化された回答が含まれているため，有効回答法人のすべての法人の多角経営類型が把握されているわけでないため，類型が判明した法人のみを対象に分析している。以下の法人属性についても同様である。

3　施設の損益状況と施設の管理者や職員全般の賞与などを連動させていない法人も存在す

第3章　施設事業別の予算管理の実践状況　　73

るために，本選択肢の実施がなされていない法人もあることには注意が必要である。

4　なお予算編成段階での本部と施設とのコミュニケーションの程度が高い法人群の方が，10％水準ではあるものの有意に，予算を施設長の業績評価に利用していることも判明した。

[図表3-補1]　予算編成時の本部施設間対話度と業績評価利用

	予算業績の 施設長評価利用	低調	活発	χ^2検定
n	利用していない	56	31	χ^2値
	利用している	15	18	3.54
割合	利用していない	78.9%	63.3%	P値
	利用している	21.1%	36.7%	0.060

5　ちなみに予算編成段階での本部と施設とのコミュニケーションの程度が高い法人群では6割半もの法人が施設内の部門管理者層まで予実差異情報を開示していることも判明しており，予算編成段階の本部施設間対話度の違いは予実差異開示階層と有意に関連している。本部と施設の間に対話的な予算管理文化があるか否かが関係しているものと考えられる。

[図表3-補2]　予算編成時の本部施設間対話度と予算実績差異開示範囲

	予実差異の開示階層範囲	低調	活発	χ^2検定
n	部門管理層含まない	46	17	χ^2値
	部門管理層含む	25	31	9.92
割合	部門管理層含まない	64.8%	35.4%	P値
	部門管理層含む	35.2%	64.6%	0.002

6　部門予算が編成されている場合はもちろんのこと，部門予算を編成していない場合でも，施設予算を編成する際には各部門で発生が予測される収益及び費用の大まかな見積りがなされ，その積み上げで編成されることがほとんどである。

7　インタビュー調査では，非財務面を含む多様な業績側面を同時管理する事業計画・BSCなどが，現場への働きかけのための経営手法として主に活用されていた（荒井，2013，第5章）。

第4章

病院内部門別の予算管理の実践状況

1 問題意識

　前章でも述べたように，厳しい財務環境下で採算性を確保するために，予算管理の必要性がますます高まってきた。特に医療法人では事業多角化の進展により各現場管理者への権限移譲が進みつつあるため，各現場の財務的業績を把握・評価したり，現場管理者に努力を促したりする必要性がますます生じており，施設内の部門別の予算管理も重要となってきた。

　そこで本章では，施設事業別予算管理の実践状況を明らかにした前章と同じ質問票調査に基づいて，事業多角化した病院経営医療法人における病院施設内の各部門別の予算管理（「施設（病院）内の部門（各診療科・各中央診療部門等）ごとの予算管理」）の詳細な実践状況を定量的に明らかにする。

2 研究方法

　詳細は前章を参照されたいが，事業収益10億円以上の本来業務多角化をしている病院経営医療法人を抽出し，予算管理の実践状況に関する質問票調査を2023年秋に実施した。調査への回答は，法人本部長，事務部長ほか法人の予算管理に詳しいトップ経営層の方に依頼し，対象法人1,890法人中135法人から有効回答を得た（有効回答率7.1％）。本研究の分析対象法人群は，多角経営類型，規模，診療領域類型の各観点から，母集団を反映した法人群となっている。

　本研究では，部門別予算に関して，（1）予算編成の実施，（2）予算実績差異

管理の頻度，（3）予算編成の主導層，（4）予算実績差異情報の主たる利用者層，（5）予算管理機能の活用度，（6）予算管理業績の部門長評価での利用状況及び重みづけ，（7）部門長への金銭的報酬以外の予算管理努力を引き出す動機付け手段，について調査を行っている。

　また前章で詳述したように，法人の規模が大きくなると，予算管理の必要性が高まると同時に予算管理の実践能力も高まるため，規模が大きな法人の方が予算管理実践に積極的であると考えられる。そこで本章では，部門別の収益及び費用予算の編成率と管理頻度の月次率の規模別状況を分析する。また，法人規模が大きくなるとトップ経営層から現場管理者への権限移譲が不可避となることから，法人規模は予算水準設定の主導層や予実差異情報の主たる利用層にも相違を生み出す可能性が高いため，これらについても規模別状況を分析する。

　なお本研究では，設問ごとに回答した全法人を分析対象とする方法を採用した。また各区分の割合（比率）の差を検証する際にはχ^2検定を用い，各区分の平均値の差を検証する際にはWelch検定（分散分析）を用いた。

3　結　　果

3.1　部門別予算管理の実践状況

　まず，「施設内の部門ごとに，収益（収入）予算や費用（支出）予算を編成して」いるか調査し，「また編成している場合，予算管理の期間（予算・実績差異の把握頻度）はどのくらい」かを選択肢の中から回答いただいた。なお，「施設ごとに状況が異なる場合には，中核施設での状況に基づきご回答ください（以下，同様）」とした。施設内の部門ごとに，収益予算は4割，費用予算は3割の法人が予算編成していた（**図表4-1**）。予算実績差異の把握頻度は，収益予算は6割半程度，費用予算は5割半程度の法人が月次であった。両予算とも四半期や半年は少なく，年次は収益予算では3割弱，費用予算では3割半程度見られた。

第 4 章　病院内部門別の予算管理の実践状況　　77

[図表 4 - 1]　部門予算編成と予算実績差異把握頻度

部門予算管理		編成している	編成していない	月次	四半期	半年	年次
収益予算	n	54	78	33	1	3	15
	割合	40.9%	59.1%	63.5%	1.9%	5.8%	28.8%
費用予算	n	40	92	21	1	3	13
	割合	30.3%	69.7%	55.3%	2.6%	7.9%	34.2%

　また「施設内の部門ごとに予算を編成している場合，その予算上の収益及び費用の水準は，どの階層が主導して設定」しているかについて，「法人経営層（本部）主導，施設経営管理者層主導，施設内部門管理者層主導」の中から選択していただいた。収益及び費用予算ともに，法人経営層主導の法人が 4 割強で一番多い（図表 4 - 2）。また両予算とも，施設経営管理者層も 3 割半前後で少なくはない。予算編成対象である各部門の管理者層主導で編成している法人は，両予算ともに， 2 割強に止まっている。さらに，予算により管理する側である法人経営層のみが主導層である法人と，予算により管理される側の現場（施設や部門）の管理者層が主導層に含まれる法人に区分してみると，収益及び費用予算ともに，法人本部主導のトップダウン的な予算編成の法人が 4 割強，現場主導のボトムアップ的な予算編成の法人が 6 割弱という現状であった。

[図表 4 - 2]　部門予算編成の主導層

部門予算水準設定の主導層		法人経営層（本部）	施設経営管理者層	施設内各部門管理者層	法人経営層（本部）のみ法人	現場経営管理者層含む法人
収益予算	n	22	19	11	22	30
	割合	42.3%	36.5%	21.2%	42.3%	57.7%
費用予算	n	16	13	9	16	22
	割合	42.1%	34.2%	23.7%	42.1%	57.9%

　さらに，「施設内の部門ごとに予算を編成している場合，定期的な予算・実績差異情報の主たる利用層（者）は，どの階層ですか」と質問し，「法人経営層（本部），施設経営管理者層，施設内部門管理者層」の中から選択していただいた。図表 4 - 3 のように，複数の階層を主たる利用層と回答した法人も若干見られたが，施設経営管理者層とする法人が半数を占め一番多く，法人経営

層の法人も3割強見られる。また，当該差異のまさに発生場所である施設内各部門の管理者層が主たる利用層に含まれる法人も2割弱見られた。さらに，差異情報により管理する側の法人経営層のみが主たる利用層である法人と，差異情報により管理される側の施設及び施設内部門の管理者層が主たる利用層に含まれる法人に区分すると，法人本部主体の集権的な管理の性格が強い法人が3割強，現場主体の分権的な管理の性格が強い法人が7割弱という現状であった。

[図表4-3]　部門別予算実績差異情報の主たる利用層

予実差異の主たる利用層	法人経営層(本部)	施設経営管理者層	施設内各部門管理者層	すべての階層
n	16	26	7	3
割合	30.8%	50.0%	13.5%	5.8%
現場含か否か	本部のみ	現場管理者層含む36 (69.2%)		

　次に，部門予算を編成している法人群において，各予算管理機能をどの程度活用しているか，「全く活用していない」（1）から「非常によく活用」（7）までの7段階尺度で調査した（**図表4-4**）。分析的利用とは，「予算・実績差異を通じた法人経営層（本部）あるいは施設経営管理者層による施設内各部門の状況把握・管理機能」であり，働きかけ的利用とは，「法人経営層（本部）あるいは施設経営管理者層による各部門管理者への部門予算（目標）達成促進機能」である。両機能とも，活用度は法人によりかなりバラツキが見られるが，分析的利用はほとんど活用していない法人はわずかである一方で，働きかけ的利用にはほとんど活用していない法人も1割強見られる。また活用度の平均値を見ると，どちらの機能ともある程度よく活用されているものの，分析的利用の方が働きかけ的利用よりも活用度が高い。

[図表4-4]　予算管理機能の活用度

予算管理機能	1	2	3	4	5	6	7	n	平均値	中央値	標準偏差
（1）分析的利用	1	1	5	11	18	8	8	52	4.9	5	1.37
	1.9%	1.9%	9.6%	21.2%	34.6%	15.4%	15.4%				
（2）働きかけ的利用	1	5	6	13	12	10	4	51	4.5	5	1.49
	2.0%	9.8%	11.8%	25.5%	23.5%	19.6%	7.8%				

また，「施設内の部門ごとの予算管理上の業績を，部門長の業績評価に利用していますか。また業績評価に利用している場合，賞与・昇給等の金銭的報酬にその評価結果を反映させていますか」と質問したところ，業績評価に利用している法人は，4割半程度であった（**図表4-5**）。その場合に，その評価結果を賞与等に反映させている法人は3分の2であった。さらに，業績評価に利用している場合に，予算達成の度合い（程度）で評価している法人が7割弱，予算目標水準（値）の達成の有無で評価している法人が3割強であった。

[**図表4-5**] **予算管理業績の部門長業績評価での活用状況**

部門長業績評価での活用状況	業績評価に		金銭的報酬に		予算業績の評価方法	
	利用している	利用してない	反映している	反映していない	予算達成の度合い	予算目標水準の達成の有無
n	24	28	16	8	16	7
割合	46.2%	53.8%	66.7%	33.3%	69.6%	30.4%

加えて，部門長の業績評価に利用している場合，「予算管理業績が部門長の業績評価要素（項目）全体に占める割合（重み）」はどの程度かを調査したところ，**図表4-6**の結果であった。重みが3割前後とする法人が4割弱を占めて一番多く，3割前後までで6割を占めるが，5割前後とする法人も3割強見られる。また，9割前後とする予算管理業績の評価ウエイトが非常に高い法人も，多くはないが見られた。

[**図表4-6**] **部門長業績評価に際する予算管理業績の重み**

業績評価上の重み	全体	2割未満（1割前後）	4割未満（3割前後）	5割前後	6割以上（7割前後）	8割以上（9割前後）
n	23	5	9	7	0	2
割合	100%	21.7%	39.1%	30.4%	0.0%	8.7%

また，業績評価に利用している場合に，「部門長への予算管理努力の動機付け手段として，部門長への金銭的報酬（賞与等）以外に，何か対策が取られて」いるか，**図表4-7**の各選択肢（複数回答可）により把握した。賞与等の金銭的報酬以外の部門長の動機付け手段としては，人事考課での昇進・昇格や会

議での公開による社会的牽制が半分以上の法人でとられている。また，部門長個人に対するメリットではなく部門長が責任を持っている部門に対するメリットによる動機付け手段も，ある程度活用されている。部門希望機器の優先購入は17%強の法人が動機付け手段として活用しているほか，部門に対する増員の優先実現や褒賞的な自由裁量費の付与なども13%ずつ見られる。同一法人が複数の手段を用いていることには留意が必要であるが，部門長ではなく部門に対するメリットによる動機付け手段も，合計すれば4割超の法人で用いられていることになる。さらに，部門長及び部門の両者あるいはどちらかを対象としたインセンティブであるといえる，表彰制度（非金銭的）も13%の法人が動機付け手段として活用している。一方で，部門長個人への金銭的報酬以外には特に対策を取っていないとする法人も1割弱だが見られる。なお，部門長個人への金銭的報酬以外の何らかの動機付け手段を採っている法人では，平均で1.9個の手段を用いている。

[図表4-7] 部門長への予算管理努力の動機付け手段（賞与等以外）

対策（本問への回答法人数 n ＝23）	法人数	割合
特に対策を取っていない	2	8.7%
理事長賞・院長賞等の表彰制度（非金銭的）	3	13.0%
部門長が集まる会議での各部門の予算達成状況の公開（同僚間の社会的牽制）	12	52.2%
人事考課での評価による昇進・昇格	14	60.9%
部門で使ってよい研究研修費の増額	1	4.3%
部門での自由裁量費の褒賞的な付与	3	13.0%
部門希望機器の優先的な購入	4	17.4%
部門増員希望の優先的な実現	3	13.0%
その他	0	0.0%

3.2　規模別の実践状況

収益予算については10億円台と20億円以上とで編成率に若干違いが見られるものの，費用予算とともに，規模による有意な差はない（**図表4-8**）。

第4章　病院内部門別の予算管理の実践状況　81

[図表4-8]　規模別の予算編成率

規模別編成状況	部門別収益予算			部門別費用予算		
	10億円台	20-30億円台	40億円以上	10億円台	20-30億円台	40億円以上
n	29	44	57	29	44	57
編成率	27.6%	43.2%	43.9%	27.6%	27.3%	31.6%
x^2検定	x^2値	P値		x^2値	P値	
	2.40	0.301		0.27	0.873	

　ただし編成している場合の予算実績差異の把握頻度は，収益予算でも費用予算でも，大規模法人の方が頻度の高い月次実施であることが有意に多く，特に10億円台と20億円以上で大きな違いが見られる（**図表4-9**）。

[図表4-9]　規模別の予算実績差異管理の月次率

規模別の予算管理期間	部門別収益予算			部門別費用予算		
	10億円台	20-30億円台	40億円以上	10億円台	20-30億円台	40億円以上
n	8	18	25	8	11	18
月次実施率	12.5%	72.2%	72.0%	12.5%	72.7%	61.1%
x^2検定	x^2値	P値		x^2値	P値	
	10.2	0.006		7.47	0.024	

　また収益及び費用予算ともに，大規模法人の方が，法人経営層（本部）主導（トップダウン）での編成率が低く，予算により管理される側の施設及び施設内部門の管理者層主導（ボトムアップ）での編成率が有意に高く，特に10億円台と20億円以上で大きな違いが見られる（**図表4-10**）。

[図表 4 -10]　規模別の予算編成主導層

規模別の予算水準設定の主導層		部門別収益予算			部門別費用予算		
		10億円台	20-30億円台	40億円以上	10億円台	20-30億円台	40億円以上
n	法人経営層（本部）	6	7	8	6	3	6
	現場経営管理者層	2	10	17	2	7	12
割合	法人経営層（本部）	75.0%	41.2%	32.0%	75.0%	30.0%	33.3%
	現場経営管理者層	25.0%	58.8%	68.0%	25.0%	70.0%	66.7%
χ^2検定		χ^2値	P値		χ^2値	P値	
		4.61	0.100		4.73	0.094	

　さらに，予算実績差異情報により管理する側の法人経営層のみが主たる利用層である法人と，差異情報により管理される側の施設及び施設内部門の管理者層が主たる利用層に含まれる法人に区分して規模別の分析をした。大規模法人では，法人本部主体の集権的な管理の法人が１割半程度，現場主体の分権的な管理の法人が８割半程度であり，大規模法人の方が小規模法人よりも，施設側の管理者層が主たる利用層に含まれる割合が有意に高い（**図表 4 -11**）。特に10億円台と20億円以上で大きな違いが見られる。

[図表 4 -11]　規模別の予算実績差異情報の主たる利用層

規模別の部門別予実差異の主たる利用層		10億円台	20-30億円台	40億円以上
n	法人経営層（本部）のみ	7	4	4
	現場経営管理者層含む	1	13	21
割合	法人経営層（本部）のみ	87.5%	23.5%	16.0%
	現場経営管理者層含む	12.5%	76.5%	84.0%
χ^2検定		χ^2値	P値	
		15.3	0.000	

4 考 察

4.1 部門別予算管理の実践状況

　部門ごとの予算管理の実施は，編成及び差異把握が相対的に容易な収益予算であっても4割となっており，前章で述べた9割超の法人で実施されている施設ごとの予算管理と比べてかなり実施状況は低いことがわかった。多くの法人が施設ごとの予算管理にとどまり，より細分化された組織単位である施設内部門ごとには予算管理していない。部門ごとに稼ぐべき収益や部門ごとにかけてもよい費用の目安（目標）がないということであり，施設全体としてのどんぶり勘定的な採算管理となっている。このことは，現場各部門に財務的な要請をしないで済むゆとりのある施設・法人の場合には問題ないが，現場各部門に損益面にも留意してもらう必要がある今日の多くの施設・法人の場合には，十分な経営管理意識の醸成につながらない可能性が高いと考えられる。

　また，施設予算管理の場合と同様に，収益予算で3割弱，費用予算で3割半の法人では，年次で予算実績差異を把握しているに過ぎず，期中の予算管理がかなり弱い状況である。現場各部門に損益面も意識してもらうという観点からも，年度終了後に1年に一度だけ予算実績差異を把握しているだけでは，十分な効果が発揮できるか疑問である。

　なお収益予算管理よりも費用予算管理の方が実施されておらず，また実施されている場合も月次管理の割合は費用予算の方が低い。この背景には，部門ごとに収益を把握することは比較的容易である一方，部門別にしっかりと費用予算を編成し予算実績差異を把握するためには，部門別損益計算の実施が不可欠ではないものの有効であるが，第6章で明らかにするようにその実施がなされていないことが多いことが影響していると考えられる。

　また，予算編成対象である各部門の管理者層主導で編成している法人は，収益及び費用予算ともに2割強と少ないことが判明した。日本の病院では各診療科等には予算編成に携わる事務職が配属されているわけではないため，自分達の部門の予算であるといっても主導できるだけの編成能力がないことが多く，

現実には施設経営層あるいは法人本部の支援を受けつつ編成することになることから，主導できなくなることが多いのだと考えられる。もっとも，施設経営管理層を含めた現場施設側で主導している部門予算編成は6割弱を占めており，現場施設側主導で編成されている施設予算は4割前後であることと比べると，ボトムアップ型の予算編成となっている法人も多い。ただし逆にいえば，4割強の法人では，施設内の部門ごとの予算も法人本部主導のトップダウン型で編成されているともいえる。

　さらに，予算実績差異情報の主たる利用層としては，施設側の経営管理者層あるいは施設内部門管理者層が主たる利用層に含まれる法人が7割弱を占めており，予算により管理される現場の管理者がかなり主たる利用層となっていることがわかった。予算の編成段階においては法人本部主体の集権的な管理の性格が強い法人が42.3％見られる中で，予実差異管理の段階ではそうした法人は30.8％に止まっており，予算編成段階では集権的管理であっても，予算統制段階では現場主体の分権的な管理の性格が強い法人も存在していることがわかる。

　ただし，部門予算編成に際して収益予算でも費用予算でも法人経営層主導であるトップダウン型予算編成法人群と，収益予算でも費用予算でも施設側の管理者層主導であるボトムアップ型予算編成法人群に分けて，予算編成主導状況と予実差異主利用層との関係を見ると，次のような状況が判明した。トップダウン型編成法人では主たる利用層が法人経営層である割合が6割を超えている一方で，ボトムアップ型編成法人では主たる利用層が施設側の管理者層である割合が9割を占めており，予算編成方法の違いが主たる利用層の違いを生んでいる（**図表4-12**）。現場部門主導での予実差異管理活動を期待するのであれば，予算編成段階からボトムアップ型で実施することが有効であることがわかる。

[図表4-12]　**予算編成主導層別の予実差異主利用層の相違**

	予算編成方法別の部門別 予実差異の主たる利用層	トップ ダウン	ボトム アップ	χ^2検定
n	法人経営層（本部）のみ	13	3	χ^2値
	現場経営管理者層含む	8	27	15.5
割合	法人経営層（本部）のみ	61.9%	10.0%	P値
	現場経営管理者層含む	38.1%	90.0%	0.000

第4章　病院内部門別の予算管理の実践状況　85

　なお部門予算はそもそも多くの法人では編成されていないが，編成されている場合には，ある程度よくその予算管理機能を活用していることがわかった。ただし，伝統的にそうであるように，上位層による施設内各部門の状況分析的利用の方が中心であり，まだなお各部門管理者への予算達成の働きかけ的利用は相対的に十分でない。

　次に，予算管理業績を部門長の業績評価に利用している法人は4割半程度で，そのうち3分の2の法人が金銭的報酬とその評価結果を連動させているため，部門予算を編成している場合には3割強（30.8％ =46.2％×66.7％）の法人が部門長の予算管理上の業績を賞与等に反映していることがわかる。ただし，医療法人群全体で見た場合には，部門予算編成法人は相対的に編成が容易な収益予算でも4割強であるため，予算管理業績により部門長に金銭的報酬を与えているのは1割強（12.6％ =46.2％×66.7％×40.9％）に過ぎない。

　また予算業績の評価方法も，予算目標値の達成の有無とする法人は3割強で，多くの法人は予算達成の程度で評価しているため，予算目標値の達成動機は強くは働かない仕組みとなっている。加えて，予算を業績評価に活用する場合でも，ほとんどの法人ではその評価の重みは5割前後までであり，過半の法人では3割前後までに過ぎない。予算損益偏重という次元のものではなく，損益面を軽視しがちな医療系管理職である部門長に損益面にも留意を促すという程度のものであると考えられる。なお，予算達成状況を部門長の業績評価に利用している場合，部門長個人への金銭的な動機付け手段以外の手段も9割強の法人では用いられている。部門長自身への直接的な動機付け手段が主として用いられているが，部門長の責任部門に対する利点を通じた動機付け手段も利用されている。

　なお，施設予算における施設長業績評価での利用と比べた場合，予算達成状況を業績評価に利用している割合は部門予算の方が高く，また業績評価利用している場合に評価結果を金銭的報酬に反映している割合はほぼ同じであった。そのため，予算編成がなされている場合には，施設予算よりも部門予算の方が管理職の業績評価に利用されて賞与等と結びついていることが多い（施設階層：18.7％ =27.6％×67.6％，部門階層：30.8％ =46.2％×66.7％）。ただし，そもそも施設予算は収益予算の場合で9割強の法人で編成されているのに対して，部

門予算は相対的に編成されていることの多い収益予算でも4割強である。その
ため，医療法人群全体で見た場合には，施設予算による施設長の業績評価利用
とその金銭的報酬への反映の方が（施設階層：18.7％×91.9％＝17.2％），部門予
算による部門長の業績評価利用とその金銭的報酬への反映よりも（部門階層：
30.8％×40.9％＝12.6％），よく実践されている。すなわち医療法人群全体で考
えた場合，予算業績と金銭的報酬との連動状況は，まさに診療現場である部門
階層では，施設階層以上に低く抑えられているといえる。なお，予算管理業績
による評価の方法や重みは両階層ともおおむね同じであった。

　医療界のように技術革新の速い業界では，各時代において患者・国民から期
待される医療水準に見合った高度な医療サービスを提供しつづけるためには，
利益分配を禁じられた非営利組織としての医療法人であっても，減価償却では
対応しきれないより高価な医療機器設備への再投資（あるいは新規投資）のた
めに，ある程度の利益を蓄積する必要がある。しかし，それは医療技術の高度
化に対応するために必要な最小限の利益に関する話であり，非営利組織であり
人命に関わる経営体として，損益偏重の経営は問題である。そのため，予算管
理などの管理会計は，運用方法次第ではもたらされうる副作用（損益偏重）を
考慮しつつ，その時々の医療法人の経営状態を踏まえながら[1]，運用する必要
がある。そうした観点から見た場合，現状の医療界での予算管理は，業績評価
での活用割合やその金銭的報酬との連動状況，業績評価方法，業績評価上の重
みのいずれの点からも，慎重な運用がなされており，非営利組織であり人命を
預かる組織として，健全な活用状況であると考えられる。

4.2　規模別の実践状況

　部門別の収益予算も費用予算もその編成状況に規模による違いは確認されな
いが，編成している場合の予算実績差異の把握頻度（月次把握率）については，
収益及び費用予算ともに10億円台よりも20億円以上の大規模法人の方が有意に
高かった。予算実績差異を月次で把握するためには，まず事前に月ごとの収益
及び費用の部門予算を編成する必要があるため，それを行う経営スタッフを確
保している必要がある。また，毎月という高頻度で，部門ごとの各種の収益及
び費用の実績値を把握する必要があるため，それを可能にする情報システムと

第4章　病院内部門別の予算管理の実践状況　87

毎月の作業をこなせるだけの経営スタッフを確保する必要もある。経営スタッフも情報システムも基本的には固定費であるため，大規模組織では規模の経済が働くことから，その保有の費用対効果が高い。そのため，大規模法人の方が，予算実績差異の把握・管理を月次で行うための実践能力が高いということが考えられる。

　さらに収益及び費用の両予算ともに，10億円台の法人よりも20億円以上の法人の方が，施設側の管理者層主導（ボトムアップ）で編成されている割合が有意に高い。大規模法人では，現場施設に大幅な権限移譲をしないとうまく経営できないため，予算編成も積極的に現場施設主導にしているものと考えられる。また，法人本部主導で施設内の部門予算を編成しようにも，大規模法人では法人本部と現場部門との情報的な距離がありすぎるために，現場部門の実態をしっかりと反映した部門予算を編成することが困難なことも考えられる。

　加えて，現場施設側の管理者層が予算実績差異情報の主たる利用層に含まれる割合は，10億円台の法人よりも20億円以上の法人の方が有意に高い。大規模法人では，法人本部と現場部門との距離が大きく，本部は現場部門の実態を十分には把握しきれないため，差異情報を活用した現場部門の管理を本部がしっかりと担うことは困難である。そこで，施設側の管理者層に積極的に担ってもらう必要があることから，大規模法人の方が現場主体の分権的な管理の性格が強い法人が小規模法人よりも多いものと考えられる。

5　ま と め

　施設内の部門別には予算編成がなされていない多角化法人がまだ多く，現場の経営管理意識の醸成が十分になされていない可能性がある。また予算実績差異の把握頻度が年次となっていて期中の予算管理が十分に機能しない法人も3割程度見られたほか，働きかけ的利用についてはほとんど活用していない法人も1割超見られ，予算編成されていても，有効かつ十分に活用していない法人も少なくない。

　また予算管理業績の部門管理者評価での利用に関しては，現状では業績評価での活用割合や金銭的報酬への反映状況，評価方法や評価上の重みのいずれの

面からも，慎重な運用がなされている。今後も，非営利組織であり人命を預かる組織としての立場を踏まえつつ，置かれた財務状況等の変化に応じて，損益偏重という副作用を統制しつつ，健全に活用していくことが期待される。

〔注〕────────────────────

1 慢性赤字で技術革新への対応どころか倒産の危機にある状況下では，継続的な医療提供を維持するために，副作用を最小限に統制しつつ，予算管理業績と報酬との連動や業績評価上の重みをある程度高める必要があるかもしれない。しかし一方で，継続的に十分な黒字を確保できている状況下や，病棟建設直後で減価償却がかさむ中まだ完全操業でないためなどから現在赤字だが中期的には黒字化が見込まれる状況下では，予算管理業績と報酬との連動までは必要ないかもしれないし，業績評価上の重みも損益面に留意を促す程度のものでよいだろう。

第5章

施設事業別の損益計算・管理の実践状況
―多角経営類型により異なる実施状況―

1　問題意識

　法人経営層主体ではなく，現場である施設事業の管理者層が主体となった本格的な経営管理の重要性が極めて高くなってきた。それに伴う現場への権限移譲に伴い，トップ経営層は現場の業績を把握・評価し，また現場に経営の自律性を働きかける必要性が増している。そのため，とりわけ医療法人を中心とした民間医療機関では，施設事業別管理会計を適切に利用することが大きな課題となっている。しかし，第3章で論じた施設事業別予算管理などの施設事業別管理会計を適切に利用するためには，施設事業別の損益計算や損益分岐分析の実践が非常に重要となる[1]。

　そこで本章では，医療法人における施設事業別の損益計算や損益分岐分析の実践状況を明らかにする。施設事業別損益計算については，2010年に実施した調査を基にすでに荒井（2013，第7章）でも明らかにしているが，医療法人を取り巻く経営環境は多角化のさらなる進展や事業規模の拡大，診療及び介護報酬政策の変化など，この間だいぶ変化してきた。また施設事業別の損益分岐分析に関しては，2010年調査で把握していなかった。

　また，医療法人の多角経営類型による損益実態の違いが明らかになる中（荒井，2021a），多角経営類型を異にする法人間で施設事業別の損益計算・管理の実践に違いが見られるのかは非常に興味深い点である。そこで本章では，医療法人の多角経営類型による施設事業別の損益計算・管理の実践の違いも検証する。

2　研究方法

2.1　質問票調査の概要

　医療法人が提出する『事業報告書等』に基づき，病院を経営する医療法人のデータベース（2014年決算版）を構築し，事業収益が10億円以上の法人を対象に，管理会計に関する郵送質問票調査を実施した。具体的には，2,759法人を対象に，2018年 1 月中旬～ 2 月下旬に実施し，194法人から有効回答を得た（有効回答率7.0％）。回答は，法人内の経営管理の状況に詳しい方（法人本部長，事務部長，経営企画部課長ほか）にお願いした。なお，質問票の作成段階では，事業収益10億円以上の病院経営医療法人の回答依頼対象管理職に質問票案をご確認いただき，対象法人群の回答対象者が適切に回答可能な調査票となっているかコメントをいただいて最終調査票を完成させた。

　質問票では，「関連社会福祉法人等を含む医療法人グループ全体」[2]（以下，法人グループを法人と略称）の基本属性として，どのような種類の施設・事業を経営しているかを 8 種類の選択肢[3]の中から選んでもらった。そして経営している医療法上の本来業務の施設種類（病院，診療所，老健）の組み合わせに着目して（荒井，2017a），各法人を 4 種類の多角経営類型に分類した（**図表 5 - 1**）[4]。病院のみ型が 4 割強で一番多く，次いで病院・老健型が 2 割半程度となっていた。また，基本的に医療領域内の多角経営類型である病院のみ型と病院・診療所型で 5 割半を占め，本格的な医療介護複合体としての多角化である老健併営系 2 類型は 4 割半であった。さらに，少なくとも本来業務の観点[5]では非多角経営法人といえる病院のみ型か多角経営法人であるその他 3 類型かという観点からは，4 割強と 6 割弱の構成割合であった。なお，母集団としての事業収益10億円以上の病院経営医療法人群全体での各多角経営類型別割合は，病院のみ型39.7％，病院・診療所型19.0％，病院・老健型24.1％，病院・診療所・老健型17.2％となっていた。そのため，回答法人群の方が病院・診療所型の割合が若干低く，病院のみ型の割合が若干高いものの，母集団と回答法人群における各多角経営類型の構成割合はおおむね一致している。

第5章　施設事業別の損益計算・管理の実践状況　　91

[図表5-1]　回答法人の基本属性：多角経営類型

多角経営類型	病院のみ型	病院・診療所型	病院・老健型	病院・診療所・老健型	合計
回答数	83	23	50	37	193
割合	43.0%	11.9%	25.9%	19.2%	100.0%
類型性質	医療内 106 (54.9%)		医療介護 87 (45.1%)		
多角有無	非多角	多角 110 (57.0%)			

　また法人の基本属性として，法人全体での総収入額を回答いただいた（**図表5-2**）。10億円台の小規模層の割合が一番高い。母集団としての事業収益10億円以上の病院経営医療法人群全体の経済規模分布は，10億円台50.0％，20億円台21.6％，30億円以上28.4％であり，回答法人群の方が，若干規模が大きい傾向はある。しかしながら回答法人群は，関連法人を含む医療法人グループ全体としての総収入額を回答しているのに対して，母集団の経済規模は『事業報告書等』から得られる当該法人のみの事業収益額であるため，母集団の経済規模の方が本質的に小さくなる比較となっている。その点を考慮すると，おおむね母集団と回答法人群との経済規模分布は近似しているといえる。

[図表5-2]　回答法人の基本属性：経済規模

売上高	10億円台*	20億円台	30億円以上	合計	平均値	標準偏差
回答数	69	40	47	156	42億円	71億円
割合	44.2%	25.6%	30.1%	100.0%		

＊調査時の最新決算では10億円を若干下回った3法人も含む。

　最後に，医療法人の中核事業である病院の事業内容類型を表す診療領域類型を見た（**図表5-3**）。一般型とは一般病床8割以上の病院であり，3割弱を占めている。また療養型とは療養病床8割以上，精神型とは精神病床8割以上の病院であり，それぞれ1割台を占めている。一方，ケアミックス型とは，これら3種類の特定の病床種類に重点のある病院以外の，多様な病床種類の構成割合をバランスさせた病院で，4割半を占めている。なお母集団の診療領域類型別割合は，一般型29.6％，療養型12.5％，精神型19.6％，ケアミックス型38.3％であり，回答法人群の方が精神型の割合が若干低くケアミックス型の割

合が若干高いものの，母集団と回答法人群の各診療領域類型の構成割合はおおむね一致している。

[図表 5 - 3]　回答法人の基本属性：診療領域類型

診療領域類型	一般型	療養型	精神型	ケアミックス型	合計
回答数	54	22	28	87	191
構成割合	28.3%	11.5%	14.7%	45.5%	100.0%

　以上から，本研究の分析対象法人群は，多角経営類型，経済規模，中核事業の病院の診療領域類型の各観点から，母集団を反映した法人群となっている。

　本章では，まず，こうした分析対象法人群における施設事業別の損益計算・管理の現状に関する調査結果を示す。

2.2　多角経営類型別の実践状況

　次に，この施設事業別の損益計算・管理実践について，多角経営類型別の実践状況を分析する。

　多角経営類型に関しては，医療領域内の多角経営類型（病院のみ型及び病院・診療所型）と医療から介護にわたる入院/入所施設を運営する本格的な多角経営類型（医療介護複合体である老健併営系2類型）とでは，その経営の複雑さやそれゆえの施設事業管理者への権限移譲の程度が異なると考えられる。そのため，本格的な医療介護複合体としての類型の方が，施設事業別の損益計算・管理の必要性が相対的に高いと考えられ，それゆえ医療介護複合体類型法人の方が施設事業別損益計算・管理により積極的に取り組んでいると想定される。

　また，医療領域内の類型でも，病院・診療所型は，病院のみ型と比べた場合には，相対的に経営が複雑となり，権限移譲の必要性も大きくなると想定される。そのため，病院のみ型法人（非多角化法人）とそれ以外の多角経営法人とでは，その経営の複雑さや権限移譲の程度が異なり，多角経営法人の方が施設事業別の損益計算・管理の必要性が相対的に高く，それゆえより積極的に取り組んでいると想定される。

　そこで本章では，施設事業別の損益計算の実施の有無とその利用度，施設事業別の損益目標設定の有無，損益計算結果の施設事業長業績評価での利用の有

無，施設事業別の損益分岐分析の実施の有無とその利用度について，①医療内経営体か医療介護複合体かによる違いや，②非多角経営体か多角経営体かによる違いがあるのかを検証する。

　その際，損益計算と損益分岐分析の実施の有無は，経営管理に熱心な法人からそれほどではない法人までを含む全法人を対象とした質問であるが，損益計算や損益分岐分析の利用度や，損益目標設定の有無，損益計算結果の業績評価利用の有無は，損益計算や損益分岐分析を実施している法人群に限定した質問である。それゆえ，これらの実践状況については，後述のように損益計算及び損益分岐分析の実施率に多角経営類型間で有意な差がある状況下では，そのまま多角経営類型別の分析をすると，全回答法人が経営管理に熱心な法人群の中での多角経営類型間の違いを見ることになり，純粋に多角経営類型間の違いが表れない[6]。そこで，利用度の質問については，損益計算や損益分岐分析をそもそも実施せず利用していない法人の利用度を「0」とし，実施し利用している法人の1〜7の利用度と合わせて，0〜7の尺度を用いて全法人を対象に多角経営類型別分析を実施した。また目標設定の有無及び業績評価利用の有無については，そもそも損益計算を実施せず目標設定及び業績評価利用をしていない法人も，目標設定無及び業績評価利用無と分類し，全法人を対象に多角経営類型別分析を実施した。

　なお病院経営医療法人群全体では，病院のみ型は経済規模が小さく，逆に病院・診療所・老健型は経済規模が大きく，病院・診療所型及び病院・老健型はその中間的な経済規模である（荒井，2017a）。しかし本研究では事業収益10億円以上の法人に限定して調査しているため，病院のみ型でも経済規模が中程度あり，外れ値除去後の平均値[7]で見ると多角経営4類型間の経済規模の違いは病院・診療所・老健型を除けばあまりない（**図表5-4**）。また医療内経営体類型と医療介護複合体類型との間や非多角経営類型と多角経営類型との間では，経済規模に大きな違いはない。そのため，本研究での多角経営類型間での損益計算・管理実践度の違いには，経済規模の違いによる実践能力の違い[8]は大きくは影響していないと考えられる。もっとも経済規模の違いによる影響が一定程度あるとしても，そもそも経営多角化は経済規模の拡大を基本的に伴うため，経済規模の大きさはより本格的に経営多角化した法人の不可分な属性であると

も言えるので，経営多角化の効果か経済規模の効果かを厳密に区分することはあまり意味がない。

[図表 5 - 4]　多角経営類型別売上高の外れ値除去後平均値

(単位：千円)

多角経営類型 別売上高	病院のみ型	病院・診療 所型	病院・老健 型	病院・診療 所・老健型
回答数	66	17	42	21
外れ値除去後 平均売上高	2,389,524	2,644,030	2,394,253	4,099,904
類型性質別	医療内　2,441,652		医療介護　2,962,803	
多角有無別	非多角	多角　2,895,064		
参考：H25年 度DB全法人	1,296,579	2,264,253	2,337,107	3,453,882

　なお本研究では，設問ごとに回答した全法人を分析対象とする方法を採用した。また各区分の割合（比率）の差を検証する際にはχ²検定を用い，各区分の平均値の差を検証する際にはWelch検定（分散分析）を用いた。

3　結　　果

3.1　施設事業別損益計算・管理の実践状況

　まず，本調査において，「施設事業別損益計算とは，上記[9]の法人グループで運営している各種施設・事業別の損益把握」と定義している。施設事業別損益計算は 9 割半の法人で実施されている（**図表 5 - 5**）。また実施している場合，その実施は，「定期的（継続的）」か「不定期（随時）」か質問したところ，ほとんどの場合，定期的に実施されていた。

[図表 5 - 5]　施設事業別損益計算実施率

回答数	実施率	回答数	定期実施率
194	94.3%	182	97.8%

　また，「実施していない場合，本来的には実施したいと考えていますか，そ

れとも必要性を感じていませんか」をたずね，「本来的には実施したい場合，実施できていない理由」を「複数選択可」で回答いただいた。現在実施していない法人も，8割強が本来的には実施したいと考えていることが判明した（**図表5-6**）。本来実施したいが現状では未実現な理由としては，人材不足やデータ未整備が多かった。

[図表5-6]　施設事業別損益計算の本来的実施必要性と未実現理由

回答数	必要性有の割合	回答数	データ未整備（紙でも）	システム投資困難	人材不足	医療職が実施に不同意	計算方法の合意形成が困難
11	81.8%	9	44.4%	33.3%	77.8%	0.0%	22.2%

次に，「損益計算を実施している場合，（1）トップ経営層による経営分析的（経営診断・方針策定・意思決定）利用，（2）現場管理者及び職員への働きかけ（経営管理面の意識醸成や自律性促進）のための利用，の2つの利用方法での，現在の実際の利用の程度を7段階評価で」回答してもらった。両利用方法とも，利用度はばらついている（**図表5-7**）。ただし平均では，分析的利用度は5.8で，働きかけ的利用度は4.8であり，どちらの利用方法でも，どちらかといえば「非常によく利用」に近い利用状況であった。また，法人群全体の平均では，分析的利用の方が働きかけ的利用よりも利用度が高い。さらに個々の法人ごとに両利用方法での利用度の相対的な大小を比べた場合にも，分析的利用の方が利用度が高い法人が56.8%を占め，働きかけ的利用の方が利用度が高い法人は7.1%に止まる。

[図表5-7]　施設事業別損益計算の利用方法別の利用度

施設事業別損益計算利用度	1 全く利用してない	2	3	4 どちらともいえない	5	6	7 非常によく利用	合計	平均値	標準偏差	利用方法の重点	
											同等	36.1%
法人トップ層の分析的利用	0.0%	4.4%	2.7%	5.5%	17.5%	36.1%	33.9%	183	5.80	1.28	分析焦点	56.8%
現場（施設管理者及び職員）への働きかけ的利用	2.2%	6.6%	7.7%	19.7%	29.5%	25.1%	9.3%	183	4.80	1.43	働きかけ焦点	7.1%

また損益計算を実施している場合に，「施設事業別に損益率や損益差額の目標を設定していますか」を調査した。7割の法人が設定していた（**図表5-8**）。

さらに，損益計算を実施している場合に，「損益計算結果（単純な損益額ばかり
でなく，改善幅や改善率，目標損益達成度などの結果）を，該当管理者（施設長，
事業長）の業績評価に利用していますか。また利用している場合，ボーナスや
給与にもその評価結果を反映させていますか」を把握した。半数弱が業績評価
に活用しており，6割半がその評価結果を金銭的報酬に反映させている。

[図表 5 - 8] 損益目標設定と損益結果の業績評価活用の状況

損益目標設定		業績評価		金銭的報酬	
回答数	設定率	回答数	利用率	回答数	反映率
183	71.0%	182	47.8%	86	65.1%

次に，「損益分岐分析（業務量と収入及び変動費・固定費と損益の関係性分析）
を実施していますか」を調査した。その際，「一部の施設事業のみを対象に実
施している場合でも，実施しているとしてお答えください」とした。63.9%の
法人で実施されていた（n=191）。

また，「損益分岐分析を実施している場合，以下の2つの利用方法での現在
の実際の利用の程度（利用したい希望の程度でなく）を7段階評価で」回答して
もらった。

（1） 法人トップ経営層として，各施設事業の損益分岐点や期待する損益の達成
に必要な業務量（患者数や利用者数など）を明確にするなど，損益と業務
量の関係性を分析する：【トップ層による分析的利用】
（2） 各施設事業の管理者及び職員に，損益分岐点や目標損益の達成に必要な業
務量（患者数や利用者数など）を提示し，その業務量の実現を働きかけ
る：【現場への働きかけ的利用】

両利用方法とも，利用度は法人によりばらついている（図表 5 - 9）。ただし
平均では，分析的利用度は5.5，働きかけ的利用度は4.7であり，どちらの利用
方法でも，どちらかといえば「非常によく利用」に近い利用状況であった。ま
た法人群全体の平均では，分析的利用の方が働きかけ的利用よりも利用度が高
い。さらに個々の法人ごとに両利用方法での利用度の相対的な大小を比べた場
合にも，分析的利用の方が利用度が高い法人が51.2%を占め，働きかけ的利用

第 5 章　施設事業別の損益計算・管理の実践状況　97

の方が利用度が高い法人は5.8％に止まる。

[図表 5 - 9]　**施設事業別損益分岐分析の利用方法別の利用度**

施設事業別 損益分岐分析利用度	1 全く利用 してない	2	3	4 どちらとも いえない	5	6	7 非常に よく利用	合計	平均値	標準偏差	利用方法の重点	
											同等	43.0%
法人トップ層の分析 的利用	0.8%	1.7%	2.5%	14.9%	28.1%	30.6%	21.5%	121	5.45	1.22	分析 焦点	51.2%
現場（施設管理者及 び職員）への働きか け的利用	3.3%	2.5%	9.1%	20.7%	39.7%	20.7%	4.1%	121	4.69	1.27	働きか け焦点	5.8%

3.2　多角経営類型別の実践状況の検証

　次に，施設事業別損益計算・管理の実践状況が多角経営類型により異なるのか分析した。損益計算実施率は，多角経営 4 類型間，医療内経営体・医療介護複合体間，非多角経営体・多角経営体間のいずれの類型間にも有意な違いが見られる（**図表 5 -10**）。特に，医療内経営体か医療介護複合体かによる違いは明確であり，複合体の方が実施率が高い。

[図表 5 -10]　**多角経営類型別の損益計算実施率**

施設事業別損益 計算実施率	n	全体	病院のみ 型	病院・診 療所型	病院・老 健型	病院・診 療所・老 健型	χ²検定	
							χ²値	P値
多角経営 4 類型	193	94.3%	90.4%	87.0%	100.0%	100.0%	9.96	0.019
医療内/医療介護			89.6%		100.0%		9.57	0.002
非多角/多角			90.4%		97.3%		4.20	0.040

　また損益計算の利用度についても，分析的利用でも働きかけ的利用でも，基本的にいずれの類型間で見ても，有意な違いが見られる（**図表 5 -11**）。両利用方法とも，病院・診療所・老健型，病院・老健型，病院・診療所型，病院のみ型の順番に利用度が高い。

[図表 5 -11]　多角経営類型別の損益計算利用度

施設事業別 損益計算利用度		n	全体	病院のみ型	病院・診療所型	病院・老健型	病院・診療所・老健型	Welch検定	
								F値	P値
分析的利用	多角経営4類型	193	5.47	5.07	5.57	5.70	5.97	2.94	0.039
	医療内/医療介護			5.18		5.82		6.58	0.011
	非多角/多角			5.07		5.76		6.32	0.013
働きかけ的利用	多角経営4類型	193	4.52	4.24	4.52	4.60	5.05	2.36	0.079
	医療内/医療介護			4.30		4.79		6.58	0.011
	非多角/多角			4.24		4.74		3.97	0.048

　一方，施設事業別の損益率や損益差額に目標を設定している法人の割合は，いずれの類型間で見ても，有意な違いが見られない（**図表5-12**）。病院・診療所・老健型が若干高く，病院・診療所型が若干低いようであるが，有意差はない。

[図表 5 -12]　多角経営類型別の損益目標設定率

施設事業別の損益率・損益差額の目標設定率	n	全体	病院のみ型	病院・診療所型	病院・老健型	病院・診療所・老健型	χ^2検定	
							χ^2値	P値
多角経営4類型	193	67.4%	67.5%	47.8%	68.0%	78.4%	6.04	0.109
医療内/医療介護			63.2%		72.4%		1.84	0.175
非多角/多角			67.5%		67.3%		0.00	0.977

　また損益計算結果の管理者業績評価での活用率は，医療内経営体と医療介護複合体の間に有意な違いが見られ，複合体の方が活用率が高い（**図表5-13**）。

[図表 5 -13]　多角経営類型別の損益計算結果の業績評価活用率

施設事業別の損益計算結果の業績評価利用率	n	全体	病院のみ型	病院・診療所型	病院・老健型	病院・診療所・老健型	χ^2検定	
							χ^2値	P値
多角経営4類型	192	45.3%	38.6%	34.8%	54.0%	55.6%	5.61	0.132
医療内/医療介護			37.7%		54.7%		5.48	0.019
非多角/多角			38.6%		50.5%		2.69	0.101

　次に，損益分岐分析の実施率については，非多角経営体と多角経営体との間

に 5 ％水準で有意な違いが見られ，多角経営体の方が実施率が高い（**図表 5 -14**）。医療内経営体と医療介護複合体の間にも10％水準では有意差があるが，4 類型別の結果からわかるように，病院・診療所型での実施率は医療介護複合体なみの実施率である。

[図表 5 -14]　　多角経営類型別の損益分岐分析実施率

施設事業別損益分岐分析実施率	n	全体	病院のみ型	病院・診療所型	病院・老健型	病院・診療所・老健型	χ^2検定	
							χ^2値	P値
多角経営 4 類型	190	63.7%	55.6%	68.2%	70.0%	70.3%	4.06	0.255
医療内/医療介護			58.3%		70.1%		2.87	0.090
非多角/多角			55.6%		69.7%		4.03	0.045

また，損益分岐分析の利用度についても同様で，分析的利用でも働きかけ的利用でも，非多角経営体と多角経営体との間に 5 ％水準で有意な違いが見られ，多角経営体の方が利用度が高い（**図表 5 -15**）。

[図表 5 -15]　　多角経営類型別の損益分岐分析利用度

施設事業別の損益分岐分析の利用度		n	全体	病院のみ型	病院・診療所型	病院・老健型	病院・診療所・老健型	Welch検定	
								F値	P値
分析的利用	多角経営 4 類型	189	3.47	2.95	3.90	3.82	3.86	1.57	0.205
	医療内/医療介護			3.15		3.84		2.91	0.090
	非多角/多角			2.95		3.85		4.83	0.029
働きかけ的利用	多角経営 4 類型	189	2.98	2.53	3.33	3.30	3.35	1.57	0.205
	医療内/医療介護			2.70		3.32		3.03	0.083
	非多角/多角			2.53		3.32		4.82	0.030

4　考察とまとめ

施設事業別損益計算については，2010年調査に基づく先行研究（荒井，2013，第 7 章）と同様に，ほとんどの法人で定期的に実施されていた。また実施している場合には，平均値で見ても，個別法人ごとに見ても，働きかけ的利用よりも分析的利用としてより強く利用されていた。影響機能も活用されるように

なっているものの，依然として法人経営層による分析的利用を主とした情報提供機能に焦点のある原価計算が中心であるといえる（荒井，2013，第7章）。また損益計算結果の管理者業績評価での活用は半数に満たない状況であるが，医療法人内の責任センター別損益を責任センター管理者の業績評価に利用すると医業利益率が有意に高まるという先行研究（荒井，2019a，第2章）を踏まえると，活用を促進することは今日の病院界では大きな課題である。

　なお損益計算を積極的に利用している法人では，その実効性を高めるために，損益計算結果に基づく該当管理者の業績評価を実施したいと考えるだろう。とりわけ現場管理者への働きかけ的な利用においては，該当管理者が損益計算結果により業績評価されるか否かで効果が大きく異なると考えられる。そこで，利用度別の業績評価活用率を見てみたところ，両利用方法とも利用度が高い法人群ほど業績評価活用率が有意に高かった（**図表5-16**）。

[**図表5-16**]　**損益計算の利用方法別の利用度区分別業績評価活用率**

業績評価利用率		分析的利用度			働きかけ的利用度		
全体		低い	平均程度	高い	低い	平均程度	高い
n	182	54	66	62	66	53	63
平均	47.8%	31.5%	48.5%	61.3%	33.3%	50.9%	60.3%
χ^2検定		χ^2値	P値		χ^2値	P値	
		10.30	0.006		9.70	0.008	

　次に，損益分岐分析は採算管理活動における基礎的な経営手法であるが，施設事業単位であっても6割超での実施であった。医療法人が現在置かれている厳しい経営環境を考えれば，採算管理は不可避であり，そのための基礎的な分析手法である損益分岐分析の実践は本来不可欠ともいえる。

　損益分岐分析の実践を今後さらに進展させるためには，まずは損益分岐分析の対象となる部分組織単位ごとの損益計算を実施してもらうことが重要と考えられる。損益計算の実施により，施設事業別に，どのような費用項目や収益項目がどの程度発生しているかが把握できるため，損益分岐分析の実施が比較的容易になるからである。実際，今回の調査データで両者の関係を分析すると，損益計算実施法人の方が損益分岐分析を有意によく実施している（**図表5-17**）。

第5章　施設事業別の損益計算・管理の実践状況　　101

[図表5-17]　**損益分岐分析と損益計算実施との関係性**

損益分岐分析実施率		損益計算実施		χ^2検定	
n	全体	無	有	χ^2値	P値
191	63.9%	25.0%	65.6%	5.47	0.019

　また損益計算を実施するだけでなく損益目標も設定する方が，その目標を達成するにはどの程度の業務水準（売上高や患者数）を達成する必要があるのかなど分析の必要性が高まると考えられるため，損益分岐分析の実施を促進することになると思われる。実際，今回の調査データでも，損益目標を設定している法人の方が損益分岐分析の実施率が高い（**図表5-18**）。

[図表5-18]　**損益分岐分析と損益目標設定との関係性**

損益分岐分析実施率		損益目標設定		χ^2検定	
n	全体	無	有	χ^2値	P値
183	65.6%	45.3%	73.8%	13.61	0.000

　損益分岐分析を実施している場合，平均値で見ても個別法人ごとに見ても，働きかけ的利用よりも分析的利用としてより強く利用されている。損益分岐分析の現場への影響機能も活用しつつも，まだ伝統的な法人経営層主体の損益管理体制が主流である状況が窺われる。

　さらに，施設事業別損益計算・管理について多角経営類型別の実践状況を分析したが，全体として，多角化していない病院のみ型よりも多角経営3類型，また医療内経営体よりも老健併営系の医療介護複合体の方が，実施率や利用度などが有意に高く，多角化は施設事業別の損益計算・管理実践の必要性を高めているようである。実践種類別にみると，損益計算の実施率と計算結果の業績評価利用率については，医療内経営体か医療介護複合体かによる違いが大きい。一方，損益分岐分析については，実施率も分析的及び働きかけ的利用度も，非多角経営体か多角経営体かによる違いが大きい。また，損益計算の分析的及び働きかけ的利用度については，医療内経営体と医療介護複合体の間と，非多角経営体と多角経営体の間の両者とも，大きな違いをもたらしている。

　大まかにまとめると，施設事業別の損益分岐分析は多角化とともによく実践されるが，施設事業別の損益計算結果の管理者業績評価での活用は，より本格

的に多角化した医療介護複合体になるとよく実践される傾向がある。多角化は施設事業別損益計算・管理の必要性を高め，実際にその実践を促していることがわかった。しかし多角化の程度あるいは種類によって，実際の活用にいたる損益計算・管理実践の内容は異なるようである。

〔注〕

1　DPC対象病院を対象とした部門別での予算管理と損益計算との関係性分析ではあるが，実際に，責任センター別の損益計算が実践されている病院の方が責任センター別の予算管理が有意に実践されていることが判明している（荒井，2013，第4章）。

2　以下，本章において，「」で引用している文言（それに付された下線なども含めて）は，本研究で利用した質問票における文言そのものである。

3　本調査では，法人で運営している施設・事業の種類を複数回答可能方式で，「1．急性期病院　2．回復期病院　3．慢性期病院　4．診療所　5．介護老人保健施設　6．その他施設　7．訪問系事業（診療・看護・介護等）　8．通所系事業（介護・リハ等）」の中から選択してもらった。

4　調査回答194法人のうち1法人は経営している施設・事業種類に関して回答していないため，多角経営類型を特定できなかった。

5　本来業務の施設種類としては病院のみであっても，附帯事業として訪問看護事業などを実施している相対的に規模の小さな多角経営をしている法人もある。

6　損益計算等を実施している熱心な法人群において多角経営類型間に違いがあるのかを分析したい場合にはよいが，法人群全体での多角経営類型間の違いを分析する上では適切でない。

7　総収入額について回答した156法人を対象に，筆者のこれまでの研究と同様に，スミルノフ・グラブス検定により0.1％水準で有意に外れ値であった総収入額の法人を除去した。

8　経済規模の大きな医療機関の方が経営スタッフを充実させることが可能であるため，各種管理会計実践が盛んである可能性が示唆されてきた（荒井，2009，第2章・第6章; 荒井，2011，第10章; 荒井，2013，第9章ほか）。ただし本調査に関しては，10億円以上の経済規模の法人を対象としているため，経済規模による違いがあるとしても明確には違いが出ない可能性が高い。実際のところ，**図表5-2**の経済規模3区分間で損益計算と損益分岐分析の実施率に違いがあるか見たところ，規模が大きい方が実施率が有意に高いのは施設事業別の損益計算のみであった（10億円台89.9％，20億円台97.5％，30億円以上100.0％，χ^2値6.68，有意確率0.035）。また，規模による違いが見られたこの施設事業別損益計算の実施率については，後述の結果のように，病院・老健型は，病院・診療所・老健型よりも経済規模がかなり小さいが病院・診療所・老健型と同じ100％の実施率であり，また病院・診療所型よりも規模が若干小さいが病院・診療所型よりも実施率が高い。つまり規模とは関係なく病院・老健型での実施率は高い。

9　注3に示した8種類の施設事業である。

第6章

病院内部門別の損益計算・管理の実践状況

1 問題意識

　診療報酬の抑制策が続く中，多角経営時代の医療法人における中核事業である病院事業[1]の経営は，厳しい状況が続いている。また，病院事業では技術進歩が速いため，継続的な高額投資の必要に迫られており，投資のための最低限の利益を蓄積することも必要となっている。そのため，病院事業全体としての損益把握・管理だけでなく，病院事業内の各部門（責任センター）単位でもしっかりと損益を把握し，有効に管理していく必要性がますます高まっている。

　こうした中，これまでも病院事業における部門別損益計算の実施状況（荒井，2013，第7章）を明らかにしてきたが，そこでの部門別損益計算は，「施設事業内の部門別（各診療科，各病棟，検査部門，薬剤部門，手術部門など）」[2]，すなわち病院内の各診療科，各病棟，各中央診療部門を対象とした部門別損益計算であった。しかし，各診療科を中心とした診療科別損益計算と各病棟を中心とした病棟別損益計算とでは，共に病院内の部門別損益計算ではあるものの，その損益計算利用の目的や実践状況は若干異なるのではないかと考えられる。そのため，より有効な部門別損益管理が求められつつある現在，部門別損益計算・管理のより精度の高い実態把握をすべきではないかと考えるに至った。

　そこで本章では，病院経営医療法人群を対象に「内科・外科などの各診療科，検査部・薬剤部・手術部・リハビリ部などの中央診療系の各部門，医事課・経理課・情報システム課などの支援管理系の各部門」を対象とした，各診療科中心の病院内部門別損益計算・管理の実践状況を明らかにすることにした。その

際，病院経営医療法人を対象とした部門別損益計算の先行研究（荒井，2013，第4章3節）では定量的には[3]把握してこなかった実務（対象となる利益センター部門群の範囲，該当部門群を管理する利益の種類，損益計算結果の利活用担当管理職種，損益計算の各種効果，部門別損益管理のための損益分岐分析の方法など）を中心に，その実践状況を明らかにする。

　また，病院経営医療法人における，施設事業別損益計算の各種目的に対する効果を高める管理会計実践については先行研究（荒井，2019a，第4章）で分析されているが，医療法人における病院内の部門別損益計算の各種目的の効果を高める管理会計実践についての分析はまだ見られない。そこで本章では，病院内の診療科等の部門別損益計算を対象として，法人・病院の経営管理者層の認識に基づく損益計算の効果と，その効果を高めると考えられる各種管理会計実践との関係に関するいくつかの仮説を検証する。

　加えて，病院経営医療法人群を対象に「病院施設内の急性期一般病棟，回復期リハ病棟，地域包括ケア病棟，緩和ケア病棟，医療療養病棟，介護療養病棟，精神病棟，認知症治療病棟，結核病棟などの，各病棟別」の損益計算・管理，つまり各病棟を中心とした病院内の部門別損益計算・管理の実践状況についても，別の調査により明らかにしたので第5節で取り上げる。

2　研究方法

2.1　質問票調査の概要

　医療法人が提出する『事業報告書等』に基づき，病院を経営する医療法人のデータベース（2016年決算版）を構築し，事業収益が10億円以上の法人を対象に，部門別損益計算・管理に関する郵送質問票調査を実施した。具体的には，3,138法人を対象に，2019年10月下旬〜11月下旬に実施し，234法人から有効回答を得た（有効回答率7.5％）。回答は，医療法人下の病院[4]の部門別の損益計算・管理の状況に詳しい方（事務部長，企画部長，経理部長ほか）にお願いした。

　質問票では，「関連社会福祉法人等を含む貴医療法人グループ全体」（以下，法人グループを法人と略称）の基本属性として，どのような種類の施設・事業を

経営しているかを８種類の選択肢[5]の中から選んでもらった。そして経営している医療法上の本来業務の施設種類（病院，診療所，介護老人保健施設（老健[6]））の組み合わせに着目して（荒井，2017a），各法人を各種多角経営類型に分類した（**図表６−１**）。基本的に医療領域内の事業展開である病院のみ型と病院・診療所型で５割半を占め，本格的な医療介護複合体としての多角化である老健併営系２類型は４割半であった。また，少なくとも本来業務施設種類の観点[7]では非多角経営法人といえる病院のみ型か多角経営法人であるその他３類型かという観点からは，４割半強と５割半弱の構成割合であった。なお，母集団としての事業収益10億円以上の病院経営医療法人群全体での各多角経営類型別割合は，病院のみ型39.3％，病院・診療所型18.6％，病院・老健型24.6％，病院・診療所・老健型17.5％となっている。そのため回答法人群の方が病院・診療所型の割合が若干低く病院のみ型の割合が若干高いものの，母集団と回答法人群における各多角経営類型の構成割合はおおむね一致している。

[図表６−１]　回答法人の基本属性：多角経営類型

多角経営類型	病院のみ型	病院・診療所型	病院・老健型	病院・診療所・老健型	合計
回答数	109	21	61	43	234
割合	46.6%	9.0%	26.1%	18.4%	100%
類型性質	医療内 130（55.6%）		医療介護 104（44.4%）		
多角有無	非多角	多角 125（53.4%）			

　また法人の基本属性として，法人全体での総収入額を回答いただいた（**図表６−２**）。母集団としての事業収益10億円以上の病院経営医療法人群全体の経済規模分布は，10億円台47.4％，20億円台22.5％，30億円以上30.1％であり，回答法人群の方が，若干規模が大きい傾向はある。しかし回答法人群は，関連法人を含む医療法人グループ全体としての総収入額を回答しているのに対して，母集団の経済規模は『事業報告書等』から得られる当該法人のみの事業収益額であるため，母集団の方が本質的に小さくなる比較となっている。また，ここでの母集団の経済規模は基本的に平成27年度におけるものであり，病院業界全体として経年的に事業収益規模が拡大している中，本調査で回答しているのは基本的に４年後の令和元年度の収益規模である。これらの点を考慮すると，お

おむね母集団と回答法人群との経済規模分布は近似しているといえる。

[図表6-2] 回答法人の基本属性：経済規模

売上高	10億円台*	20億円台	30億円以上	合計
回答数	86	47	93	226
割合	38.1%	20.8%	41.2%	100%

＊調査時の最新決算では10億円を若干下回った2法人も含む。

　最後に，医療法人の中核事業である病院の事業内容類型を表す診療領域類型を見た（**図表6-3**）。一般型とは一般病床8割以上の病院であり，3割を占めている。また療養型とは療養病床8割以上，精神型とは精神病床8割以上の病院であり，ケアミックス型とはこれら3種類の特定の病床種類に重点のある病院以外の，多様な病床種類の構成割合をバランスさせた病院で，4割半を占めている。なお母集団の診療領域類型別割合は，一般型29.8%，療養型12.2%，精神型18.9%，ケアミックス型39.1%である。そのため，回答法人群の方が療養型及び精神型の割合が若干低くケアミックス型の割合が若干高いものの，母集団と回答法人群の各診療領域類型の構成割合はおおむね一致している。なお，本章では診療科を中心とした部門別損益計算を対象としているため，診療科単位で管理する経営文化がある急性期病院を示唆する一般型と，非一般型とでは，部門別損益計算の実践状況が異なるのではないかと考えている。そのため後述のようにその点も分析することから，一般型と非一般型の構成割合も把握したが，回答法人群と母集団とで一般型の構成割合は3割前後でほぼ一致している。

[図表6-3] 回答法人の基本属性：診療領域類型

診療領域類型	一般型	療養型	精神型	ケアミックス型	合計
回答数	72	22	36	104	234
構成割合	30.8%	9.4%	15.4%	44.4%	100.0%
一般か否か	一般型	非一般型162（69.2%）			

　以上から，本研究の分析対象法人群は，多角経営類型，経済規模，中核事業の病院の診療領域類型の各観点から，母集団を反映した法人群となっている。本章では，こうした分析対象法人群における病院内の診療科を中心とした部門

第6章　病院内部門別の損益計算・管理の実践状況　107

別の損益計算・管理の実践状況に関する調査結果を示す。

　本調査は，大きく分けて，部門別の損益計算及びその計算結果の利活用並び
に効果に関する質問項目群と，部門別の損益分岐分析の方法及び利活用に関す
る質問項目群からなっている。

　部門別損益計算に関しては，まず基本事項として，実施の有無と，実施して
いる場合には実施開始年度及び実施頻度を確認し，実施していない場合には本
来的な実施必要性の有無及び必要性有の場合の現状で未実現である理由を把握
した。そのうえで，実施している場合に，①どの範囲の部門群に対して損益を
計算し管理しているのか，つまりどの範囲の部門群を利益センターとして管理
しているのか，そして各診療科などの各部門を損益により管理する際，②どの
ような範囲の費用を収益から控除した損益を用いているのか，部門別損益計算
の基本構造を調査した。そして実施している場合の利活用状況について，①経
営層による現場（部門）の分析的利用と経営層による現場（部門）への働きか
け的利用の両利用方法別の利用の程度，②計算結果情報の活用担当者，③損益
結果の目標管理及び部門長業績評価での利用状況，を調査した。最後に，部門
別損益計算を実施している場合に，その実施により一般に期待される各種の事
項について，それぞれどの程度の効果があったと認識しているかを調査した。

　一方，部門別損益分岐分析に関しては，まず実施の有無を確認した上で，実
施している場合に，変動費にはどの範囲の費用を含め，固定費にはどの範囲の
費用を含めて分析しているのかを調査した。そして実施している場合の利活用
の程度について，経営層による分析的利用と現場への働きかけ的利用の別に調
査した。

　なお本研究では，質問票における全設問に回答した病院のみを対象とするの
ではなく，少ない回答数をできるだけ生かすため，設問ごとに回答した全病院
を分析対象とする方法を採用した。なお，各区分の割合（比率）の差を検証す
る際にはχ^2検定を用い，各区分の平均値の差を検証する際にはWelch検定（分
散分析）を用い，基本的に5％水準で有意性を判定した。

2.2　部門別損益計算の効果を高める実践

　損益計算の効果と，それを高めると考えられる各種管理会計実践との関係性

についての以下の４つの仮説の検証を試みる。また，その４つの各仮説と関連して，各種管理会計実践への積極性や取り組みがあることによる効果向上の程度を示唆する，実践状況の違いによる効果pt差に注目した分析も試みる。

１つ目は，経営層が部門別損益計算を利用すればするほど，損益計算の効果が高まるのではないかという仮説である。より具体的には，経営層が各部門を経営分析（経営診断・方針策定・意思決定）するために部門別損益計算を利用する程度が大きいほど，損益計算の各種目的での効果が高まるのではないか，という仮説である。また，経営層が現場部門管理者及び職員への働きかけ（経営管理面の意識醸成や自律性促進）のために部門別損益計算を利用する程度が大きいほど，損益計算の各種目的での効果が高まるのではないか，という仮説である。いずれも経営層のより積極的な活用が効果を高めるのではないかという想定である。

２つ目は，部門別の損益目標を事前に設定すると，その目標を達成するために経営層も部門管理者及び職員も，より積極的に損益計算情報を活用しようとするため，損益計算の効果が高まるのではないかと想定される。そこで，部門別に損益率や損益差額の目標を設定している法人の方が，部門別損益計算の各種目的での効果が高いという仮説を検証する。

３つ目は，部門別損益計算の結果を部門管理者の業績評価に活用すると，部門管理者は積極的に経営管理に取り組むようになるため，損益計算の効果が高まるのではないかと想定される。そこで，部門別損益計算の結果（単純な損益額ばかりでなく，改善幅や改善率，目標損益達成度などの結果）を部門管理者の業績評価に利用している法人の方が，部門別損益計算の各種目的での効果が高いという仮説を検証する。

４つ目は，部門別損益計算における損益把握頻度を高めると（損益把握期間を短期化すると），経営層や現場部門管理者等への部門別損益への意識づけの機会が増えるため，部門別損益計算を活用して経営管理により積極的に取り組むようになると考えられる。その結果，損益計算により期待する各種目的事項の効果が高まるのではないかと想定される。そこで，部門別損益計算を高頻度で実施している法人の方が，部門別損益計算の各種目的での効果が高いという仮説を検証する。

第6章　病院内部門別の損益計算・管理の実践状況　　109

3　結　　果

3.1　部門別損益計算

　まず，本調査では，「内科・外科などの各診療科，検査部・薬剤部・手術部・リハビリ部などの中央診療系の各部門，医事課・経理課・情報システム課などの支援管理系の各部門」を対象とした各診療科中心の部門別損益計算の実施の有無を質問した。回答法人群全体での実施率は26.1％であった（**図表6-4**）。

[図表6-4]　**部門別損益計算の実施状況**

実施有無	n	割合	開始年代	n	割合
実施率	234	26.1%	昭和時代	4	6.6%
実施頻度	n	割合	平成元年〜5年	4	6.6%
月次	47	77.0%	平成6年〜10年	9	14.8%
四半期	4	6.6%	平成11年〜15年	4	6.6%
半年	1	1.6%	平成16年〜20年	5	8.2%
一年	5	8.2%	平成21年〜25年	10	16.4%
不定期	3	4.9%	平成26年〜31年	19	31.1%
不明	1	1.6%	不明	6	9.8%
合計	61	100.0%	合計	61	100.0%

　しかし，部門別損益計算の実施状況はその実践能力及び必要性から，規模が大きいほど実施する傾向にあることが知られている（荒井，2009ほか）。そこで病院経営医療法人の規模を表す事業収益額規模区分ごとに実施率を分析したところ，規模が大きな30億円以上の法人群での実施率が有意に高いことが判明した（**図表6-5**）。

[図表6-5]　**法人の経済規模別の部門別損益計算の実施率**

部門別損益計算		事業収益規模			x^2値
	全体	10億円台	20億円台	30億円以上	18.18
n	226	86	47	93	P値
実施率	26.1%	17.4%	12.8%	40.9%	0.000

また今回の調査では，各診療科中心の部門別損益計算の実施状況を把握しているが，診療科単位で管理するという経営文化がある急性期病院と，そうした文化が強くはない非急性期病院とではその状況が異なると考えられる。そこで，法人属性として急性期病院としての性格を示唆する一般病床8割以上の法人，すなわち診療領域類型が一般型の法人と非一般型の法人とに分けてその実施率を把握したところ，一般型の方が有意に実施率が高かった（**図表6-6**）[8]。

[図表6-6]　**診療領域類型別の部門別損益計算の実施率**

部門別損益計算		診療領域類型		χ^2値
	全体	一般型	非一般型	7.05
n	234	72	162	P値
実施率	26.1%	37.5%	21.0%	0.008

なお，部門別損益計算を実施している場合のその頻度（間隔）を，「1.月次　2.四半期　3.半年　4.1年　5.不定期（随時）」の中から選択してもらったところ，月次とする病院が8割弱と圧倒的に多かった（**図表6-4**）。また実施を開始した年度は，昭和時代から最近まで大きくばらついていたが，約半数の病院がここ10年内に始めたことが判明した（**図表6-4**）[9]。

加えて，「実施していない場合，本来的には実施したいと考えていますか，それとも必要性を感じていませんか」をたずね，「本来的には実施したい場合，実施できていない理由」を「複数選択可」で回答いただいた。現在実施していない法人でも，7割が本来的には実施したいと考えていることが判明した（**図表6-7**）。本来実施したいが現状では未実現な理由としては，計算方法の合意形成が困難やデータ未整備，人材不足が多かった。医療職が実施に同意してくれないために実施できないとする法人は1割程度に限定されていることも明らかとなった。なお，診療科を中心とした部門別損益計算の本来的必要性の認識についても，診療科単位の経営管理文化がある急性期病院を示唆する一般型か非一般型かによる違いがあるか確認したところ，一般型の方が本来的必要性を感じている割合が有意に高かった（**図表6-8**）。

第6章　病院内部門別の損益計算・管理の実践状況　　111

［図表6-7］　本来的実施必要性と未実現理由

部門（診療科等）別損益計算の本来的実施の必要性の有無	実施したいができない理由（複数回答可能）					
	回答数	データ未整備（紙でも）	システム投資困難	人材不足	医療職が実施に不同意	計算方法の合意形成が困難
回答数	164	110	52	32	50	11	58
有り割合	69.5%	100.0%	47.3%	29.1%	45.5%	10.0%	52.7%

［図表6-8］　診療領域類型別の本来的必要性

本来的必要性	診療領域類型			χ^2値
	全体	一般型	非一般型	3.88
n	164	43	121	P値
有り割合	69.5%	81.4%	65.3%	0.049

　次に，部門別損益計算を実施している場合のその実施方法（利益センター管理の実践状況）について質問した。まず，実施している場合に，「各診療科群のみ」，「各診療科群と中央診療各部門群」，「各診療科群と中央診療各部門群と支援管理系各部門群」，「その他（　）」の「どの範囲の部門群に対して，収益と費用の両者（したがって，その差としての「損益」）を把握し，管理して」いるのかを把握した。各診療科のみを利益センター（損益に対して管理責任を持つ部門）としている病院が半数弱と多かった（図表6-9）。しかし各診療科に加えて，中央診療各部門をも利益センターとする病院も2割弱見られ，さらに各診療科及び中央診療各部門に加えて支援管理系各部門をも利益センターとしている病院も3割半強見られた。すなわち中央診療各部門も過半（55.0%）で利益センターとされ，支援管理系各部門も3割半強で利益センターとなっている。

［図表6-9］　部門別損益計算・管理における利益センターの範囲

利益センター範囲	n	割合
各診療科群のみ	27	45.0%
各診療科群と中央診療各部門群	11	18.3%
上記両群に加えて支援管理系各部門群も含む	22	36.7%
合計	60	100%

＊その他回答（3件）は，その回答内容に基づき，筆者が分類した。

112

　また，「損益により<u>各部門（主に各診療科）を管理する際，どのような「損</u><u>益</u>」を用いて」いるか，「別の聞き方をすると，各部門の収益（診療報酬額）か<u>らどの範囲の費用を控除した後の損益を用いて</u>」いるかを，**図表 6 -10**の 1 ～ 14の選択肢の中から回答する方法で調査した。その結果，各部門の医業収益から全部医業費用を控除した損益（つまり医業利益）を用いている病院と，全部医業費用に加えてすべての医業外費用も控除した損益（つまり経常利益）を用いている病院が，共に 3 割強と多いことが判明した。また医業利益及び経常利益の他に，それぞれ割合としては大きくないものの，部門直接費のみを控除した損益など，「その他」を除いても多様な損益の活用が見られ，病院によって多様な損益が利益センターの管理に用いられていることが明らかとなった。損益種類を大きな区分でまとめた場合，部門変動費のみを含めた部門直接費のみを控除した損益を用いている病院が 2 割半弱，医業利益を中心とした部門間接費も控除した損益を用いている病院が 4 割弱，医業外費用も控除した損益を利用している病院が 3 割強となっていた。

第6章　病院内部門別の損益計算・管理の実践状況　　113

[図表6-10]　利益センター管理に際し利用する利益の種類（内容）

部門別収益から控除する費用の範囲（部門別損益の内容）			n	割合	中区分	大区分
部門直接費のみ	部門変動費のみ	1．材料費等の変動費のみ	4	6.7%	6.7%	23%
	部門固定費含む	2．材料費等の変動費に加えて，各部門の個別固定費の内の機器設備減価償却費のみ	0	0.0%	16.7%	
		3．材料費等の変動費に加えて，各部門の個別固定費の内の労務費のみ	2	3.3%		
		4．材料費等の変動費に加えて，各部門の個別固定費のすべて：つまり部門個別（直接）費のすべて	8	13.3%		
部門間接費含む	部門間接費の一部を含む	5．部門個別（直接）費すべてに加えて，部門共通（間接）費の内の減価償却費（建物・共通機器等）のみ	0	0.0%	6.7%	38%
		6．部門個別（直接）費すべてに加えて，部門共通（間接）費の内の支援管理系部門費配賦額のみ	0	0.0%		
		7．部門個別（直接）費すべてに加えて，部門共通（間接）費の内の中央診療各部門費配賦額のみ	0	0.0%		
		8．部門個別（直接）費すべてに加えて，部門共通（間接）費の内の減価償却費と支援管理系部門費配賦額	2	3.3%		
		9．部門個別（直接）費すべてに加えて，部門共通（間接）費の内の減価償却費と中央診療各部門費配賦額	0	0.0%		
		10．部門個別（直接）費すべてに加えて，部門共通（間接）費の内の支援管理系部門費と中央診療各部門費の配賦額	2	3.3%		
	部門の全部医業費用	11．部門個別（直接）費すべてに加えて，部門共通（間接）費のすべて：つまり部門の全部医業費用	19	31.7%	31.7%	
医業外費用含む		12．部門の全部医業費用に加えて，医業外費用の内の支払利息等財務費用のみ	0	0.0%	31.7%	32%
		13．部門の全部医業費用に加えて，医業外費用のすべて	19	31.7%		
		14．その他	4	6.7%	6.7%	7%
合計			60	100%	100%	100%

次に，損益計算を実施している場合のその利用状況を把握した。まず，実施している場合に，「（1）経営層による経営分析的（経営診断・方針策定・意思決定）利用」と「（2）現場（部門）管理者及び職員への働きかけ（経営管理面の意識醸成や自律性促進）のための利用」の「2つの利用方法での現在の実際の利用の程度（利用したい希望の程度でなく）を7段階評価[10]で」回答してもらった。両利用方法とも，利用度はばらついているが（**図表6-11**），働きかけ的利用は全くしていない法人も若干見られる一方で，分析的利用は全くしていない法人はない。また回答群の利用度平均は，分析的利用の方が働きかけ的利用よりも高い。さらに，個々の法人ごとに両利用方法での利用度の相対的な大小を比べた場合にも，分析的利用の方が利用度が高い法人が半数強を占め，働きかけ的利用の方が利用度が高い法人は16.7%に止まる。

[図表6-11]　部門別損益計算の利用方法別の利用度

部門（診療科等）別損益計算利用度	1 全く利用してない	2	3	4 利用している	5	6	7 非常によく利用	合計	平均値	標準偏差	利用方法の重点	
											同等	31.7%
経営層による分析的利用	0.0%	10.0%	8.3%	18.3%	36.7%	15.0%	11.7%	60	4.73	1.41	分析焦点	51.7%
現場への働きかけ的利用	6.7%	10.0%	11.7%	21.7%	38.3%	8.3%	3.3%	60	4.13	1.47	働きかけ焦点	16.7%

また，「部門別損益計算を<u>実施している場合</u>，その計算結果情報を活用している担当者は」誰かを，「1．理事長・院長　2．法人本部長・事務部長　3．経営企画系部課長　4．医事系部課長　5．財務経理系部課長　6．現場の部門長（診療科長・検査部長など）　7．その他（　　）」の中から，複数選択可能で回答してもらった。法人本部長・事務部長という事務系トップ層は9割の法人で活用担当者となっており，圧倒的に割合が高い（**図表6-12**）。また，理事長・院長というトップ経営者が活用担当者となっている法人も3分の2を占めている。さらに，部門別損益計算の結果（部門損益）に対して直接的な管理責任を有すると考えられる現場の部門長が活用担当者となっている病院はちょうど半分であることも明らかとなった。加えて，各種経営管理職種の中では，財務経理系，経営企画系，医事系の順に活用担当者となっている病院が多い。

第6章 病院内部門別の損益計算・管理の実践状況 115

[図表6-12] 管理職種別の計算結果の活用担当割合

回答数	理事長・院長	法人本部長・事務長	経営企画系部課長	医事系部課長	財務経理系部課長	現場の部門長
60	66.7%	90.0%	30.0%	20.0%	41.7%	50.0%

＊その他回答（2件）は，その回答内容に基づき，筆者が分類した。

なお，各法人において，6種類の管理職種のうち，何種類の管理職種が部門別損益計算の結果情報の活用担当者となっているのかを分析したところ，**図表6-13**のように，平均では約3種類の管理職種が活用していることが判明した。特定の1つの管理職種の方のみが活用担当者となっている病院は，1割半に限定されていることがわかる。

[図表6-13] 計算結果の活用を担当している管理職種の種類数

職種数	1職種	2職種	3職種	4職種	5職種	6職種	合計	平均	2.98
n	9	19	12	9	6	5	60	標準偏差	1.50
割合	15.0%	31.7%	20.0%	15.0%	10.0%	8.3%	100%	中央値	3

さらに，部門別損益計算を実施している場合に，「部門別に損益率や損益差額の目標を設定して」いるか，また，「部門別の損益計算結果（単純な損益額ばかりでなく，改善幅や改善率，目標損益達成度などの結果）を，部門長の業績評価に利用して」いるかを把握した。さらに，「利用している場合，ボーナスや給与にもその評価結果を反映させて」いるかも調査した。加えて，「部門別損益計算結果が，部門長の業績評価要素（項目）全体に占める割合（重み）は，どの程度」か，「1．1割前後　2．3割前後　3．5割前後　4．7割前後　5．9割前後」の中から回答してもらった。

まず部門別損益の目標設定（管理）は，45.9％で実施されていた（n=61）。また部門別損益による部門長の業績評価は4割の法人でなされており，業績評価に利用されている場合には6割の法人では賞与等の金銭的な報酬に業績評価結果を反映させていた（**図表6-14**）。業績評価要素全体に占める部門別損益結果要素の割合は，1割前後とする法人が半数強を占めており，3割前後までで8割を超えていて，損益計算結果の業績評価における重みは大きくはない。ただし7割前後を占めている法人も見られ，法人によりその重みにはばらつきが

見られる。

[図表6-14]　部門損益計算結果の業績評価での活用状況

損益計算結果	業績評価利用		報酬への反映		
	無	有	無	有	
n	37	24	9	14	
割合	60.7%	39.3%	39.1%	60.9%	
業績評価要素全体に占める損益結果の割合					
重み	1割前後	3割前後	5割前後	7割前後	9割前後
n	9	5	2	1	0
割合	52.9%	29.4%	11.8%	5.9%	0.0%

　最後に，部門別損益計算実施にとって最も肝心な効果について調査した。具体的には，「部門別損益計算を実施している場合，その実施により期待される以下の各種事項について，実際にどの程度効果があったと感じて」いるか，5段階評価（「1.全く効果なし，2.あまり効果なし，3.効果あり，4.かなり効果あり，5.非常に効果あり」）で回答してもらった。「ただし，そもそも活用目的としていない（期待していない）事項の場合には「0a」を，また導入直後などの理由で，目的としているが，まだ効果がわからない事項の場合には「0b」を，選択」するように指示した。以下の各種事項とは，「（1）採算管理（部門別採算把握・損益分岐分析），（2）原価管理（部門費用構成把握による業務改善），（3）部門予算管理（予算編成・予算実績差異管理），（4）各部門の業績評価（努力評価），（5）各部門への機器設備購入や増員の判断，（6）長期的な経営計画の策定（診療科構成再編など），（7）部門長及び職員の経営管理意識の向上」である。

第6章　病院内部門別の損益計算・管理の実践状況　　117

[図表6-15]　部門別損益計算の目的と効果の程度

期待事項		合計	目的外	まだ不明	効果回答	1	2	3	4	5	平均値	標準偏差
採算管理	n	59	2	3	54	0	4	31	14	5	3.37	0.76
	割合	100%	3.4%	5.1%	91.5%	0.0%	7.4%	57.4%	25.9%	9.3%		
原価管理	n	59	3	5	51	1	9	32	8	1	2.98	0.71
	割合	100%	5.1%	8.5%	86.4%	2.0%	17.6%	62.7%	15.7%	2.0%		
予算管理	n	59	8	3	48	2	11	22	8	5	3.06	1.00
	割合	100%	13.6%	5.1%	81.4%	4.2%	22.9%	45.8%	16.7%	10.4%		
業績評価	n	59	6	4	49	1	9	25	10	4	3.14	0.89
	割合	100%	10.2%	6.8%	83.1%	2.0%	18.4%	51.0%	20.4%	8.2%		
機器投資/増員判断	n	59	5	3	51	2	15	24	9	1	2.84	0.83
	割合	100%	8.5%	5.1%	86.4%	3.9%	29.4%	47.1%	17.6%	2.0%		
長期経営計画策定	n	59	4	8	47	0	7	18	20	2	3.36	0.79
	割合	100%	6.8%	13.6%	79.7%	0.0%	14.9%	38.3%	42.6%	4.3%		
経営管理意識向上	n	58	2	2	54	2	9	26	12	5	3.17	0.95
	割合	100%	3.4%	3.4%	93.1%	3.7%	16.7%	48.1%	22.2%	9.3%		

　効果を把握するために質問票上に設定した各種の期待事項に関して，いずれの事項もほとんどの法人で目的とされていた（**図表6-15**）。採算管理や長期経営計画策定という目的での効果が一番高く，機器購入・増員の判断目的での効果は相対的に低い。ただし，一番低い機器投資・増員判断目的でも，効果の平均値は2.84で，ほぼ「3. 効果あり」という状況であり，また「3. 効果あり」，「4. かなり効果あり」，「5. 非常に効果あり」を合わせた効果ありの割合は3分の2を占めている。

3.2　部門別損益分岐分析

　次に，「部門別の損益分岐分析（業務量と収入及び変動費・固定費と損益の関係性分析）を実施して」いるかどうかをまず把握した。その際，「一部の部門のみを対象に実施している場合でも，実施しているとして」回答するように求めた。また，「実施している場合，変動費及び固定費として，どの範囲の費用を含めて分析して」いるかを調査した。34.4%が部門別の損益分岐分析を実施していた（**図表6-16**）。変動費に含める費用範囲としては，材料費のみとする法

人は1割強に過ぎず，労務費など材料費以外の費目の変動費（超過勤務手当等）も含むとする法人が9割弱を占めていた。一方，固定費に含める費用範囲としては，機器等減価償却費や労務費などの部門個別（直接）固定費のみとする法人は2割半程度で，何らかの部門共通（間接）固定費も個別固定費に加えて含むとする法人が7割強を占めていた。また含めている部門共通固定費の範囲としては，建物及び共通機器等の減価償却費の分析対象部門への配賦額とする法人が1割半，他部門費の分析対象部門への配賦額とする法人が1割で，その両者の部門共通固定費を含むとする法人が半数近くに及んでいる。

[図表6-16] 部門別損益分岐分析の実施率

部門（診療科等）別損益分岐分析の実施状況		回答数	実施率
		125	34.4%
分析に際し変動費及び固定費に含める費用		回答数	割合
変動費	材料費のみ	5	11.9%
	労務費など他費目の変動費（超過勤務手当等）も含む	37	88.1%
	合計	42	100%
固定費	部門個別固定費（機器等減価償却費や労務費など）のみ	11	26.2%
	部門共通固定費（建物・共通機器等減価償却費配賦額）も含む	6	14.3%
	部門共通固定費（他部門費配賦額）も含む	4	9.5%
	部門共通固定費（建物等減価償却費と他部門費配賦額の両者）も含む	20	47.6%
	その他	1	2.4%
	合計	42	100%

＊変動費のその他回答（1件）は，その回答内容に基づき，筆者が分類した。

さらに，「部門別の損益分岐分析を実施している場合，以下の2つの利用方法について，現在の実際の利用の程度（利用したい希望の程度でなく）を7段階評価[11]」で回答してもらった。2つの利用方法とは，以下であった。

（1） 病院経営層として，各部門の損益分岐点や各部門に期待する損益の達成に必要な業務量（患者数や件数など）を明確にするなど，損益と業務量の関係性を分析する：【経営層による分析的利用】

第6章　病院内部門別の損益計算・管理の実践状況　　119

（2）　現場部門長及び職員に，損益分岐点や目標損益の達成に必要な業務量（患者数や件数など）を提示し，その業務量の実現を働きかける：【現場への働きかけ的利用】

　経営層による分析的利用は，平均で4（「利用している」）を超えており，「利用している」以上の法人が8割強を占めている（**図表6-17**）。一方，現場への働きかけ的利用は，平均で4弱となっており，「利用している」以上の法人は6割に止まるが，「少し利用している」以上の法人であれば9割超を占めている。分析的利用の方が働きかけ的利用よりも利用度平均値が高いだけでなく，個々の法人ごとに両利用方法での利用度の大小関係を見た場合にも，4割の法人では分析的利用の方が利用度が高いのに対して，働きかけ的利用の方が利用度が高いのは，1割未満となっている。

[図表6-17]　部門別損益分岐分析の利用方法別の利用度

部門（診療科等）別損益分岐分析利用度	1 全く利用してない	2	3	4 利用している	5	6	7 非常によく利用	合計	平均値	標準偏差	利用方法の重点 同等	52.5%
経営層による分析的利用	0.0%	5.0%	12.5%	47.5%	17.5%	12.5%	5.0%	40	4.35	1.17	分析焦点	40.0%
現場への働きかけ的利用	2.5%	5.0%	32.5%	32.5%	22.5%	2.5%	2.5%	40	3.85	1.14	働きかけ焦点	7.5%

3.3　部門別損益計算の効果を高める実践の検証

　本項では，各種目的での部門別損益計算の効果とそれを高めると想定される管理会計実践との関係についての仮説を検証する。また，各種管理会計実践に積極的であることによる効果向上の程度を示唆する，管理会計実践状況の違いによる効果pt差に注目した分析も行う。

（1）　部門別損益計算の利用度と効果

　まず本調査では，部門別損益計算を実施している場合に，3.1項で述べたように分析的利用と働きかけ的利用の別に利用の程度を7段階評価で回答してもらっている。しかし損益計算の効果及び利用度を回答した法人数が多くはなく，

利用度7区分をそのまま用いると区分によっては回答数が0となる区分もあり，適切に分析することはできない。そこで平均値に近い利用度区分（分析的利用度では利用度4と5，働きかけ的利用度では利用度4）を「平均程度」の利用度区分とし，この平均程度の利用度区分より低い利用度区分（分析的利用でも働きかけ的利用でも1〜3）と高い利用度区分（分析的利用では6〜7，働きかけ的利用では5〜7）の3つに利用度を区分し，この3区分を用いて効果との関係を検証した。つまり損益計算の利用度区分が高いほど，効果が高まるかを検証した。

まず分析的利用については，全体として，利用度区分が高い法人群ほど，損益計算の各種目的での効果が高く（**図表6-18**），経営層が分析的によく利用するほど効果が得られることが推察される結果となっていた。各種目的ごとの効果の程度が経営層による分析的利用度により異なるかを個別に見てみると，経営管理意識向上目的を除くすべての目的において，利用度が高いほど効果が有意に高く，特に，採算管理，予算管理，業績評価，機器投資/増員判断，長期経営計画策定の各目的については，5％水準で有意であった。また経営管理意識向上目的についても，統計的有意性まではないものの，回答法人群においては分析的利用度が高いほど効果が高く，この目的についても分析的利用がよくなされるほど効果が高くなる様子が窺われる結果であった。

[図表6-18]　分析的利用度3区分別の部門別損益計算目的別の効果

分析的利用の程度	採算管理		原価管理		予算管理		業績評価		機器投資/増員判断		長期経営計画策定		経営管理意識向上	
	n	平均	n	平均	n	平均	n	平均	n	平均	n	平均	n	平均
高い	16	3.88	15	3.27	13	3.62	13	3.62	15	3.33	15	3.87	16	3.56
平均程度	31	3.19	30	2.93	29	2.97	30	3.10	31	2.74	29	3.21	31	3.10
低い	7	3.00	6	2.50	6	2.33	6	2.33	5	2.00	3	2.33	7	2.57
向上の程度	0.88		0.77		1.28		1.28		1.33		1.53		0.99	
Welch検定	F値	P値	F値	P値	F値	P値	F値	P値	F値	P値	F値	P値	F値	P値
	4.56	0.027	2.79	0.097	7.77	0.004	4.66	0.030	7.87	0.007	10.7	0.011	2.32	0.133

加えて，分析的利用度を高めることによる効果の向上の程度を示唆する，利用度区分が低い法人群と高い法人群の効果の差に注目すると，長期経営計画策定目的では1.5ptも向上しており，また予算管理，業績評価，機器投資/増員判断の各目的でも1.3ptと大きく向上している。また利用度を高めることによる

効果向上の程度という観点では，経営管理意識向上目的は，利用度の違いによる効果の程度に有意差のあった採算管理目的や原価管理目的よりも効果が大きく向上している。

　また働きかけ的利用については，全体として，利用度区分が高い法人群の方が低い法人群よりも，損益計算の各種目的での効果が高く（**図表6-19**），経営層が部門管理者及び職員への働きかけに損益計算をよく利用する方が効果が得られることが推察される結果となっていた。働きかけ的利用度により各種目的の効果の程度が異なるかを個別に見てみると，採算管理及び予算管理の両目的を除くすべての目的において，利用度が高い方が効果が有意に高く，特に，業績評価，原価管理，機器投資/増員判断の各目的については，5％水準で有意であった。また採算管理及び予算管理の両目的についても，回答法人群においては利用度が高いほど効果が高く，これらの目的についても働きかけ的利用がよくなされる方が効果が高くなる様子が窺われる結果であった。

［図表6-19］　働きかけ的利用度3区分別の部門別損益計算目的別の効果

働きかけ的利用程度	採算管理		原価管理		予算管理		業績評価		機器投資/増員判断		長期経営計画策定		経営管理意識向上	
	n	平均	n	平均	n	平均	n	平均	n	平均	n	平均	n	平均
高い	28	3.50	27	3.15	24	3.21	26	3.50	28	3.00	25	3.60	28	3.43
平均程度	11	3.45	10	3.20	11	3.00	10	3.10	10	3.10	10	3.30	12	3.25
低い	15	3.07	14	2.50	13	2.85	13	2.46	13	2.31	12	2.92	14	2.57
向上の程度	0.43		0.65		0.36		1.04		0.69		0.68		0.86	
Welch検定	F値	P値	F値	P値	F値	P値	F値	P値	F値	P値	F値	P値	F値	P値
	1.62	0.222	5.13	0.015	0.79	0.464	8.50	0.002	5.12	0.016	3.19	0.063	2.97	0.069

　加えて，利用度区分が低い法人群と高い法人群の効果の差に注目すると，業績評価目的では1pt以上と大きく向上しており，経営管理意識向上目的や機器投資/増員判断目的，長期経営計画策定目的でも0.7pt前後以上は向上している。

（2）　部門損益目標設定と効果

　次に，本調査では，部門別損益計算を実施している場合に，部門別の損益目標設定の有無を把握している。この調査結果を基に，損益目標を設定することで損益計算の効果が高まるかを検証した。損益目標を設定している法人群の方が，すべての目的において，効果が高いという結果となっており，特に採算管

理と長期経営計画策定以外の各種目的については，有意に高い（**図表 6 -20**）。
損益目標設定の効果向上への有効性が推察される。

[**図表 6 -20**]　　損益目標の設定有無別の部門別損益計算目的別の効果

損益目標設定	採算管理		原価管理		予算管理		業績評価		機器投資/増員判断		長期経営計画策定		経営管理意識向上	
	n	平均	n	平均	n	平均	n	平均	n	平均	n	平均	n	平均
設定	26	3.46	26	3.23	25	3.40	27	3.37	26	3.19	25	3.52	26	3.42
非設定	28	3.29	25	2.72	23	2.70	22	2.86	25	2.48	22	3.18	28	2.93
向上の程度	0.18		0.51		0.70		0.51		0.71		0.34		0.49	
Welch検定	F値	P値	F値	P値	F値	P値	F値	P値	F値	P値	F値	P値	F値	P値
	0.72	0.401	7.46	0.009	6.82	0.012	4.14	0.048	11.3	0.002	2.27	0.139	3.86	0.055

　また損益目標設定による効果の向上の程度を示唆する，損益目標設定法人群
と非設定法人群の効果の差に注目すると，予算管理目的や機器投資/増員判断
目的では0.7pt程度と相対的に効果向上度が高い。しかし，目標設定の有無に
より効果に有意差が見られる目的であっても，この両目的以外の目的では0.5pt
程度の効果向上にとどまっており，必ずしも大きく向上しているわけではない。

（3）　部門損益結果の業績評価利用と効果

　さらに本調査では，部門別の損益計算結果を部門長の業績評価に利用してい
るかを把握している。この調査結果を基に，業績評価に活用することで，損益
計算の効果が高まるかを検証した。損益計算の結果を部門管理者の業績評価に
活用している法人群の方が，すべての目的において，効果が高いという結果と
なっており，特に予算管理と長期経営計画策定以外の各種目的については，有
意に高い（**図表 6 -21**）。損益結果による部門長業績評価の効果向上への有効性
が推察される。

[**図表 6 -21**]　　業績評価利用有無別の部門別損益計算目的別の効果

業績評価活用	採算管理		原価管理		予算管理		業績評価		機器投資/増員判断		長期経営計画策定		経営管理意識向上	
	n	平均	n	平均	n	平均	n	平均	n	平均	n	平均	n	平均
活用	23	3.61	23	3.35	21	3.33	22	3.55	23	3.22	22	3.50	22	3.45
非活用	31	3.19	28	2.68	27	2.85	27	2.81	28	2.54	25	3.24	32	2.97
向上の程度	0.42		0.67		0.48		0.73		0.68		0.26		0.49	
Welch検定	F値	P値	F値	P値	F値	P値	F値	P値	F値	P値	F値	P値	F値	P値
	4.42	0.040	14.8	0.000	2.81	0.101	9.47	0.004	10.4	0.002	1.24	0.272	3.51	0.068

第6章　病院内部門別の損益計算・管理の実践状況　　123

　また業績評価での利用による効果の向上の程度を示唆する，業績評価活用法人群と非活用法人群の効果の差に注目すると，業績評価目的や機器投資/増員判断目的，原価管理目的では0.7pt前後と相対的に効果向上度が高い。しかし，業績評価活用の有無により効果に有意差が見られる目的であっても，これらの目的以外の目的では0.5pt未満の効果向上にとどまっている。

（4）　部門別損益計算頻度と効果

　加えて本調査では，部門別損益計算を実施している場合のその頻度を把握している。そこで，損益計算を月次と高頻度で実施している法人群と，四半期・半年・1年に一度か不定期に実施している頻度の低い非月次法人群とに法人を区分して，月次と高頻度で実施することで損益計算の効果が高まるかを検証した。月次と高頻度で実施している法人群の方が，すべての目的において，効果が高いという結果となっており，特に長期経営計画策定，経営管理意識向上，機器投資/増員判断，業績評価の各種目的については，有意に高い（**図表6 -22**）。高頻度な損益計算実施の効果向上への有効性が推察される。

[図表6-22]　計算頻度別の部門別損益計算目的別の効果

損益計算頻度	採算管理		原価管理		予算管理		業績評価		機器投資/増員判断		長期経営計画策定		経営管理意識向上	
	n	平均	n	平均	n	平均	n	平均	n	平均	n	平均	n	平均
月次	43	3.42	41	3.05	39	3.15	40	3.25	42	2.98	38	3.55	44	3.36
非月次	11	3.18	10	2.70	9	2.67	9	2.67	9	2.22	9	2.56	10	2.30
向上の程度	0.24		0.35		0.49		0.58		0.75		1.00		1.06	
Welch検定	F値	P値	F値	P値	F値	P値	F値	P値	F値	P値	F値	P値	F値	P値
	0.68	0.422	1.55	0.237	2.16	0.164	3.33	0.093	8.74	0.011	22.3	0.000	10.7	0.006

　また高頻度実施による効果向上の程度を示唆する，月次実施法人群と非月次実施法人群の効果の差に注目すると，長期経営計画策定目的や経営管理意識向上目的では1pt以上と大きく効果が向上しているほか，機器投資/増員判断目的も相対的に効果向上度が高い。

4 考　　察

4.1　部門別損益計算

　病院経営医療法人を対象とした部門（診療科・病棟等）別損益計算に関する先行研究（荒井，2013）での結果（44.9％）と比べると，実施率が低いように見えるかもしれない。しかし本章の冒頭で述べたように，先行研究では病棟別も含めた病院内の部門別損益計算の実施状況を把握していたのに対して，本研究では病棟別を除いた診療科を中心とした病院内部門別損益計算の実施状況を把握している。そのため，診療科単位で管理するという経営文化が強くはなく，病院内の部門別損益計算を実施する場合でも，診療報酬体系を異にする病棟別の損益計算に限定されがちと考えられる非急性期病院が多く含まれる医療法人病院群では，今回の診療科中心の部門別損益計算の実施率は低くなっているものと考えられる。実際，今回の調査でも，診療科単位の経営管理文化のある急性期病院を示唆する一般型の病院経営医療法人群では，上述のように実施率が4割弱となっていたが，非一般型では2割に止まっていた。なお実施している場合に定期継続的に実施している割合は，先行研究（荒井，2013）では80.5％であったが，今回の調査では95.0％に上り，実践が高度化している可能性がある。

　また，診療科を中心とした部門別損益計算の実施法人で開始年を回答した法人群をみると，ここ数年に始めた法人が3割を超え，またこの10年ほどの間に始めたとする法人が5割を超えており，回答法人群で見る限りでは，先行研究（荒井，2013）の調査対象年（2010年）以降に多くの法人が開始している。そのため，先行研究における病院経営医療法人での病院内の部門（診療科・病棟等）別損益計算の実施率には，診療科別よりも病棟別の方の損益計算の実施率分が多く含まれていた可能性が高い。そして診療科別に焦点を当ててみると，ここ10年ほどで急速に実践が進んできているようである。現状では実施できていないが，本来的には実施したいと考えている法人も7割に及んでおり，今後さらに診療科を中心とした部門別損益計算の実践が広がる可能性が示唆される。

第6章　病院内部門別の損益計算・管理の実践状況　　125

　なお，診療科を中心とする部門別損益計算は，その実施率でも本来的実施必要性の認識率でも，急性期病院を示唆する一般病床8割以上の法人群の方がそうでない法人群よりも高く，診療科単位で管理するという経営文化はやはり急性期病院の方が慢性期病院よりも強い様子が窺われた。

　次に，診療科を中心とした部門別損益計算・管理に際して，損益に対して管理責任を持つ部門（利益センター）と位置づけている部門が各診療科のみである法人は4割半であった。診療患者数や診療単価を通じた収益増減に対する管理可能性が高い点や，伝統的に医師主導で管理運営されてきた病院組織の価値観・文化を考えると，各診療科のみが利益センターとされている法人が半数弱を占めて一番多いという結果は，十分に理解できる。なお公的な病院群が多くを占めるDPC対象病院群に対する2016年調査の結果（荒井，2017b）より低いが，医療法人病院に限定された調査であることを考えると，医療法人病院では広範な部門群を利益センターとしていることが多いというこれまでの病院インタビュー調査研究での経験とも符合する（荒井，2013，第4章）。

　一方で，中央診療各部門も利益センターとする病院が5割半見られるようになっているという結果も，調査対象が医療法人病院であることを踏まえると，上述のように，民間病院の方がより広範な部門を利益センター管理しているというインタビュー調査での経験と整合する。画像診断検査部門などほとんどの中央診療各部門のサービス提供量は医師のオーダーに依存するため，中央診療各部門自身は基本的には収益の増減を直接には管理できない。しかし検査時間枠の空き情報を医師に積極的に提示し，オーダーを働きかけることなどにより，自部門の収益増加に影響を与えることができる。実際，中央診療各部門を利益センターとして管理する民間病院の中には，こうした点を期待して利益センターとして位置づけている病院もある[12]。

　加えて，支援管理系部門をも利益センターとしている法人が3割半程度見られたが，この結果も，若干割合が高い感があるものの，近年のインタビュー調査での経験からすると不思議ではない。支援管理系各部門の提供サービスには直接的には診療報酬が設定されていないことがほとんどであるものの，組織として医療を提供できるのはこれら支援管理系部門が存在しているからこそである。そのため，とりわけ医師優越観が伝統的に強い病院という組織においては，

支援管理系部門職員の病院収益に対する貢献をしっかりと認知する必要がある。こうした考えを持つ医療法人が増えてきているのではないかと思われる。また，支援管理系各部門は収益に対する管理可能性は基本的にないものの，費用に対する管理可能性は一定程度あり，これら部門のサービス提供の効率化を促進する観点からは，これら部門にも収益を認識して利益センターとして管理した方がよいという考えもある（荒井，2013，第4章）。

なお，支援管理系部門をも利益センターとする場合の部門別損益計算は，各支援管理系部門に対しても収益及び費用を配分する必要があることから，厳密に実践しようとすると，部門間のサービス授受関係を損益計算上認識するために内部振替価格を設定するなど損益計算が煩雑となる[13]。そのため，支援管理系部門をも利益センターとする部門別損益計算の実践は，実践能力が相対的に高い大規模組織での方がよくなされているのではないかと考えられる。そこで，法人の事業収益規模が30億円以上の大規模法人と30億円未満の中小規模法人の間で，支援管理系各部門群を部門別損益計算・管理に際して利益センターとしている法人の割合を比較したところ，大規模法人の方が有意に割合が高かった（図表6-23）。

[図表6-23] 収益規模別の支援管理系各部門群を利益センターに含む割合

支援管理系部門		事業収益規模		χ^2値
	全体	30億円未満	30億円以上	4.17
n	58	20	38	P値
含む割合	37.9%	20.0%	47.4%	0.041

さらに，利益センターの管理に際し用いている利益種類としては，医業利益か経常利益のどちらかであることが多いものの，部門直接費のみを控除した利益など多様な種類の利益が見られた。各利益センターに対してどの範囲の費用を意識させるかという考え方の違いや，各利益センターにとっての費用の管理可能性をどの程度重視するかの違いが反映されているものと考えられる。

次に，利用度については，分析的利用でも働きかけ的利用でもある程度よく利用されているが，平均値でも，個別法人ベースで比較した場合でも，分析的利用の方が利用状況が高い。病院経営医療法人を対象とした同様の研究（荒井，

2013，第7章）での結果と基本的に同じであり，損益計算の持つ影響機能も活用されるようになっているものの，10年近く経った現在でも依然として，法人経営層による分析的利用を主とした情報提供機能に焦点のある原価計算が中心である状況が確認された。

活用担当管理職種については，最終的な経営責任を有する理事長・院長が3分の2の法人では活用担当者となっているものの，逆にいえばまだ3分の1の法人では，医療法人経営にとって極めて重要な病院内の診療科を中心とした部門ごとの損益情報をトップ経営層が活用していないことがわかった。病院内の部門別損益管理は事務系のトップ管理者層である法人本部長・事務部長に任せているとも考えられるが，医療職の力が強い病院界において，基本的に医療職である部門長に事務系トップ管理者層がどの程度影響力を行使できるのか，計算結果活用の実効性に疑問が残る。

また，現場の部門長が部門損益に対して本来的には直接的な管理責任を有すると考えられるが，彼らが活用担当者となっている法人はちょうど半数であった。公的な病院群が多くを占めるDPC対象病院群における状況（荒井，2017b）よりは，今回の民間法人群における状況の方が，現場部門管理者の部門損益管理への積極的な関与が高くなっている様子は窺われる。とはいえまだ半数であり，より有効な部門損益管理のためにはまさにその管理の対象となっている各部門の管理者が計算結果を積極的に活用する必要があるため，ほとんどの法人で現場部門長が活用担当者となる状況を作り上げていくことが今後の課題である。

なお，DPC対象病院群を対象とした調査（荒井，2017b）では，事務系トップ管理者層が活用担当者となっているのは6割強に止まっていたが，公私間で状況が有意に異なり，広義の私的病院群では8割弱となっていた。民間である医療法人を対象とした今回の調査結果と整合する結果であり，民間法人の方が事務系トップ層の部門損益管理への関与が強い様子が確認された。民間法人群では事務系トップ層が病院の経営管理に長年関わってきた人材であるため，数年の経験しかないことも多い公立病院などの事務系トップ層と比べて，利用担当者となることが多いのだと考えられる。

次に，部門別損益の目標管理は約4割半，部門別損益による部門長業績評価

は4割の法人で実施されており，同様に医療法人を対象に実施した先行研究（荒井，2013，第4章3節）とほぼ同じ結果であった。医療法人内の施設事業及び施設内部門別の損益を担当管理者の業績評価に利用すると医業利益率が有意に高まるという先行研究の結果（荒井，2019a，第2章）を踏まえると，業績評価での活用をさらに促進することが今日の病院界では大きな課題であるといえる。

　なお損益計算を積極的に利用している法人では，その実効性を高めるために，損益計算結果に基づく該当管理者の業績評価を実施したいと考えるだろう。とりわけ現場管理者への働きかけ的な利用においては，該当管理者が損益計算結果により業績評価されるか否かで効果が大きく異なると考えられるからである。そこで，損益計算結果の利用度別の業績評価活用率を見てみたところ，分析的利用でも働きかけ的利用でも利用度が高い法人群ほど業績評価活用率が高く，働きかけ的利用では1％水準で，分析的利用では10％水準で有意であった（**図表6-24**）。

[図表6-24]　部門別損益計算の利用方法別の利用度区分別業績評価活用率

業績評価利用割合	全体	分析的利用度			働きかけ的利用度		
		低い	平均程度	高い	低い	平均程度	高い
n	60	11	33	16	17	13	30
平均	40.0%	18.2%	36.4%	62.5%	11.8%	15.4%	66.7%
χ^2検定		χ^2値	P値		χ^2値	P値	
		5.74	0.057		17.8	0.000	

　また，公的な病院群が多数を占めているDPC対象病院群での状況（荒井，2017b）と比べると，民間である医療法人群では，部門別損益の目標管理や部門長業績評価での利用の割合が明確に高いことも明らかとなった。ただし部門長の業績評価について，上述のように9割の法人が部門別損益計算の目的（期待事項）としている点を踏まえると，現状ではまだ十分に期待に見合った実施がなされていないといえるだろう。その背景には，これまでのインタビュー調査や，予算・損益管理の結果による管理者の業績評価に関する先行研究（荒井，2019a，第3章及び第8章）から推察すると，損益計算の精度（信頼性・妥当性）の問題や，業績評価される部門長の納得性の問題があるのではないかと考えら

第6章　病院内部門別の損益計算・管理の実践状況　129

れる。

　計算精度の問題は，1つには，原価計算を導入して数年しか経っていないのか，それとも現場からの指摘などを受けて修正（改善）が進んだ後なのかが関係していると考えられる。そこで，定期的に部門別損益計算を実施している病院群において，導入後3年未満（平成29年度以降に導入）か否（平成29年度より前に導入）かにより部門長業績評価での利用率に違いが見られるのではないかと考え，分析してみた。最近3年内に導入した法人での業績評価利用率は22.2%（n=9）であり，導入後3年以上が経過している法人での利用率41.9%（n=43）とは有意差（χ^2値1.21，有意確率0.271）はないものの，大きな差が見られた。

　また，業績評価される管理者の納得性に関しては，まず，損益目標が明確になっている方が業績を評価される管理者にとってわかりやすく，相対的に業績評価されることに対する不安や不満が少なく受け入れやすくなると考えられる。そのため，損益目標を事前に設定している法人の方が，損益結果を業績評価に利用できていることが多いのではないかと想定される。そこで，部門別損益に目標を設定している法人か否かにより部門別損益の業績評価利用率に違いがあるか分析したところ，目標設定法人での業績評価利用率は71.4%（n=28）であり，目標設定していない法人での利用率12.1%（n=33）と有意な差（χ^2値22.3，有意確率0.000）が見られた。

　また損益分岐分析を実施して，収支均衡する業務量（患者数など）水準などを示しつつ業績評価した方が，評価される管理者の納得感を得られやすいし，またどの程度の業務量水準で努力すれば期待されている損益目標を達成できるのか評価される管理者は知ることができる。そのため，損益分岐分析をしている法人の方が，損益結果を業績評価に利用できていることが多いのではないかと想定される。そこで，部門別損益分岐分析を実施しているか否かによる部門別損益の業績評価利用率の違いを分析したところ，有意差はないものの（χ^2値1.09，有意確率0.297），損益分岐分析実施法人での業績評価利用率（43.9%，n=41）の方が非実施法人での利用率（30.0%，n=20）よりもある程度高かった。

　さらに，部門長自らが部門損益計算結果の活用担当者である場合には，その計算結果により業績評価されることに相対的に納得が得られやすいと考えられる。そこで，現場部門長が計算結果の活用担当者となっているか否かにより部

門長業績評価での利用率に違いが見られるか分析してみた。活用担当者となっている法人での業績評価利用率は46.7％（n=30）であり，活用担当者となっていない法人での利用率33.3％（n=30）と有意な差（χ^2値1.11，有意確率0.292）はないが，ある程度の差が見られた。

次に，部門別損益計算の目的と効果については，まず，どの事項についても，9割近くの法人では目的とされていた。機器購入/増員判断，長期経営計画策定といった必要性が生じた時のみ活用する目的事項や，予算管理や業績評価という経常的な目的事項でも，目的外とする病院が3割近く見られたDPC対象病院群での状況（荒井，2019a，第5章）とは異なることが明らかとなった。また目的としている法人での各種事項の効果の程度も，公的な病院が多く含まれるDPC対象病院群（荒井，2019a，第5章）での状況（目的により効果平均値は2.30（予算管理）〜2.85（採算管理））よりも，民間病院である医療法人群での状況（目的により効果平均値は2.84（機器投資/増員判断）〜3.37（採算管理））の方が明確に高いことが判明した[14]。

しかし，いずれの目的でも効果回答法人群の平均として「4.かなり効果あり」には達しておらず，「4.かなり効果あり」か「5.非常に効果あり」とする法人の割合でも，原価管理目的での17.7％から長期経営計画策定目的での46.9％までにとどまり，多くの目的では3割前後となっている。部門別損益計算を単に実施するだけでなく，より有効に活用することが求められている現在，損益計算の各目的での効果をより高める実践が必要である。

4.2　部門別損益分岐分析

最後に，部門別損益分岐分析については，その実施率はまだ3割半程度で十分に利用されていないことがわかったが，こうした状況の背景の1つには，部門別損益計算の実施率が3割未満とまだ低いことがあると考えられる。部門別損益計算が実施されている場合，配賦された部門共通費や他部門からの配賦費を含めて，各部門の各種の変動費及び固定費がすでに把握されているため，部門別の損益分岐分析を実施しやすいからである。実際，本調査データで部門別損益計算を実施している病院と実施していない病院に分けて部門別損益分岐分析の実施率を比較分析したところ，損益計算実施病院での分岐分析の実施率は

第6章　病院内部門別の損益計算・管理の実践状況　　131

非常に高い一方で，損益計算を実施していない病院での実施はごくわずかであり，有意差が確認された（**図表6-25左欄**）。

[**図表6-25**]　**部門別の損益分岐分析と損益計算実施及び損益目標設定との関係**

損益分岐分析 実施率	全体	損益計算実施		損益目標設定	
		無	有	無	有
n	125	64	61	33	28
平均	34.4%	3.1%	67.2%	51.5%	85.7%
χ^2検定		χ^2値	P値	χ^2値	P値
		56.8	0.000	8.04	0.005

　損益分岐分析は損益管理活動における基礎的な経営手法であり，医療法人が現在置かれている厳しい経営環境を考えれば，その実践は本来不可欠ともいえる。損益分岐分析の実践を今後さらに進展させるためには，まずは損益分岐分析の対象となる部門単位ごとの損益計算を実施してもらうことが重要と考えられる。また部門別損益計算を実施するだけでなく損益目標も設定する方が，その目標を達成するにはどの程度の業務水準（売上高や患者数）を達成する必要があるのかなど分析の必要性が高まると考えられるため，損益分岐分析の実施を促進することになると思われる。実際，今回の調査データでも，損益目標を設定している法人の方が損益分岐分析の実施率が高い（**図表6-25右欄**）。

　なお，部門別損益分岐分析を実施する際の変動費と固定費の区分が，民間である医療法人群での場合の方が，公的な病院を多数含むDPC対象病院群（荒井，2017b）での場合よりも，よりしっかりとなされているようであることが明らかとなった。医療法人群では，変動費を材料費のみとする法人は1割強に止まる。また，損益分岐分析の利用度も，DPC対象病院群での状況（荒井，2017b）よりも，今回の医療法人群での状況の方が明確に高いことも判明した。一方，平均値で見ても個別法人ごとに見ても，働きかけ的利用よりも分析的利用としてより強く利用されていて，損益分岐分析の現場への影響機能を活用しつつも，まだ伝統的な法人経営層主体の損益管理体制が主流である状況が窺われる点は，DPC対象病院群（荒井，2017b）でも今回の医療法人群でも同様であった。

4.3　部門別損益計算の効果を高める実践

上述のように，部門別損益計算を単に実施するだけでなくより有効に活用することが求められている現在，損益計算の各目的での効果をより高める実践が必要である。その点，本研究での検証から，経営層が損益計算の分析的及び働きかけ的利用の程度を高めることや，損益目標を設定すること，部門長業績評価に損益計算結果を活用すること，損益計算の実施頻度を高めることが，各管理会計実践及び各目的によってその有効性の程度は異なりつつも，損益計算の各種目的の効果を高めると推察できることが判明した。

各種管理会計実践の観点からその状況を整理すると，特に経営層による分析的利用への積極性は，部門長及び職員の経営管理意識向上目的を除くすべての目的の効果を有意に高めることが明らかとなった。また，業績評価での損益結果利用や損益目標の設定，働きかけ的利用への積極性という実践も，幅広い目的（業績評価利用では予算管理及び長期経営計画策定目的除く，損益目標設定では採算管理と長期経営計画策定目的除く，働きかけ的利用では採算管理と予算管理目的を除く）の効果を有意に高めている。

一方，各種目的の観点からその状況をみると，特に機器投資/増員判断目的や業績評価目的での効果は，今回検証対象としたすべての管理会計実践に関して，その実践への積極性が有意に効果を高めることがわかった。また原価管理目的や経営管理意識向上目的での効果も，１つの実践を除き（原価管理目的では損益計算頻度，経営意識向上目的では経営層による分析的利用度）すべての検証対象実践に関して，その実践への積極性が効果向上に有意に有効であることが明らかとなった。一方，採算管理目的では，分析的利用への積極性や業績評価活用は効果を有意に高めるが，その他の管理会計実践は統計的に有意なほどには効果を高めてはいない。これは，採算管理目的では，各管理会計実践への積極性の有無にかかわりなく，法人群全体での効果の平均値がもともと3.37と各種目的の中で一番高く，また「３. 効果あり」以上の効果を得ている法人が9割を超えているからだと考えられる。

また，本章で分析対象としてきた管理会計実践に消極的な（あるいは実践を伴わない）法人群に注目して細かくみると，目的によっては効果が平均で2.0～

第6章　病院内部門別の損益計算・管理の実践状況　　133

2.5となっていて，「3．効果あり」よりも「2．あまり効果なし」に近い状況と
なっている目的事項も見られる。

　具体的に見ると，機器投資/増員判断目的では，経営層による分析的利用度
や働きかけ的利用度が低いと，また損益目標設定や損益の月次把握がなされて
いないと，効果の平均は2.0〜2.5となっていて，あまり効果なしの方に近い。
また，原価管理目的や業績評価目的でも，経営層による分析的利用度や働きか
け的利用度が低いと，効果の平均は2.3〜2.5に止まる。さらに，予算管理目的
や長期経営計画策定目的では経営層による分析的利用度が低いと，経営管理意
識向上目的では損益の月次把握がなされていないと，効果の平均は2.3程度と
なっている。経営管理意識向上目的については，経営層による分析的利用度や
働きかけ的利用度が低い場合にも，効果の平均が2.57となっており，2.5は超
えているものの，効果が低い。機器投資/増員判断や原価管理，業績評価，経
営管理意識向上の各目的では，本章で取り上げた各種管理会計実践を伴うこと
が，ある程度の効果をもたらす上で特に重要なようである。また，経営層によ
る分析的利用度や働きかけ的利用度が低いという管理会計実践状況は，幅広い
目的において，その効果を低めている点にも留意が必要である。

　次に，管理会計実践の違いによる効果pt差を見た場合，経営層による分析的
利用度が採算管理及び原価管理以外の各種目的の効果向上に与える影響や，働
きかけ的利用度が業績評価目的の効果向上に与える影響，損益計算頻度が経営
管理意識向上目的と長期経営計画策定目的の効果向上に与える影響は，1pt程
度以上の効果向上をもたらしており，特に大きいことが判明した。

　また各種管理会計実践間で比較した場合，特に分析的利用度を高めることに
よる各種目的での効果向上の程度の大きさ（pt差）は，他の各種管理会計実践
と比較して際立っており，向上程度が一番低い原価管理目的でも0.8pt弱の効
果向上が見られる。また，利用度を高めることによる効果向上の程度という観
点では，7つの目的のすべてにおいて，働きかけ的利用よりも分析的利用の程
度を高めることの方が効果を大きく向上させている。利用度向上による効果向
上の両利用方法間の影響力の違いは，特に予算管理及び長期経営計画策定の両
目的で大きい一方，原価管理及び経営管理意識向上の両目的では小さい。予算
や長期計画という今後の計画及びそれに基づく管理という目的では，経営層に

よる分析的利用の度合いが極めて重要であることが示唆されている。一方，部門費用構成把握による業務改善や部門長及び職員の経営管理意識の向上という目的では，経営層による現場部門管理者及び職員への働きかけ的利用の度合いも，分析的利用の度合いとともに重要であることが示唆されている。

さらに月次という高頻度の損益把握という実践は，全体として，分析的利用や働きかけ的利用の度合いによる効果向上への影響力よりは弱いが，損益目標設定や業績評価活用による効果向上への影響力よりは強いようである。損益目標設定と業績評価活用の両実践は，全体として，他の管理会計実践への積極性による効果向上への影響力と比べると，相対的に弱いようである。ただし各種実践の相対的な影響力の違いは，対象となる目的事項によって異なる点にも注意が必要である。採算管理や予算管理，機器投資/増員判断，長期経営計画の各目的では，分析的利用の程度が影響力を突出して強く持っているのに対して，業績評価目的では，分析的利用に加えて働きかけ的利用の程度も効果向上への相対的な影響力が強い。また原価管理目的では，分析的利用に加えて，働きかけ的利用の程度や業績評価利用の有無も相対的な影響力が強く，さらに経営管理意識向上目的では，分析的利用に加えて，働きかけ的利用の程度や高頻度実施の有無も相対的な影響力が強い。

以上のように，部門別損益計算の各種目的の効果は，経営層のより積極的な利用などの実践により高めることが可能であり，また逆にこうした実践を伴わないと十分な効果が得られない目的もありそうである。しかし本研究における部門別損益計算の効果は，あくまでも当事者による効果の程度の認識であり，効果を必ずしも客観的に測定できているわけではないという限界がある。

5　病棟別損益計算・管理の実践状況

以上の節では，医療法人の中核事業である病院内の部門として診療科に焦点を当てた損益計算・管理について述べてきた。本節では，もう1つの病院内の代表的な部門である機能種類ごとの病棟に焦点を当てて，損益計算・管理について述べる。第5章で紹介した事業収益10億円以上の2,759法人を対象に2018年冬に実施した調査では，「病院施設内の急性期一般病棟，回復期リハ病棟，

第６章　病院内部門別の損益計算・管理の実践状況　135

地域包括ケア病棟，緩和ケア病棟，医療療養病棟，介護療養病棟，精神病棟，認知症治療病棟，結核病棟などの，各病棟別の損益把握」としての病棟別損益計算・管理の実践状況についても把握している。

　その調査に基づくと，病棟別損益計算は34.4％（n＝189）で実施され，実施している場合，87.5％（n＝64）は定期的に実施していた。また，現在実施していない法人も，４分の３が本来的には実施したいと考えていることが判明した（**図表６-26**）。本来実施したいが現状では未実現な理由としては，データ未整備や計算方法の合意形成が困難が多かった。

[図表６-26]　**非実施法人の未実現理由**

回答数	必要性有の割合	回答数	データ未整備（紙でも）	システム投資困難	人材不足	医療職が実施に不同意	計算方法の合意形成が困難
122	75.4%	92	53.3%	28.3%	34.8%	2.2%	46.7%

　損益計算を実施している場合，分析的利用と働きかけ的利用の別に利用度を把握したところ，両利用方法とも利用度はばらついているが，平均ではどちらかといえば「非常によく利用」に近い利用状況であった（**図表６-27**）。また，法人群全体の平均では，分析的利用の方が利用度が高い。さらに個々の法人ごとに両利用方法での利用度の相対的な大小を比べた場合にも，分析的利用の方が利用度が高い法人が44.6％を占め，働きかけ的利用の方が利用度が高い法人は6.2％に止まる。

[図表６-27]　**病棟別損益計算の利用方法別の利用度**

病棟機能種類別損益計算利用度	1 全く利用してない	2	3	4 どちらともいえない	5	6	7 非常によく利用	合計	平均値	標準偏差	利用方法の重点	
											同等	49.2%
法人及び病院トップ層の分析的利用	0.0%	3.1%	3.1%	9.2%	15.4%	36.9%	32.3%	65	5.77	1.26	分析焦点	44.6%
現場（病棟管理者及び職員）への働きかけ的利用	0.0%	3.1%	6.2%	21.5%	27.7%	30.8%	10.8%	65	5.09	1.22	働きかけ焦点	6.2%

　また損益計算を実施している場合に，６割超が病棟別に損益目標を設定していた。さらに半数弱が損益結果を病棟管理者の業績評価に活用し，その場合の６割弱がその評価結果を金銭的報酬に反映させている（**図表６-28**）。

[図表 6 -28]　病棟別損益結果の業績評価活用状況

損益目標設定		業績評価		金銭的報酬	
回答数	設定率	回答数	利用率	回答数	反映率
65	63.1%	63	46.0%	29	58.6%

　加えて病棟別の損益分岐分析は，25.2％の法人で実施されていた（n =163）。また，損益分岐分析を実施している場合，分析的利用と働きかけ的利用の別に利用度を把握したところ，両利用方法とも利用度は法人によりばらついているが，平均ではどちらかといえば「非常によく利用」に近い利用状況であった（**図表 6 -29**）。また法人群全体の平均では，分析的利用の方が利用度が高い。さらに個々の法人ごとに両利用方法での利用度の相対的な大小を比べた場合にも，分析的利用の方が利用度が高い法人が48.7％を占め，働きかけ的利用の方が利用度が高い法人が7.7％に止まる。

[図表 6 -29]　病棟別損益分岐分析の利用方法別の利用度

病棟機能種類別 損益分岐分析利用度	1 全く利用 してない	2	3	4 どちらとも いえない	5	6	7 非常に よく利用	合計	平均値	標準偏差	利用方法の重点	
											同等	43.6%
法人及び病院トップ層の分析的利用	0.0%	2.6%	2.6%	7.7%	35.9%	25.6%	25.6%	39	5.56	1.19	分析焦点	48.7%
現場（病棟管理者及び職員）への働きかけ的利用	0.0%	0.0%	7.7%	17.9%	46.2%	25.6%	2.6%	39	4.97	0.93	働きかけ焦点	7.7%

　以上の調査結果を考察すると，まず病棟別損益計算の実施率はいまだ低く，実施していない法人も大半は本来的には実施したいと考えていることから，損益計算のための病棟別データの整備を進めて，その実践を広げることは課題である。また実施している場合には，働きかけ的利用よりも分析的利用としてより強く利用されており，法人経営層による分析的利用を主とした情報提供機能に焦点のある原価計算がやはり中心である。また損益計算結果の管理者業績評価での活用は半数に満たない状況であるが，医療法人内の施設事業及び施設内部門別の損益業績管理は事業利益率を有意に高めるという先行研究（荒井，2019a，第 2 章）を踏まえると，その活用の促進は大きな課題である。

　次に，病棟別損益分岐分析は 4 法人に 1 法人のみでの実施であった。医療法人が現在置かれている厳しい経営環境を考えれば，各病棟の採算管理は不可避

であり，そのための基礎的な分析手法である病棟別損益分岐分析の実践は本来不可欠ともいえる。病棟別損益分岐分析の実践を今後さらに進展させるためには，まずは病棟別損益計算を実施してもらうことが重要と考えられる。病棟別損益計算の実施により，病棟別にどのような費用項目や収益項目がどの程度発生しているかが把握できるため，損益分岐分析の実施が比較的容易になるからである。実際，今回の調査データで両者の関係を分析すると，病棟別損益計算実施法人の方が病棟別損益分岐分析を実施している（**図表6-30**上段）。また損益計算を実施するだけでなく損益目標も設定する方が，その目標を達成するにはどの程度の業務水準を達成する必要があるのかなど分析の必要性が高まると考えられるため，損益分岐分析の実施を促進することになると思われる。実際，今回の調査データでも，病棟損益目標を設定している法人の方が病棟別損益分岐分析の実施率が高い（**図表6-30**下段）。なお実施している場合，分析的利用としてより強く利用されており，現場への影響機能も活用しつつも，まだ伝統的な法人経営層主体の損益管理体制が主流である状況が窺われた。

[図表6-30] 病棟別の損益分岐分析と損益計算及び損益目標設定との関係性

損益分岐分析実施率		損益計算実施		χ^2検定	
n	全体	無	有	χ^2値	P値
160	25.6%	6.3%	53.8%	45.75	0.000
損益分岐分析実施率		損益目標設定		χ^2検定	
n	全体	無	有	χ^2値	P値
65	53.8%	33.3%	65.9%	6.44	0.011

　加えて，診療報酬体系を異にする病棟ごとの損益管理は極めて重要と考えられるが，病棟単位で予算管理している法人は，荒井（2019b）で明らかにしたように，収益予算でも5割半，費用予算では4割弱という現状である。その重要性に鑑みれば，病棟別予算管理のさらなる実践を促すことは課題であるが，そのためにも病棟別の損益計算や損益分岐分析に，より積極的に取り組むよう働きかけることが必要と考えられる。なぜなら，病棟別損益計算を実施している方が，病棟別の各種収益及び費用が把握できているため予算編成しやすいし，病棟別の収益及び費用の実績値が得られるため予算と実績の差異管理が可能になるため，損益計算の実施は予算管理の実施を支えるという側面を持っている

からである。実際，荒井（2019b）では両者の関係を分析したが，病棟別損益計算を実施している法人の方が病棟別予算管理を有意によく実施している（**図表6-31**上段）。また，損益分岐分析を通じて，収支均衡や特定の目標損益を達成するのに必要な業務水準が明らかになると，その目標水準を確実に実現しようとして，その達成に向けた予算を編成し，期中に進捗管理することにつながりやすいため，損益分岐分析の実施は，予算管理の実施を促すことにつながるからである。実際，荒井（2019b）によれば，病棟別損益分岐分析を実施している法人の方が病棟別予算管理を有意によく実施している（**図表6-31**下段）。

［図表6-31］　病棟別の予算管理と損益計算及び損益分岐分析との関係性

病棟機能種類別予算実施率	n	全体	損益計算実施		χ^2検定	
			無	有	χ^2値	P値
収入予算	176	53.4%	38.7%	78.5%	25.99	0.000
支出予算	173	38.7%	21.3%	67.7%	36.81	0.000
病棟機能種類別予算実施率	n	全体	損益分岐分析実施		χ^2検定	
			無	有	χ^2値	P値
収入予算	159	54.1%	45.8%	78.0%	12.77	0.000
支出予算	157	40.1%	27.6%	75.6%	29.08	0.000

6　ま　と　め

　本章では，多角経営時代の医療法人における中核事業である病院事業の有効な管理にとって不可欠な病院事業内の各部門を対象とした採算管理において重要な，各診療科中心の病院内部門別（診療科別）損益計算・管理の実践状況を明らかにするとともに，その効果とそれを高める管理会計実践について検証した。

　診療科別損益計算の実施率は現状では4病院に1病院程度であり十分に普及している状況ではないものの，ここ10年ほどの間に開始した病院が多く，また本来的に実施したいと考える病院も7割に及び，今後さらに実践が広がる可能性が高い。なお病棟別損益計算は現状で3割半の病院で実施され本来的な実施意向も7割半の病院で見られ，十分に普及しているわけではないが，診療科別

損益計算よりも先行していた。

　診療科を中心とした部門別損益計算・管理において，診療科群のみを利益セ
ンターとして管理する病院はもはや4割半であり，中央診療各部門や支援管理
系部門も利益センターとして管理する病院が半数を超える。また管理対象の利
益も，医業利益や経常利益ばかりでなく，多様な利益が活用されるようになっ
ている。ただし経営層による現場部門の分析的な利用が中心であり，現場部門
長への働きかけ的な利用は相対的にまだ十分でない。また部門長が計算結果の
活用担当者となっている病院もまだ半数に止まり，計算結果を部門長の業績評
価に活用している病院も4割に止まる。加えて，部門別損益計算の実施率が低
いこともあり，部門別損益分岐分析の実施も3割半程度の病院にとどまってい
た。

　部門別損益計算は多様な目的から実施されており，どの目的からも一定程度
の効果が得られていた。しかしその程度は十分ではなく，より有効化する実践
が求められるが，分析的及び働きかけ的利用度を高めたり，損益目標を設定し
たり，部門長業績評価に活用したり，計算頻度を高めたりすることで，効果を
高めることが可能である一方，こうした実践を伴わないと十分な効果が得られ
ない目的もあることが判明した。

〔注〕────────────────────

1　本来業務多角化している病院経営医療法人であっても，大部分の法人では，病院事業の
　事業収益が法人全体の事業収益の8割～9割を占めていると推計されている（荒井,
　2017a）。
2　以下，本章において，「」で引用している文言（それに付された下線なども含めて）は，
　先行研究及び本研究で利用した質問票における文言そのものである。
3　利益センター部門群の範囲や利益センター管理に用いる利益種類については，荒井
　（2013，第4章）により病院へのインタビュー調査に基づく質的な研究はなされてきた。
4　「複数の病院を経営されている法人様の場合には，貴法人を最も代表する病院での実情
　をご回答ください」とした。
5　本調査では，法人で運営している施設・事業の種類を複数回答可能方式で，「1.急性期
　病院　2.回復期病院　3.慢性期病院　4.診療所　5.介護老人保健施設　6.その他施
　設（　）　7.訪問系事業（診療・看護・介護等）　8.通所系事業（介護・リハ等）」の中

から選択してもらった。

6　施設・事業種類として「その他施設」を回答し，具体的な施設名として介護医療院と回答した法人については，介護医療院を老健相当と扱って多角経営類型の分類を行った。

7　本来業務の施設種類としては病院のみであっても，附帯事業として訪問看護事業などを実施している相対的に規模の小さな多角経営をしている法人もある。

8　ちなみに，回答した病院経営医療法人の属性として，経済規模及び診療領域類型の他に多角経営類型についても上述した。しかし第5章で対象とした法人内の施設事業別損益計算の場合と異なり，本章では法人の病院（施設）内の部門別損益計算を対象としているため，法人として病院以外にどのような施設（診療所や老健）を運営しているかという属性は部門別損益計算の実施状況に影響を与えることはないと考えられる。念のため，多角経営類型別の実施率も算出してみたが，やはり有意な違いは見られなかった。

[図表6-補1]　多角経営類型別の部門別損益計算実施率

部門（診療科等）別損益計算実施率	n	全体	病院のみ型	病院・診療所型	病院・老健型	病院・診療所・老健型	χ^2検定	
							χ^2値	P値
多角経営4類型	234	26.1%	24.8%	19.0%	24.6%	34.9%	2.435	0.487
医療内/医療介護			23.8%		28.8%		0.749	0.387
非多角/多角			24.8%		27.2%		0.178	0.673

9　調査票では，導入（開始）年を直接に回答してもらっているが，非常にばらついているため，**図表6-4**では昭和時代と平成後は基本的に5年間隔でまとめて集計掲載している。

10　「全く利用してない」，「あまり利用してない」，「少し利用している」，「利用している」，「よく利用している」，「かなりよく利用」，「非常によく利用」の7段階評価となっている。

11　「全く利用してない」，「あまり利用してない」，「少し利用している」，「利用している」，「よく利用している」，「かなりよく利用」，「非常によく利用」の7段階評価となっている。

12　中央診療各部門が提供するサービスは直接に診療報酬が設定されていて報酬制度上これら部門の病院収益への貢献が明確な中，中央診療部門をコストセンターとすることでこれら部門の職員のモチベーションが低下してしまうことを避けるという観点から中央診療各部門を利益センターとして管理している病院も見られる（荒井, 2013, 第4章）。

13　ただし煩雑さを回避するために，厳密さを捨てて簡易に実践する方法もあり，そうした方法をとる場合には，実践能力の高い大規模組織である必要は必ずしもない。

14　DPC対象病院群調査と本章の医療法人調査では，同じ設問となっている。

第7章

医療サービス価値企画の実践状況
―環境適応の進展と活動本格化への仕組みの有効性―

1　問題意識

　前章までは，多角経営時代の医療法人における各施設事業や施設事業内の各部門という責任センターを対象とした管理会計の実践について論じてきた。しかし責任センター単位の経営管理をより実のあるものとするためには，医療サービスの提供プロセスを適切に管理する必要がある。そこで本章では，医療サービス提供プロセスの管理手法（活動）である価値企画[1]の実践状況について述べる。

　今日では，DPC対象病院でなくとも，急性期一般病棟を始めとして多くの病棟において診療報酬の包括払い（日別定額払い）化が進み，また入院期間の上限が厳しく設定されつつある。そのため，一般病床を中心とした病院においては，一入院医療サービスの収入上限が厳しく管理される状況になってきた。すなわちDPC対象病院に限らず，入院医療サービスの質や安全性などと共に，与えられた収入/在院日数上限内に費用/在院日数が収まるように，少なくとも主要な疾病の入院医療サービスに対しては，あらかじめ標準的な提供プロセス（内容）を設計（計画）して管理する必要性が高まってきた。つまり，一般病床中心の病院では，外在的な公定価格主導の目標原価設定の下での，医療サービスの設計段階での質・安全性・在院日数・採算等の統合的な作り込みによる費用対成果としての価値の高い医療サービスの設計（作成）が必要な背景が出てきた。こうした経営環境下においては，少なくとも自院にとっての主要な疾病についての入院医療サービスに対しては，積極的に価値企画（荒井，2011）に

取り組んで，医療機関としての経営的持続性を確保しつつ，費用対成果の高い価値ある医療サービスを地域社会に対して提供していくことが求められる。

　本章では，一般病床を中心とした病院を経営している医療法人を対象に，入院医療サービスを対象とした標準的な提供プロセスの設計（作成）による管理の現状を郵送質問票調査により把握し，価値企画の積極的な実践という適切な環境適応が進んでいるかどうかを明らかにする。その際，とりわけ入院医療サービスの収入の上限管理が厳しいDPC対象病院を運営する法人かどうか，また相対的に入院期間制約が強く収入上限が厳しい急性期一般病棟を運営する法人かどうかにより，価値企画による環境適応の程度が異なるかどうか，つまり経営環境により求められる必要度に対応した実践状況となっているかを検証する。

　さらに医療サービス価値企画を支える委員会などの組織的仕組みがその実践にとって重要とされるため（荒井，2011，第9章），価値企画実践法人群において，標準提供プロセスの作成委員会が設置されているかどうかにより，価値企画に対する各職種の関与度や価値企画に際する各要素の考慮度が異なるのかも検証する。加えて，価値企画に際して採算性を定量的に検討しているかどうかは管理会計的には重要な視点であるが，定量的検討の有無の背景には価値企画に際する採算性確保考慮度の違いがあることを確認するとともに，定量的検討による採算性の見える化が多様な採算性確保策の採用に影響を与える可能性を検証する。

　筆者は十数年前，DPC対象病院群における価値企画について，インタビュー調査やアンケート調査などを基にその実践状況などを明らかにしてきた（荒井，2011，第3章〜第6章）。しかし上述のように，医療サービスに対する診療報酬の包括払い化と入院期間上限の厳格化が進展しており，今日ではDPC対象病院以外であっても，価値企画が必要な経営環境となってきている。そこでDPC対象病院群よりも広い，一般病床を中心とした病院経営医療法人群を対象として調査し，経営環境の変化に対応した経営管理が実践されているのかどうかを検討する。

　本章では，まず本研究の方法の中核である質問票調査について詳細に説明する。その上で調査結果を詳述するとともに，各病院経営医療法人の置かれている制度的な経営環境特性（DPC制度への参加状況，保険制度上の運営病棟種類）

第7章　医療サービス価値企画の実践状況　143

と価値企画実践状況との関係性，また価値企画実践法人群における組織的仕組みと各職種関与度及び各要素考慮度との関係性，さらに定量的検討と採算性考慮度及び採算性確保積極性との関係性を検証する。

2　研究方法

　医療法人が提出する『事業報告書等』に基づき，病院を経営する医療法人のデータベース（2018年決算版）を構築し，一般病床が50％以上を占める病院経営法人を対象に，「入院医療サービスを対象とした経営管理（パスなどによる提供プロセスの標準計画管理）」[2]の現状に関する郵送質問票調査を実施した。具体的には，収載法人のうち住所情報等が完全な2,147の一般病床50％以上の病院経営法人を対象に，2021年10月上旬～11月上旬に実施し，157法人から回答を得た（回答率7.3％）。ただし，一般病床が全くないなど一般病床が50％を大きく下回っていた（30％未満）法人も5法人含まれていた[3]。今回の研究では，一般病床が中心となっている病院経営医療法人における標準的診療プロセスの設計活動について分析することを目的としていることから，これら5法人は分析対象外とした[4]。なお回答は，「法人内の病院における医療提供プロセスの標準管理（パス等）の状況に詳しい方（事務系であれば，医事系・経営企画系等の担当者ほか）」にお願いした。

　質問票では，「関連社会福祉法人等を含む貴医療法人グループ全体」（以下，法人グループを法人と略称）の基本属性として，どのような種類の施設・事業を経営しているかを8種類の選択肢[5]の中から選んでもらった。そして経営している医療法上の本来業務の施設種類（病院，診療所，老健，介護医療院）の組み合わせに着目して，各法人を多角経営類型に分類した（図表7-1左欄）。なお，本調査回答法人群では介護医療院も経営する法人は4法人のみであったため，老健相当として扱い，各多角経営類型への分類をした。病院のみ型が5割強を占め，病院・診療所型と病院・老健型，病院・診療所・老健型がそれぞれ1割半前後という状況であった。母集団としての一般病床50％以上の病院経営医療法人群全体での各類型別割合は図表7-1右欄のとおりであり，分析対象法人群の方が病院・診療所型の割合が若干低い。しかし分析対象法人群では，最近

制度化された介護医療院を老健相当として類型分類していることから，病院・診療所型が若干少なく病院・診療所・老健型が若干多く分類されることになるため，分析対象法人群における各多角経営類型の構成割合は母集団とおおむね一致しているといえる。

[図表7-1] 分析対象法人の基本属性：多角経営類型

多角経営類型	分析対象群		調査対象群	
	n	割合	n	割合
病院のみ型	84	55.3%	1,122	52.3%
病院・診療所型	19	12.5%	411	19.1%
病院・老健型	27	17.8%	330	15.4%
病・診・老型	22	14.5%	284	13.2%
回答法人数合計	152	100.0%	2,147	100.0%

　また法人の基本属性として，法人グループ全体での総収入額を回答いただいた（図表7-2）。母集団における事業収益規模分布と比べて，分析対象法人群の方が若干規模が大きい傾向はある。しかしながら分析対象法人群は，関連法人を含む医療法人グループ全体としての総収入額を回答しているのに対して，母集団の方は『事業報告書等』から得られる当該法人のみの事業収益額であるため，母集団の収益規模の方が本質的に小さくなる比較となっている。その点を考慮すると，母集団と分析対象法人群との収益規模分布は近似しているといえる。以上から，本研究の分析対象法人群は，多角経営類型及び経済規模の観点から，母集団を反映した法人群となっている。

[図表7-2] 分析対象法人の基本属性：経済規模

総収入額規模	分析対象群		調査対象群	
	n	割合	n	割合
10億円未満	24	20.0%	575	26.8%
10億円台	41	34.2%	612	28.5%
20-30億円台	32	26.7%	529	24.6%
40億円以上	23	19.2%	431	20.1%
回答法人数合計	120	100%	2,147	100%

第7章　医療サービス価値企画の実践状況　　145

　また本研究では，法人として運営している公的医療保険制度上の病棟種類についても，**図表7-3**記載の7種類の中から複数選択可で回答してもらっている[6]。一般病床を中心とする病院経営医療法人が対象であるため，急性期一般病棟が75％を占めて多いが，地域包括ケア病棟や回復期リハビリテーション病棟，療養病棟なども一定程度見られる。病棟種類組み合わせとしては，急性期一般と地域包括ケアの両病棟を少なくとも有している法人が51，急性期一般と回復期リハが43と相対的に多く，次いで地域包括ケアと回復期リハが28，地域包括ケアと療養が26，急性期一般と療養が21と多い。

[図表7-3]　保険制度上の運営病棟種類

運営病棟	n	割合
1．急性期一般病棟	114	75.0%
2．地域一般病棟	28	18.4%
3．地域包括ケア病棟	67	44.1%
4．回復期リハビリ病棟	48	31.6%
5．障害者病棟	21	13.8%
6．療養病棟	37	24.3%
7．その他病棟	9	5.9%
回答法人数合計	152	100.0%

　加えて，価値企画の必要性の程度はDPC制度との関わりにより大きく異なると考えられ，本研究ではその観点からの実践状況の違いについて検証することから，本調査ではDPC制度への参加状況についても把握した（**図表7-4**）。DPC対象病院が3割弱，DPC対象化に向けて準備中の病院が1割見られ，両者を合わせたDPC関連病院で4割弱を占めている。

[図表7-4]　分析対象法人のDPC制度との関連性

DPC制度との関わり	n	割合
DPC対象病院	43	28.9%
DPC準備病院	15	10.1%
その他の病院	91	61.1%
回答法人数合計	149	100.0%

　なお本研究では，質問票における全設問に回答した法人のみを対象とするのではなく，少ない回答数をできるだけ生かすため，設問ごとに回答した全法人

を分析対象とする方法を採用した。なお，各区分の割合（比率）の差を検証する際にはχ^2検定を用い，各区分の平均値の差を検証する際にはWelch検定（分散分析）を用いた。

3　結　果

3.1　標準提供プロセス設計状況

（1）　作成状況

　まず，「貴院において主要（一般的）な疾病の入院医療サービスに対して，パスなどによりその提供プロセス（内容）の標準化（事前計画化）を図っていますか。またパス等を作成している場合，そのための委員会はありますか」と質問した。その結果，標準提供プロセスの作成率は6割を超え，作成法人群では7割を超える法人が委員会を設置していることが判明した（**図表7-5**）。

[図表7-5]　**標準的な提供プロセスの設計活動**

標準提供プロセス設計活動	n	割合
標準提供プロセス作成率	152	63.8%
作成法人中の委員会設置率	94	72.3%

　また，「運用しているパス等の種類数」についても回答してもらったところ，数種類に限定された法人から100種類以上作成している法人まで，極めて多様であることが判明した（**図表7-6**）。

[図表7-6]　**標準提供プロセス作成種類数**

標準作成数	n	割合
5未満	17	24.3%
5-10未満	17	24.3%
10-50未満	18	25.7%
50-100未満	12	17.1%
100以上	6	8.6%
合計	70	100.0%

第7章　医療サービス価値企画の実践状況　　147

　次に本調査では，「標準的な提供プロセス（パス等）を作成している場合，その作成に関わる以下の職種ごとの典型的な関与度について，5段階評価でお答えください」として，**図表7-7**に記載した5職種の関与度について5段階[7]のいずれかを選択してもらった。看護師については，「全く関与せず」とする法人は皆無であり，9割以上の法人で「かなり関与する」か「非常に関与する」となっており，平均値でみても，中央値でみても，他の職種の関与度とはその水準が異なる。次いで関与度が高いのは医師であり，「全く関与せず」の法人も見られるものの，6割以上の法人で「かなり関与する」か「非常に関与する」となっており，「ある程度」以上関与する法人は8割超となっている。また「医事課・経営企画課等の職員」や薬剤師は，「かなり」か「非常に」関与するのは3割半程度に止まるが，7割超の法人において「ある程度」以上関与している。そうした中，医療技術員は相対的には関与度が一番低いが，それでも6割弱の法人において「ある程度」以上関与している。

[図表7-7]　標準提供プロセス設計に際する職種別関与度

職種別関与度	医師		看護師		事務職*		薬剤師		医療技術員		関与職種種類数		
	n	割合	n	割合	n	割合	n	割合	n	割合		n	割合
1．全く関与せず	1	1.0%	0	0.0%	6	6.3%	6	6.3%	9	9.5%	1職種	0	0.0%
2．あまり関与せず	14	14.6%	2	2.1%	22	22.9%	19	19.8%	30	31.6%	2職種	2	2.1%
3．ある程度関与する	21	21.9%	6	6.3%	33	34.4%	35	36.5%	30	31.6%	3職種	3	3.1%
4．かなり関与する	23	24.0%	24	25.0%	22	22.9%	23	24.0%	19	20.0%	4職種	11	11.5%
5．非常に関与する	37	38.5%	64	66.7%	13	13.5%	13	13.5%	7	7.4%	5職種	80	83.3%
合計	96		96		96		96		95		合計	96	
平均値	3.8		4.6		3.1		3.2		2.8		平均値	4.8	
中央値	4		5		3		3		3		中央値	5	

＊医事課・経営企画課等の職員。
＊＊その他の職種として，リハビリ療法士，栄養士，MSW，診療情報管理室（職員）が具体的に記載されていた。

　また，これら職種の関与度が少しでもある（つまり「全く関与せず」以外）場合には関与ありと認識した上で，回答法人ごとにいくつの職種が関与ありかを分析したところ，関与職種の種類数が1種類となっていた法人は見られず，すべての法人において複数職種が関与していた。しかも9割半の法人では，4職種以上が関与していた。つまり，多職種による標準提供プロセスの設計がなされていた。

さらに本調査では，「標準的な提供プロセス（パス等）を作成している場合，以下の各要素を考慮している程度を，５段階評価でお答えください」として，**図表7-8**に記載した８要素の考慮度について５段階のいずれかを選択してもらった。まず，地域での自院の競争優位獲得という要素以外のどの要素についても，「全く考慮せず」とする法人は見られなかった。医療サービスの費用対成果としての価値の向上という観点からは特に重要と考える「医療の質・成果の向上」，「安全性の向上」，「採算性の確保」，「在院日数の調整」の各要素については，どの法人でも程度の差はあるものの考慮されていた。そのため本調査回答法人群における標準提供プロセス作成活動は，費用対成果の作り込みという観点からの価値企画としての特質を有していることが確認された。

[図表7-8]　標準提供プロセス設計に際する各要素の考慮度

標準提供プロセス作成時の要素別考慮度	医療の質・成果の向上		安全性の向上		採算性の確保		在院日数の調整	
	n	割合	n	割合	n	割合	n	割合
1．全く考慮せず	0	0.0%	0	0.0%	0	0.0%	0	0.0%
2．あまり考慮せず	1	1.1%	1	1.1%	13	13.7%	9	9.5%
3．ある程度考慮する	20	21.1%	13	13.7%	37	38.9%	28	29.5%
4．かなり考慮する	40	42.1%	45	47.4%	34	35.8%	39	41.1%
5．非常に考慮する	34	35.8%	36	37.9%	11	11.6%	19	20.0%
合計	95		95		95		95	
平均値	4.1		4.2		3.5		3.7	
中央値	4		4		3		4	

標準提供プロセス作成時の要素別考慮度	患者負担の軽減/患者の要望への対応		患者への情報提供/患者との合意形成		職員の意欲向上		地域での自院の競争優位獲得	
	n	割合	n	割合	n	割合	n	割合
1．全く考慮せず	0	0.0%	0	0.0%	0	0.0%	13	13.8%
2．あまり考慮せず	9	9.5%	6	6.3%	12	12.6%	32	34.0%
3．ある程度考慮する	40	42.1%	36	37.9%	44	46.3%	33	35.1%
4．かなり考慮する	40	42.1%	40	42.1%	32	33.7%	15	16.0%
5．非常に考慮する	6	6.3%	13	13.7%	7	7.4%	1	1.1%
合計	95		95		95		94	
平均値	3.5		3.6		3.4		2.6	
中央値	3		4		3		3	

第7章　医療サービス価値企画の実践状況　　149

また，平均値でみると，医療の質・成果の向上や安全性の向上の考慮度は相
対的に高く，8割前後の法人が「かなり」か「非常に」考慮しており，99％の
法人が「ある程度」以上考慮している。一方，地域での自院の競争優位獲得の
考慮度は相対的に一番低く，「かなり」か「非常に」考慮している法人は2割
に満たず，「ある程度」以上考慮する法人も5割強に止まり，「全く考慮せず」
も1割を超えている。こうした中，採算性の確保や在院日数の調整，患者負担
の軽減，患者への情報提供，職員の意欲向上の各要素は，中間的な考慮度と
なっており，9割前後の法人が「ある程度」以上考慮している。これら中間的
な要素群の中では，在院日数の調整が相対的によく考慮されており，6割以上
の法人で「かなり」か「非常に」考慮されている一方，職員の意欲向上は4割
強の法人に止まる。

（2）　作成に際する採算性の定量的検討状況

本調査では，「貴院における主要な疾病サービスの標準的な提供プロセスの
採算性を検討する際，定量的な検討はしていますか。また定量的な検討をして
いる場合，どのような方法を採っていますか。以下の中からお選びください
（複数回答可）」として採算性の定量的な検討の状況を調査した。まず，半数強
の法人が，定量的な検討はしていなかった（**図表7-9**）。3.1項の（1）で明ら
かにしたように採算性を全く考慮しないということはないものの，「採算性は
重視していない」ために定量的な検討まではしない法人が，検討をしない法人
群のうちの3割強（理由を回答した39法人中では4割強の16法人）見られる。また，
「出来高換算収入や支出の把握が困難」なために定量的な検討はしていない法
人も，検討をしない法人群のうちの3割強見られる。

一方，半数弱の法人は定量的な検討をしている。その際に用いている方法と
しては，みなし費用である出来高換算収入を活用した簡便な採算性把握方法で
ある「包括収入と出来高換算収入との比較」（以下，包括出来高差）が65％と最
も利用されている。しかし，より厳密な採算性の把握が可能な「包括収入（収
益）と支出（費用）との比較」（以下，損益）も半数以上で利用されている。ま
た，「自病院と他病院の出来高換算収入の比較」（以下，他院出来高差）という
他病院との同種医療サービスのみなし費用のベンチマークによる採算性の把握

という方法も3割程度見られる。加えて，「標準提供プロセス開発・修正前と後との比較」（以下，前後差）という標準提供プロセス設計活動前後の採算性の変化を把握する方法も2割半弱見られる。

[図表7-9]　標準提供プロセス設計に際する採算性の定量的検討の実施状況

採算性の定量的な検討を実施していない		n	割合	採算性の定量的な検討を実施している		n	割合
		49	51.6%			46	48.4%
理由内訳	採算性は重視していない	16	32.7%	方法内訳	包括収入と出来高換算収入との比較	30	65.2%
	出来高換算収入や支出の把握が困難	15	30.6%		包括収入（収益）と支出（費用）との比較	25	54.3%
	その他	9	18.4%		自病院と他病院の出来高換算収入の比較	14	30.4%
	内訳回答なし	10	20.4%		標準提供プロセス開発・修正前と後との比較	11	23.9%

　ただし複数の方法を用いている法人が46法人中33法人と7割（72%）を超え，3種類以上の方法を用いている法人も9法人で2割（20%）見られる。少なくとも包括出来高差と損益を組み合わせている法人（15法人33%）が最も多い組み合わせとなっている。また，少なくとも包括出来高差と他院出来高差を組み合わせている法人（11法人24%）も主たる組み合わせとなっている。このほか，少なくとも包括出来高差と前後差（8法人17%），損益と他院出来高差（7法人15%）を組み合わせている法人も一定程度見られる。

　また本調査では，「標準的な提供プロセスの作成において採算性を確保するに際しては，どのような取り組みを行っていますか。実施している対策に，○をつけてください（当てはまるものすべてを選択）」として，**図表7-10**に記載した8種類の採算性確保策について実施状況を把握した。後発薬の採用は7割弱の法人において取り組まれており，一番多く利用されている。また，外部会社との価格交渉，実施行為削減，単価の低い職種へのタスクシフトの各対策も過半の法人において活用されている。さらに，医薬材使用量の削減や入院実施行為の外来化も4割半で利用されている。一方，稼働率向上による患者当たり固定費低減は2割弱と相対的に利用状況が低かった。また回答法人ごとに対策の種類数を算出したところ，同図表に示した1種類から8種類までの標準提供プ

第7章　医療サービス価値企画の実践状況　　151

ロセス設計に際する各種の採算作り込み策利用への積極性は，法人によりかなりばらついていた。

[図表7-10]　標準提供プロセス設計に際する各種の採算作り込み策の利用状況

標準提供プロセス作成時の採算性確保策	n	割合	種類数	n	割合
1．後発薬の採用	63	67.7%	1種類	9	9.7%
2．より安価な先発薬・医療材料の採用	34	36.6%	2種類	17	18.3%
3．医薬品・医療材料の使用量の削減	42	45.2%	3種類	22	23.7%
4．外部の供給・委託者との価格交渉	50	53.8%	4種類	16	17.2%
5．実施行為（各種検査・画像診断など）種類・量の適正化（削減）	47	50.5%	5種類	11	11.8%
6．入院実施行為（術前検査，術後画像診断，化学療法など）の外来での実施への変更（外来化）	42	45.2%	6種類	10	10.8%
7．医師/看護師業務の一部の看護師/コメディカルや医師事務作業補助者/病棟クラークなどへの移管	48	51.6%	7種類	6	6.5%
8．医療機器・病棟の稼働率向上による患者当たり固定費の低減	18	19.4%	8種類	2	2.2%
回答法人数	93	100.0%	合計	93	100.0%

（3）　病棟横断的な標準提供プロセスの設計状況

　本調査では，「標準的な提供プロセスの作成は，各病棟内のプロセスで完結していますか。それとも病院内転棟後や同一法人グループ内の他病院への転院後の入院プロセス，あるいは退院後の外来通院プロセスまで含めた，疾患サービスの全期間（段階）により近いプロセス範囲を対象に作成（計画）していますか。主要な疾病ごとに異なる場合には，当てはまるものすべてを選択してください」として，病棟横断的な標準提供プロセスの作成状況を把握している。同一病棟内のプロセスに限定された標準提供プロセスの設計に止まるものを作成している法人が6割半に及び一番多く見られるが，院内転棟後も含めた一連の標準的な提供プロセスを対象とした病棟横断的な標準提供プロセスの設計をしている法人も37％程度見られる（図表7-11）。また多くはないが，同一法人内の他病院への転院後も含めた一連の標準的なプロセスを対象とした病棟横断的な設計をしている法人や，退院後の外来通院まで含めた一連の標準的なプロセスを対象とした病棟外を含む病棟横断的な設計をしている法人も，それぞれ

[図表 7 -11] 病棟横断的な標準提供プロセスの設計

標準提供プロセスの作成対象範囲	n	割合	対象範囲	n	割合
1．同一病棟内のプロセスで完結	61	64.9%	同一病棟内完結のみ法人	49	52.1%
2．院内転棟後も含めた一連の標準的なプロセスを計画	35	37.2%	同一病棟外含む法人	45	47.9%
3．同一法人内他病院への転院後も含めた一連の標準的なプロセスを計画	11	11.7%			
4．退院後の外来通院まで含めた一連の標準的なプロセスを計画	15	16.0%			
回答法人数	94	100.0%	合計	94	100.0%

１割以上見られる。

　設計対象疾患種類ごとに，同一病棟内完結型の標準提供プロセスの設計と同一病棟外を含む病棟横断的な標準提供プロセスの設計を使い分けている法人も１割以上（64.9％－52.1％＝12.8％）見られる。同一病棟内完結型の標準提供プロセス設計のみとなっている法人か，同一病棟外を含む病棟横断的な標準提供プロセス設計も含まれる法人かという観点からは，ほぼ半分ずつという状況となっている。

　次に本調査では，「各病棟内プロセスで完結しない全期間（段階）により近い範囲を対象とした標準的な提供プロセスを作成している場合，以下の各要素を考慮している程度を５段階評価でお答えください」として，図表 7 -12に記載した６要素の考慮度について５段階のいずれかを選択してもらった。まず，どの要素についても「全く考慮せず」とする法人は見られず，回答法人群における病棟横断的標準提供プロセス作成活動は，費用対成果の作り込みという観点からの価値企画としての特質を有していることが確認された。

　医療の質・成果の向上や安全性の向上の考慮度は特に高く，８割～９割近くの法人が「かなり」か「非常に」考慮しており，すべての法人が「ある程度」以上考慮している。その他の，採算性確保や在院日数調整，患者負担軽減，患者情報提供の各要素も，いずれも９割程度以上の法人が「ある程度」以上考慮している。これら４つの要素群の中では，在院日数の調整が相対的によく考慮されており，64％の法人で「かなり」か「非常に」考慮されている一方，患者負担軽減では「かなり」か「非常に」は44％の法人に止まる。病棟横断的な作

第7章　医療サービス価値企画の実践状況　　153

成活動に限定しない作成活動全般を対象とした要素別考慮度（前掲の**図表7-8**）とほぼ同じ考慮状況であった。

[図表7-12]　**病棟横断的な標準提供プロセス設計に際する各要素の考慮度**

同一病棟外含む標準提供プロセス作成時の要素別考慮度	医療の質・成果の向上		安全性の向上		採算性の確保		在院日数の調整		患者負担軽減/患者要望への対応		患者へ情報提供/患者と合意形成	
	n	割合	n	割合	n	割合	n	割合	n	割合	n	割合
1．全く考慮せず	0	0.0%	0	0.0%	0	0.0%	0	0.0%	0	0.0%	0	0.0%
2．あまり考慮せず	0	0.0%	0	0.0%	4	10.3%	3	7.7%	3	7.7%	2	5.1%
3．ある程度考慮する	8	20.5%	5	12.8%	16	41.0%	11	28.2%	19	48.7%	15	38.5%
4．かなり考慮する	21	53.8%	22	56.4%	16	41.0%	19	48.7%	13	33.3%	16	41.0%
5．非常に考慮する	10	25.6%	12	30.8%	3	7.7%	6	15.4%	4	10.3%	6	15.4%
合計	39		39		39		39		39		39	
平均値	4.1		4.2		3.5		3.7		3.5		3.7	
中央値	4		4		3		4		3		4	

3.2　置かれている制度環境と価値企画実践の関係性

　本項では，DPC制度への参加状況及び保険制度上の運営病棟種類という，病院経営医療法人の置かれた制度的な経営環境と価値企画実践との関係性に関する以下の2つの仮説について検証する。

　第一に，入院医療サービスの収入の上限が厳しいDPC対象病院や，DPC対象病院化に向けて準備している病院を運営する法人の方が，DPC制度との関わりがない法人よりも，価値企画を実践する必要性が高い経営環境下に置かれている。そのためDPC対象・準備病院法人の方が，価値企画の実施率が高いのではないか，またよりしっかりと実践するためその活動を支える組織的な仕組み（作成委員会）を設置することが多いのではないかとの問題意識から，DPC制度への参加状況と価値企画実践との関係性において分析した。これによって両者間の因果関係が検証されるわけではないが，両者間において想定される関係性を検証することは重要である（以下同様）。DPC制度との関わりの違いによって，医療サービス価値企画への取り組みの程度が異なっているのかどうか，つまり経営環境により求められる必要度に対応した実践状況となっているのかどうかを検証する。

図表7-13に示したように，DPC対象病院及び準備病院はDPC制度との関わりがないその他の病院よりも，主要な疾病種類別の標準提供プロセスの作成率が有意に高く，またその作成活動を支える組織的な仕組みである作成委員会の設置率も有意に高い。すなわちDPC制度との関わりの観点からの置かれた制度的な経営環境の違いにより求められる価値企画の必要度に応じた実践がなされている状況が確認された。

[図表7-13]　DPC制度への参加状況と価値企画実践

DPC制度関連別の標準提供プロセス設計活動	標準提供プロセス		作成委員会	
	n	作成率	n	設置率
DPC対象病院	43	90.7%	39	87.2%
DPC準備病院	15	80.0%	12	91.7%
その他の病院	91	49.5%	43	53.5%
合　計	149	64.4%	94	72.3%
χ^2検定	χ^2値	P値	χ^2値	P値
	23.4	0.000	14.2	0.001

　第二に，DPC対象病院でなくとも，相対的に入院期間制約が強く収入上限が厳しい急性期一般病棟を運営する法人の方が，当該病棟を運営しない法人よりも，価値企画を実践する必要性が高い環境下にある。そのため，価値企画の実施率が高いのではないか，またよりしっかりと実践するためその活動を支える組織的な仕組みを設置することが多いのではないかとの問題意識から，急性期一般病棟の運営の有無と価値企画実践との関係性を分析した。経営環境により求められる必要度に応じた価値企画実践状況となっているのかを検証する。

[図表7-14]　急性期一般病棟の運営の有無と価値企画実践

急性期一般病棟有無別の標準提供プロセス設計活動	標準提供プロセス		作成委員会	
	n	作成率	n	設置率
急性期一般病棟無	38	36.8%	13	46.2%
急性期一般病棟有	114	72.8%	81	76.5%
合　計	152	63.8%	94	72.3%
χ^2検定	χ^2値	P値	χ^2値	P値
	16.0	0.000	5.2	0.023

第7章　医療サービス価値企画の実践状況　　155

図表7-14に示したように，急性期一般病棟を運営している法人は，運営していない法人よりも疾病別標準提供プロセスの作成率が有意に高く，また作成委員会の設置率も有意に高い。すなわち急性期一般病棟の運営の有無という観点からの置かれた制度的な経営環境の違いにより求められる価値企画の必要度に応じた実践がなされている状況が確認された。

3.3　作成委員会と各職種関与度及び各要素考慮度の関係性

　価値企画実践法人群において，その実践を支える委員会（組織的仕組み）が本格的な実践を促すのではないかという観点から，標準提供プロセス作成委員会の設置の有無と各職種関与度及び各要素考慮度との関係に関する以下の2つの仮説について検証する。

　第一に，作成委員会を設置している法人の方が，実践を支援する組織的仕組みがあるために，価値企画に対する各職種の関与度が高いのではないかとの問題意識から，委員会設置の有無と各職種別の関与度との関係性を分析した。価値企画を支える組織的仕組みが，各職種の価値企画への関与度という観点からの実践状況に実際に効果を有しているのかを検証する。

　図表7-15に示したように，作成委員会を設置している法人は設置していない法人よりも，事務職を除く各職種の価値企画への関与度が有意に高い。価値企画を支援する委員会という組織的仕組みは，医療職の活動への関わりを高める効果を有している状況が確認された。一方，医事課・経営企画課等の事務職については，有意なほどには活動への関わりを高める効果は見られなかった。

［図表7-15］　活動支援の組織的仕組みと活動への各職種関与度との関係性

標準提供プロセス作成委員会	医師関与度			看護師関与度			事務職*関与度			薬剤師関与度			医療技術員関与度		
	n	平均	標準偏差	n	平均	標準偏差	n	平均	標準偏差	n	平均	標準偏差	n	平均	標準偏差
なし	25	3.2	1.2	25	4.1	1.0	25	2.8	1.1	25	2.5	1.0	25	2.3	1.0
あり	68	4.0	1.0	68	4.7	0.5	68	3.2	1.1	68	3.4	1.0	67	3.0	1.1
Welch検定	F値	P値		F値	P値		F値	P値		F値	P値		F値	P値	
	8.8	0.005		8.2	0.008		1.9	0.172		16.4	0.000		10.6	0.002	

＊医事課・経営企画課等の職員。

　第二に，作成委員会を設置している法人の方が設置していない法人よりも，実践を支援する組織的仕組みがあるために，価値企画に際する各要素の考慮度

が高いのではないかとの問題意識から，委員会設置の有無と各要素別の考慮度との関係性を分析した。価値企画を支える組織的仕組みが，各要素の考慮度という観点からの価値企画実践状況に実際に効果を有しているのかを検証する。

　図表7-16に示したように，作成委員会を設置している法人の方が設置していない法人よりも考慮度が有意に高くなる要素は，5％有意水準ではなく，10％有意水準で見た場合に在院日数調整という要素が有意に高くなるだけであった。活動を支援する委員会という組織的仕組みは，在院日数調整以外の要素については考慮度を向上させるという効果を有していないようである。

[図表7-16]　活動支援の組織的仕組みと活動に際する各要素考慮度との関係性

標準提供プロセス作成委員会	医療の質・成果の向上			安全性の向上			採算性の確保			在院日数の調整		
	n	平均	標準偏差	n	平均	標準偏差	n	平均	標準偏差	n	平均	標準偏差
なし	24	4.0	0.8	24	4.1	0.8	24	3.3	0.9	24	3.5	0.8
あり	68	4.2	0.8	68	4.3	0.7	68	3.5	0.9	68	3.8	0.9
Welch検定	F値	P値		F値	P値		F値	P値		F値	P値	
	0.70	0.409		0.93	0.343		0.54	0.466		3.01	0.090	

標準提供プロセス作成委員会	患者の負担軽減/患者の要望への対応			患者への情報提供/患者との合意形成			職員の意欲向上			地域での自院の競争優位獲得		
	n	平均	標準偏差	n	平均	標準偏差	n	平均	標準偏差	n	平均	標準偏差
なし	24	3.5	0.7	24	3.5	0.7	24	3.3	1.0	24	2.5	0.9
あり	68	3.4	0.8	68	3.7	0.8	68	3.4	0.7	67	2.5	0.9
Welch検定	F値	P値		F値	P値		F値	P値		F値	P値	
	0.01	0.922		2.14	0.149		0.02	0.883		0.01	0.917	

3.4　採算性の定量的検討と採算性考慮度及び採算確保積極性

　価値企画に際して採算性を定量的に検討している法人は価値企画において採算性確保の考慮度が高いのではないか，また価値企画に際して採算性を定量的に検討すると採算状況がより明確にわかるため，多様な採算性確保策に取り組むようになるのではないかと想定される。そこで，採算性の定量的な検討の有無と採算性確保考慮度及び採算性確保策種類数との関係に関する以下の2つの仮説について検証する。

　第一に，価値企画に際して採算性を定量的に検討している法人の方が検討していない法人よりも，採算性確保の考慮度が高いのではないかとの問題意識か

ら，定量的検討の有無と採算性確保考慮度との関係性を分析した。

図表7-17左欄に示したように，定量的な検討をしている法人は検討していない法人よりも，採算性確保の考慮度が有意に高い。当たり前かもしれないが，採算性確保の考慮度が高いと採算性を定量的に検討して採算性をより明確に把握しようとすることが確認された。

[図表7-17] 採算性の定量的検討と採算考慮度及び確保策種類数

標準提供プロセスの採算性	採算性確保考慮度			採算性確保策種類数		
	n	平均	標準偏差	n	平均	標準偏差
定量的検討なし	48	3.2	0.8	45	3.1	1.6
定量的検討あり	45	3.8	0.8	46	4.4	1.8
Welch検定	F値	P値		F値	P値	
	14.1	0.000		12.3	0.001	

　第二に，価値企画に際して採算性を定量的に検討している法人の方が検討していない法人よりも，採算状況がより明確に把握されるために採算性確保により積極的に取り組むようになり，より多様な採算性確保策に取り組むようになるのではないかとの問題意識から，定量的検討の有無と採算性確保対策の種類数との関係性を分析した。設計している標準提供プロセスの採算性の見える化が，価値企画を通じた標準提供プロセスの採算性確保への取り組みをより活発にするのかを検証する。

　図表7-17右欄に示したように，定量的な検討をしている法人は検討していない法人よりも，採算性確保策の種類数が有意に多い。採算性の見える化は，採算性確保への多様な取り組みを促すことが確認された。

4　考　察

4.1　標準提供プロセス設計状況

　自病院にとっての主要な疾病の入院医療サービスについては，6割を超える法人が標準的な提供プロセスを設計しており，そのうち7割を超える法人では

作成活動を支援する組織的な仕組みである委員会を設置していた（**図表7-5**）。作成しているすべての法人が，作成時の考慮要素として質・成果や安全性の向上だけでなく採算性の確保も考慮していて，これらの要素を「全く考慮せず」の法人はない（**図表7-8**）。そのため本調査回答群での標準提供プロセス作成活動は，どの法人でも費用対成果としての価値の作り込み活動となっており，価値企画としての特質を有しているといえる。また作成しているすべての法人において，複数職種が作成に関与しており（**図表7-7**），多職種チームによる設計という観点からも本調査回答群での標準提供プロセス作成活動は，価値企画としての特質を持っている。

　価値企画への関与は，どの職種についても，6割程度以上の法人において，「ある程度」以上見られるが，特に看護師は「全く関与せず」の法人は皆無であり，98％の法人で「ある程度」以上関与している。8割超が「ある程度」以上関与している医師ほどではないものの，医事課・経営企画課等の事務職員も薬剤師とともに7割超の法人において「ある程度」以上関与していて，医療技術員（コメディカル）の関与度よりも高い点は注目に値する。標準提供プロセスの設計活動が，医療の質・成果や安全性だけでなく，採算性確保や在院日数調整なども同時考慮される費用対成果としての価値を企画する活動となっていることを強く示唆する結果であるといえる。

　なお，運用しているパス等の種類数は，数種類に限定された法人から100種類以上作成している法人まで極めて多様である（**図表7-6**）。ただし，作成種類数は，当該病院が対象とする疾患群（患者群）の多様性の違いにも依存するため，作成種類数が多いほど作成活動が活発であるとは必ずしも言えないことや，作成種類数の数え方が法人によって異なる可能性もあることには注意が必要であろう。

　また，価値企画といえる標準提供プロセス設計活動における考慮要素として，質・成果や安全性の向上はほぼすべて（99％）の法人が「ある程度」以上考慮し，採算性確保や在院日数調整などもほとんど（9割前後）の法人が「ある程度」以上考慮している。そうした中，地域での自院の競争優位獲得については，「ある程度」以上考慮する法人は5割強に止まり，「全く考慮せず」も1割を超えている。医療の質・成果や安全性の向上を図ることが結果として自院の競争

第7章　医療サービス価値企画の実践状況　　159

優位の獲得につながると考え，直接には競争優位の獲得を「全く」あるいは
「あまり」考慮しない法人が５割近くに及ぶのかもしれない。しかし，提供
サービスの設計に際して競争をあまり考慮しない法人が半数近くも見られるの
は，競争ではなく協調（地域連携）を重視する医療界ならではかもしれない。

　次に，標準提供プロセス設計活動において半数強の法人が採算性の定量的な
検討をしておらず，またその法人群のうち検討をしない理由を回答した法人の
４割強は「採算性は重視していない」ためであるとしていた（**図表７-９**）。こ
のことは，後述するように，ある要素を標準提供プロセス作成活動上考慮する
程度と標準提供プロセス作成活動の目的として重視する程度とは別の次元の程
度であることを示唆している。上述のように採算性確保を全く考慮していない
法人はなく，９割近くの法人がある程度以上考慮しているが，それでも半数強
の法人では採算性の定量的検討まではしておらず，その理由として４割強が採
算性は重視していないためであるとしており，考慮度の次元と重視度の次元の
両次元があることがわかる。

　また，現状の標準提供プロセス設計活動には，採算性を定量的までには検討
しない感覚的な採算性確保が約半分見られ，定量的検討をしている法人群でも
みなし費用である出来高換算収入を活用した簡便な採算性把握方法である包括
出来高差による方法が約３分の２と最も利用されている状況であった。つまり
提供プロセスマネジメントを通じた損益管理がまだ徹底されてはいないことが
明らかとなった。しかし一方で，より厳密な採算性である損益も定量的検討実
施法人群の半数以上で利用され，他病院とのベンチマークを通じた積極的な採
算性確保も３割程度の法人で見られ，提供プロセスマネジメントを通じた損益
管理の徹底度は法人によりかなり異なる様子が窺われる。

　また採算性の定量的な検討に際して，複数の方法を用いている法人が46法人
中33法人と７割を超えている。少なくとも包括出来高差と損益を組み合わせて
いる法人が15法人33％と最も多い組み合わせとなっており，疾病別標準提供プ
ロセスごとに，包括出来高差で簡略的な採算性の把握で済ます場合と損益で厳
密に採算性を把握する場合というように，方法を使い分けている様子が窺われ
る。また，少なくとも包括出来高差と他院出来高差を組み合わせている法人
（11法人24％）も主たる組み合わせとなっているが，自院での包括出来高差で簡

略的に済ます疾病プロセスと他院との出来高差比較まで踏み込んで積極的な採算管理を目指す疾病プロセスというように，方法を使い分けていると考えられる。ただし中には同一の疾病プロセスに対して，自院での包括出来高差と他院出来高差の両方法で採算性を検討している法人もあると考えられる。

　同一病棟内完結型の標準提供プロセスの設計をしている法人は6割半に及び一番多い。しかし，設計対象疾患種類ごとに，同一病棟内完結型の設計と同一病棟外を含む病棟横断的な設計の両者を使い分けている法人も1割以上見られ，その結果，同一病棟外含む病棟横断的な設計も含まれる法人が半数近くに及ぶようになっていることが判明した（**図表7-11**）。また第2節で述べたように，急性期一般と地域包括ケアあるいは回復期リハの病棟組み合わせが相対的に多く見られるが，この病棟組み合わせでは半数が病棟横断的な標準提供プロセスを作成していた。具体的には，急性期一般と地域包括ケアの両病棟を少なくとも有している病院群では，病棟横断的標準プロセス作成の有無を回答している36病院中18病院が作成しているし，また急性期一般と回復期リハでも32病院中16病院が作成している。また地域包括ケアと回復期ケアの組み合わせでも半数（20病院中10病院）が病棟横断的な標準プロセスを作成している。しかしそのほかの主要な病棟組み合わせである急性期一般と療養（12病院中4病院），地域包括ケアと療養（15病院中5病院）では，3分の1に止まっている。

　なお，病棟横断的な標準提供プロセスを作成しているすべての法人が，作成時の考慮要素として質や安全性だけでなく採算性の確保も考慮している（**図表7-12**）。そのため，本回答群での病棟横断的な標準提供プロセスの作成活動は，どの法人でも費用対効果としての価値の作り込み活動となっており，価値企画としての特質を有している。

　筆者は，十数年前，急性期の入院医療サービスを対象とした標準的な診療提供プロセスの設計活動について，インタビュー調査やアンケート調査などを通じてその活動が医療サービス価値企画としての特質を有していることを明らかにした（荒井，2011）。その際には，基本的にDPC対象病院を対象として調査研究していたため，より広範囲の一般病床を中心とした病院を対象とする一方で医療法人に限定している今回の調査研究と単純な比較はできない。しかしながら，当時と比べると，転棟後のプロセスまで含めた病棟横断的な医療サービ

第7章　医療サービス価値企画の実践状況　　161

ス価値企画を実施している病院が多くなってきているように思われる。

4.2　置かれている制度環境と価値企画実践の関係性

　DPC対象病院及び準備病院群は，DPC制度との関わりがない病院群よりも価値企画を実施する必要性が高い制度環境に置かれている中，価値企画をより実施し，また価値企画を支援する組織的仕組みもより導入していた。また急性期一般病棟運営法人は，非運営法人よりも価値企画を実施する必要性が高い制度環境に置かれている中，価値企画をより実施し，また価値企画を支援する組織的仕組みもより導入していた。つまり，経営環境により求められる必要度に応じた価値企画実践がなされているといえる。

　ただし，DPC制度との関わりがあるDPC対象及び準備病院のほとんどすべては，急性期一般病棟を運営している法人である。そのため，急性期一般病棟有法人群をDPC関連病院群とDPC非関連病院群の別に分けて価値企画の実践状況を把握し，さらにDPC制度との関わりのない急性期一般病棟有の法人群と急性期一般病棟無の法人群との間にも価値企画の実践状況に違いが見られるかを分析してみた。**図表7-18**上段に示したように，急性期一般病棟を運営している法人群の中でも，DPC関連病院群の方が有意に，価値企画をより実施し，また組織的な支援の仕組みもより導入していた。つまり急性期一般病棟運営法人群の中でも，DPC制度という経営環境（極めて厳しい日別包括払いと在院日数上限）により要請される価値企画の必要性の違いに対応した実践状況が確認された。

　また**図表7-18**下段に示したように，急性期一般病棟を運営している非DPC関連病院群であっても，急性期一般病棟を運営していない法人群よりも価値企画実践率は高く，10％有意水準ではあるものの，有意差が見られた。ただし組織的な支援の仕組みについては有意差はなかった。急性期一般病棟を運営している法人からDPC制度という経営環境要因を取り除いてもなお，当該病棟を運営していない法人よりも価値企画を実践しており，急性期一般病棟運営という経営環境（相対的に厳しい在院日数・収入上限）により要請される価値企画の必要性の違いに対応した実践状況が確認された。

[図表7-18]　DPC制度参加状況及び急性期一般病棟有無と価値企画実践状況

急性期一般病棟有病院群におけるDPC関連性別の実践状況	標準提供プロセス		作成委員会	
	n	作成率	n	設置率
DPC対象・準備病院	56	89.3%	50	88.0%
DPC非関連病院	56	57.1%	31	58.1%
合　計	112	73.2%	81	76.5%
x^2検定	x^2値	P値	x^2値	P値
	14.8	0.000	9.6	0.002
DPC非関連病院の急性期一般病棟有	56	57.1%	31	58.1%
急性期一般病棟無	38	36.8%	13	46.2%
合　計	94	48.9%	44	54.5%
x^2検定	x^2値	P値	x^2値	P値
	3.7	0.053	0.5	0.469

　より厳密に分析してみても，DPC制度と急性期一般病棟という2つの制度環境により異なる価値企画の必要度の違いに対応した実践がなされているといえる。もっとも，急性期一般病棟を運営している非DPC関連病院群における価値企画の実践率は57％に止まっており，当該法人群における実践率が絶対水準として十分に高いかどうか（制度環境により求められる価値企画の必要度に十分対応した絶対水準か）は本研究からはわからない点には留意が必要である。

4.3　作成委員会と各職種関与度及び各要素考慮度の関係性

　価値企画を支援する委員会という組織的仕組みは，医療職の価値企画への関わりを高める効果を有していることが判明し，医療職に対しては組織的な仕組みによる経営管理活動への関与の確保を図ることが有効であるといえる。医事課・経営企画課等の事務職については有意なほどの効果は見られなかったが，少なくとも回答法人群では組織的な支援の仕組みがある方が関与度が高く，効果がまったくないという状況ではなさそうである。また事務職は，薬剤師及び医療技術員とともに，作成委員会という組織的な支援の仕組みがない場合には，平均としては「3．ある程度関与する」未満の状況であるが，組織的仕組みがある場合には「3．ある程度関与する」を超える状況となるため，組織的な仕組みを導入する意義は大きいともいえるだろう。

価値企画を支援する委員会という組織的仕組みは，在院日数調整という要素の価値企画に際する考慮度を高めることが判明し，組織的な支援の仕組みは部分的には効果を持っていると考えられる。しかし，それ以外の要素については考慮度を向上させる効果は確認できなかった。その背景としては，次のようなことが考えられる。

本調査で採り上げた各要素は価値企画の目的（狙い）に関わる要素でもあるが，採算性確保という要素との関係においてすでに明らかにしたように，これら要素を価値企画上どの程度考慮するかという次元と，これら要素を価値企画の目的としてどの程度重視するかという次元の両次元がある。こうした中，今回の調査では，価値企画上の考慮度を把握しているためではないかと考えられる。

すなわち，まず医療の質・成果向上と安全性の向上は，疾病別標準提供プロセス作成の目的として当然に[8]重視度が極めて高く，作成に際しては委員会という組織的仕組みがあろうとなかろうと医療機関職員としてはしっかりと考慮する。そのため，価値企画を支援する組織的仕組みの有無による考慮度の違いがあまり見られないのではないかと考えられる。また，採算性確保や患者負担軽減，患者情報提供，職員意欲向上，競争優位獲得の各要素は，作成の目的として重視度が高いわけではない[9]。そのため，作成委員会という組織的な支援枠組みを導入しても，考慮度向上という効果が見られないのではないかと考えられる。こうした中，在院日数調整は，在院日数上限が厳しい今日の経営環境下では，疾病別標準提供プロセスを作成する目的として重視度が相対的に高いため，組織的な支援枠組みの導入による考慮度向上効果が若干ではあるが確認されるのではないかと推察される。

つまり，作成委員会という組織的な支援枠組みが要素考慮の向上に効果をもたらすためには，作成目的として絶対的に重視されているわけではないが，一定程度以上は重視されている要素である必要があるのではないかと推察される。価値企画における各要素の目的としての重視度と作成上の考慮度の両者を区分して把握・分析することは今後の研究課題である。

4.4 採算性の定量的検討と採算性考慮度及び採算確保積極性

　価値企画に際して採算性確保の考慮度が高いと，標準提供プロセスの採算性を定量的に検討して採算性をより明確に把握することが明らかとなった。しかし，定量的な検討をしていない群でも採算性確保考慮度が平均として「3. ある程度考慮する」を超えており，それにもかかわらず，簡便的な方法も含めて定量的な検討がなされていない状況であることもわかった。価値企画に際して採算性は「ある程度考慮する」ものの，目的として重視度が高いわけではないので定量的な検討まではしない，という状況であると考えられる。しかし今後は，「ある程度考慮する」のであれば簡便的な方法による定量的検討はなされるように経営管理活動を向上させる必要があると考える。

　また設計している標準提供プロセスの採算性を定量的に検討して採算性の見える化を進めることにより，価値企画を通じた標準提供プロセスの採算性確保への多様な取り組みが促されることがわかった。疾病別標準提供プロセスの損益計算という提供プロセスマネジメントにおける損益計算の意義が確認されたといえるだろう。

5　ま　と　め

　本章では，一般病床を中心とした病院経営医療法人群を対象に，各法人にとっての主要な疾病種類ごとの入院医療サービスを対象とした標準的な提供プロセスの設計活動の現状を明らかにした。当活動が価値企画としての特質を有するものであることが確認されたほか，こうした活動が同一病棟内の医療提供プロセスに限定されたものばかりでなく，転棟後の提供プロセスまでも包含するものも半数近く見られることが判明した。

　またDPC制度に関わる法人群や急性期一般病棟を運営する法人群での設計活動が盛んであり，入院医療サービスに対する収入及び在院日数の上限が厳しい制度環境にある法人はその経営環境の要請に対応した価値企画という経営管理活動により取り組んでいること（つまり環境適応が進展していること）が確認された。さらに価値企画活動を支援する組織的仕組みは，医療職中心に当活動

への関与度を高めるが，質・安全性向上や採算性確保といった要素の考慮度を高めることはないことが判明した。加えて，価値企画に際する採算性考慮度が高いと採算性の定量的検討をすることが多いことが確認されたが，採算性を「ある程度考慮する」程度では簡便的な方法であっても定量的な検討まではしない法人も多いことが窺われる結果であった。またサービス提供プロセスの損益計算などによる採算性の見える化が，提供プロセスの採算管理を活発化させることも確認された。

　ただし，本章で明らかにされた現状や，環境適応の進展，組織的支援枠組み及び定量的採算性検討の効果に関する知見は，相対的に収入及び在院日数上限が厳しい一般病床を中心とした病院経営医療法人を対象としており，療養病床や精神病床を中心とした病院を経営する法人においても同様であるとは限らない点には留意が必要である。

〔注〕────────────────────────────

1　価値企画とは，医療サービスの設計にあたって，外在的に決まっている価格を前提として採算を確保するための原価水準を意識しつつ，質・収支・安全性・在院日数等を同時統合的に考慮して費用対成果としての価値の向上を図る活動である（荒井，2011，pp.63-64）。伝統的に管理会計界では原価企画という言葉が用いられてきたが，その活動の本質は価値企画であり，誤解を生じさせないために，私はあえて価値企画という言葉を用いている（荒井，2011，序）。

2　本章において，「」内の文章等は，その文章中の下線なども含めて，すべて本調査で用いた調査票内の表現そのものである。

3　一般病床50％以上の法人を抽出した病院経営医療法人の『事業報告書等』データは2018年決算時点のものであるため，調査回答時の2021年10月までには3年半の年月が経過しており，その間に病床種類の変更などが実施されたものと考えられる。

4　ちなみに分析対象外とした療養病床あるいは精神病床中心の5法人では標準的診療プロセスの設計活動は実施されていなかった。

5　本調査では，法人で運営している施設・事業の種類を複数回答可能方式で，「1.病院　2.診療所　3.介護老人保健施設　4.介護医療院　5.その他入所施設　6.訪問系事業（診療・看護・介護等）　7.通所系事業（介護・リハ等）　8.その他」の中から選択してもらった。

6　一般病床を中心とする病院経営医療法人を対象としているため，厚生労働省医政局の『病院経営管理指標』や筆者の先行研究群における診療領域類型の観点からは，一般型か一般病床中心のケアミックス型となっている。

7　各段階を表す1～5の数値を目盛りとして定規形式で均等配置した様式上で回答する方法を活用している（**図表7-補1**は調査票より抜粋）。ちなみに本書各章内の各種調査の各設問における5段階評価や7段階評価での回答は，すべて同様の各段階を目盛り表記した均等配置の定規形式を採用している。

図表7-補1

標準的な提供プロセスの作成に際する関与度	全く関与せず	あまり関与せず	ある程度関与する	かなり関与する	非常に関与する
（1）　医師	1	2	3	4	5

8　非営利で公共性の高い医療提供機関としても，日本医療界における疾病別標準提供プロセス作成の歴史的な登場背景からしても（荒井，2011，第2章），これら2つの要素が当活動の目的として極めて重視されていることは当然であるといえる。

9　ただし，すでに明らかにしたように作成上ある程度は考慮されており，それゆえ作成目的としてまったく重視されていないわけではないと考えられる。

―――――――― 補 論 ――――――――

労務単価企画の実践状況

1 問題意識

　第7章では，医療サービス価値企画が，一般病床を中心とする病院（経営医療法人）群，とりわけDPC制度下に置かれているDPC対象/準備病院群において，経営環境への適応として進展してきていることを明らかにした。また，医療サービス価値企画に際する採算性確保策の1つとして，「医師/看護師業務の一部の看護師/コメディカルや医師事務作業補助者/病棟クラークなどへの移管」という労務単価が相対的に低い職種へのタスクシフトという対策が半数強の病院で実施されていることも明らかにした。医療サービス価値企画は，他産業での原価企画がそうであるように，従来，後発薬の採用や委託業者との価格交渉など医薬材料費・委託費を中心に費用・損益面の作り込みがなされてきた。しかし，病院においては労務費が費用の過半を占めていることから，より厳しい経営環境となる中，より本格的な価値企画のために，労務費の作り込みが重要となってきている。

　そこで本補論では，第7章での一般病床中心の病院群を対象とした価値企画についての調査と同時期に実施した，一般病床中心の病院群である二次・三次救急病院群を対象とした医師業務の他職種へのシフトの現状についての調査（荒井・阪口，2022）を始めとした厚生労働省の研究班（荒井班）として実施した各種調査研究（荒井，2022b; 2023a; 2024）を基に，労務単価企画のより詳細な実態を明らかにする。また第7章と同様に，こうした労務単価企画に相当する医師から他職種へのタスクシフト活動へのDPC制度という制度環境の影響

も分析する。なお，本調査研究は多様な開設主体を対象としており，医療法人に限定した調査ではないが，開設者によるタスクシフトの実施状況に傾向はないことが確認されている[1]。

2　研究方法

　本調査では，厚生労働省の「令和2年度病床機能報告の報告結果」のうち二次または三次救急病院に該当する全病院を基本とする3,418病院に対して，2021年11月18日〜12月20日の期間で実施し，681病院から有効回答（回収率19.9%）を得た。回答病院群の開設主体は，「法人」（公益法人，医療法人，学校法人，社会福祉法人，医療生協，会社，その他の法人等）が56.1%を占めて最も割合が高く，「公的医療機関」（都道府県，市町村，日赤，済生会，北海道社会事業協会，厚生連，国民健康保険団体連合会等）が32.8%，「国」（厚生労働省，国立病院機構，国立大学法人，労働者健康福祉機構等）が9.1%で，社会保険関係団体とその他はごくわずかであった。また，「DPC対象／準備病院」が65.6%を占めていた。

　以前から法改正なしで制度上実施可能なタスクシフト対象業務のうちで，厚生労働省の働き方改革の検討会において「特に推進するもの」（厚生労働省，2020）とされた業務を基に設定した27種類の対象業務（**図表補-1**参照）について，タスクシフトの実施状況（1．シフトしていない　2．一部分をシフト　3．半分程度をシフト　4．大部分をシフト　5．全面的にシフト）を調査した。また，DPC制度環境下にあるDPC対象／準備病院群かそれ以外の病院群により，そのシフト状況に違いが見られるかをχ^2検定により検証した。さらに，シフトが始まらない背景理由（シフト阻害要因）についても，**図表補-3**掲載の病院職員の意識面・技術面・余力面に関係する諸要因を対象に調査した。

3 結 果

　まず，「一部分をシフト」も含めた何らかの程度シフトしている病院の割合でみると，27種類の3分の1にあたる9種類のシフト対象業務は，すでに8割前後以上の病院でシフトが行われている（**図表補-2**）。ただし一部分のシフトに止まっている病院が多く，半分程度以上シフトしている病院が過半を占めている対象業務は，5種類（A4，D4，G1，H1，I1）に止まっている。また2種類の業務（A4，D4）を除けば，全面的にシフトされている病院の割合は1割前後であり高くない。一方，臨床検査技師や臨床工学技士へのシフトを想定した業務を中心に，11種類のシフト対象業務は，過半の病院でまったくシフトが行われていない。つまりいくつかの対象業務は多くの病院で多くの場合にタスクシフトされている一方，ほとんどの対象業務は限定的にシフトされている。

[図表補-1]　特に推進する業務に基づく27種類のシフト対象業務

シフト先	管理番号	業務内容
看護師	A1	事前に取り決めたプロトコールに基づく薬剤の投与，採血・検査の実施
看護師	A2	救急外来における医師の事前の指示や事前に取り決めたプロトコールに基づく採血・検査の実施
看護師	A3	血管造影・画像下治療（IVR）の介助
看護師	A4	注射，採血，静脈路の確保等
看護師	A5	カテーテルの留置，抜去等の各種処置行為
助産師	B1	院内助産
助産師	B2	助産師外来
薬剤師	C1	周術期における薬学的管理等
薬剤師	C2	病棟等における薬学的管理等
薬剤師	C3	事前に取り決めたプロトコールに沿って行う処方された薬剤の投与量の変更等
薬剤師	C4	薬物療法に関する説明等
薬剤師	C5	医師への処方提案等の処方支援
診療放射線技師	D1	撮影部位の確認・検査オーダーの代行入力等
診療放射線技師	D2	血管造影・画像下治療（IVR）における補助行為
診療放射線技師	D3	放射線検査等に関する説明，同意書の受領
診療放射線技師	D4	放射線管理区域内での患者誘導
臨床検査技師	E1	心臓・血管カテーテル検査，治療における直接侵襲を伴わない検査装置の操作
臨床検査技師	E2	輸血に関する定型的な事項や補足的な説明と同意書の受領
臨床検査技師	E3	生検材料標本，特殊染色標本，免疫染色標本等の所見の報告書の作成
臨床工学技士	F1	人工心肺を施行中の患者の血液，補液及び薬剤の投与量の設定及び変更
臨床工学技士	F2	全身麻酔装置の操作
臨床工学技士	F3	各種手術等において術者に器材や医療材料を手渡す行為
臨床工学技士	F4	生命維持管理装置を装着中の患者の移送
理学療法士	G1	リハビリテーションに関する各種書類の記載・説明・書類交付
作業療法士	H1	リハビリテーションに関する各種書類の記載・説明・書類交付
言語聴覚士	I1	リハビリテーションに関する各種書類の記載・説明・書類交付
医師事務作業補助者	J1	診療録等の代行入力（電子カルテへの医療記録の代行入力，臨床写真など画像の取り込み，カンファレンス記録や回診記録の記載，手術記録の記載，各種サマリーの修正，各種検査オーダーの代行入力）

出典：荒井・阪口（2022）。

補論　労務単価企画の実践状況　171

[図表補-2]　各種シフト対象業務ごとのシフト実施状況

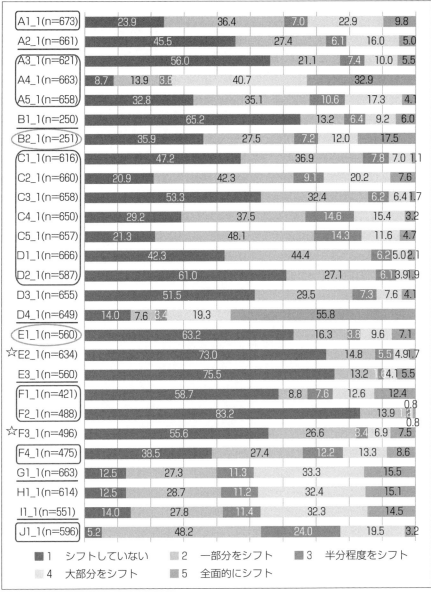

出典：荒井・阪口（2022）を基に加筆作成。

また27種類のシフト対象業務ごとに，DPC制度下に置かれている病院（DPC対象/準備病院）か否かにより，そのシフト状況に違いが見られるかを分析した。17種類のシフト対象業務については5％水準で有意差が見られ，そのうち15種類の業務では，DPC関連病院群の方がシフト実施病院の割合が高かった[2]（**図表補-2**の四角枠）。また，10％水準であれば，別の2種類（B2，E1）の業務でも有意差が見られ，DPC関連病院群の方がシフト実施病院の割合が高い（**図表補-2**の楕円枠）。さらに，残りの種類の業務についても，6種類（A2，B1，D4，E3，G1，I1）は，有意差はないものの，DPC関連病院群の方がシフト実施割合が5％pt程度以上高い（**図表補-2**の下線）。なお残りの2種類のうち，H1は4.1％pt差だがDPC関連病院の方がシフト実施割合が高く，D3は0.6％pt差でDPC制度下に置かれた病院か否かによる違いはない。つまり，ほとんどの業務について，DPC制度下にある病院群の方がタスクシフトを実施している。

もっとも，より積極的にタスクシフトに取り組んでいるDPC制度下にある病院群であっても，一部分のシフトに止まっている病院が多く，半分程度以上シフトしている病院が過半を占めている対象業務は，5種類（A4，D4，G1，H1，I1）に止まっている。また2種類の業務（A4，D4）を除けば，全面的にシフトされている病院の割合は1割前後であり高くない。一方，臨床検査技師や臨床工学技士へのシフトを想定した業務を中心に，10種類のシフト対象業務は，過半の病院でまったくシフトが行われていない。つまり，DPC関連病院群であっても，医師から他職種へのタスクシフトには，さらなる余地が大きく残っている。

以上のようにタスクシフトの余地はまだ大きく残っているが，シフトが始まらない理由としては，以下のように，病院職員の意識面や技術面，余力面にあることが明らかとなっている（**図表補-3**）。具体的には，阻害要因として「大いにある」あるいは「ややある」と回答した病院の割合が6割超〜7割超を占め過半に及んでいるのは，タスクシフトに際する業務標準化及びマニュアル作成の負荷，シフトのための教育研修の時間的（コスト的）負荷，新規採用含むシフト先職種の余力確保困難となっている。また代替先職種の代替への不安感も半数近くの病院で阻害要因となっている。なお，これら各阻害要因については，開設者による違いやDPC制度下に置かれた病院か否かによる違いは見られなかった。

[図表補-3] タスクシフト阻害要因

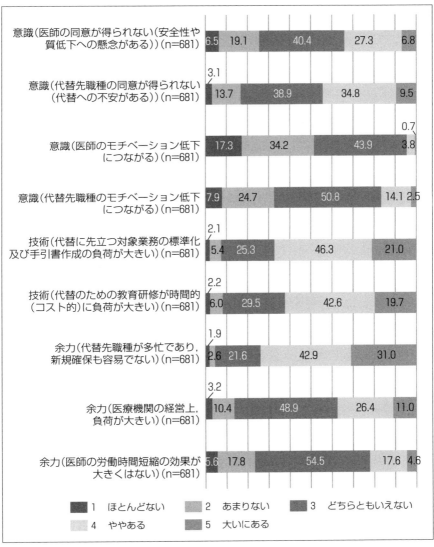

出典：荒井・阪口（2022）。

4 考　察

　全体的に見れば，いくつかの限られたシフト対象業務種類については，多く
の病院で多くの場合においてタスクシフトされている一方，ほとんどの対象業
務種類については，多くの病院でまったくシフトされていないか，シフトされ
ていても一部分のみであることが多いことが判明した。つまり医師から他職種
へのタスクシフト（労務単価企画）は一定程度進展しているものの，さらなる
タスクシフトの余地が大きく残っている状況が明らかとなった。

　また27種類のシフト対象業務のうちほとんどの業務について，DPC制度下
にある病院群の方がタスクシフトを実施していた。医師から他職種へのタスク
シフトが進展してきている背景には，医師の働き方改革による医師労働時間の
短縮の要請があることは言うまでもない。しかし医師労働時間短縮の必要性は，
二次・三次救急病院群全般において高く，DPC制度下の病院群だけにあるも
のではない。そのため，DPC制度下にある病院の方がタスクシフトに積極的
に取り組んでいる現状を踏まえると，DPC関連病院では，収入の上限制約が
強い中，費用を抑制して費用対成果のより良い医療サービス提供プロセスを構
築したいという経営上の要請もあるものと考えられる。つまり，少なくとも
DPC関連病院群については，医師労働時間短縮の必要性に加えて，診療報酬
制度環境を背景とした費用抑制の必要性も，医師から他職種へのタスクシフト
（労務単価企画）に対する積極性をもたらしていると考えられる。

　なぜなら，医師から他職種へのタスクシフトは，両職種間の労務単価の大き
な違いのために大きな人件費の節約が得られることから，タスクシフトのため
の他職種への研修費などの技術対応初期費用を考慮しても，費用の節減につな
がるからである。荒井班では，上述の27種類のシフト対象業務のうちまだ病院
界であまりシフトがなされていない19種類に焦点を当てて，7病院からの収集
データを基に，各種タスクシフトの技術対応のための初期費用はシフトに伴う
人件費節約額により多くの場合一年以内に回収されるとともに，各種タスク
シフトからは大きな医師時短効果が得られることを実証している（荒井・齊藤・
内藤，2023; 荒井，2023c）。この研究では，収集できた7病院からの56のタスク

シフト事例ごとに初期費用の回収期間と医師時短効果を分析しているが，いまタスクシフトによる費用節減額に注目し，また56事例の結果を病院ごとに集計してみると，**図表補-4**のようになる。本研究で対象とした厚生労働省検討会が「特に推進すべきもの」とした業務のうちの一部の業務で，かつ分析に必要な完全なデータが収集できた業務に限定した場合でも，各病院ともシフト開始初年度だけでも大きな費用節減額（損益改善効果）が得られている。7病院中4病院では1千万円以上の費用節減が実現しており，5千万円以上の節減ができている病院も見られる。

　なお病院Ⅳでは，初期費用が大きかったために[3]開始初年度だけでは70万円ほどの赤字となっている。しかし一度研修を受けた看護職員は，平均的な勤続年数を踏まえれば，その後，一般的には少なくとも5年程度は当院において当該タスクシフトを実施すると考えられる。そのため，当該人的初期投資により2年目以降も毎年人件費節約額が生じることから，当病院の場合にも2年目には初期費用を回収でき，5年間の累計ベースでは300万円を超える費用節約が実現できる。ちなみに開始初年度から大きな費用節減が得られている他の病院では，5年累計ベースでは極めて大きな費用節減となっており，3病院では2億円以上の費用削減効果が得られている。

[**図表補-4**]　**各病院におけるタスクシフトの損益改善効果と投資リターン**

病院番号	技術対応初期費用（人的投資）	年間シフト前後人件費節約額	開始初年度の年間費用節減額	2年度目以降の年間費用節減額	人的投資後5年間累計節約額	人件費節約額対人的投資倍率	
						単年度	5年累計
Ⅰ	833,114	42,185,959	41,352,845	42,185,959	210,096,683	51	253
Ⅱ	297,904	58,204,494	57,906,590	58,204,494	290,724,566	195	977
Ⅲ	0	10,953,355	10,953,355	10,953,355	54,766,775	無限大	無限大
Ⅳ	1,706,413	1,007,371	-699,041	1,007,371	3,330,445	0.6	3
Ⅴ	313,563	44,198,197	43,884,634	44,198,197	220,677,420	141	705
Ⅵ	740,058	1,148,022	407,964	1,148,022	5,000,051	1.6	8
Ⅶ	921,486	5,186,440	4,264,954	5,186,440	25,010,714	5.6	28

いま各病院におけるタスクシフトのための技術対応初期費用を人的初期投資と捉え，タスクシフトによる人件費の年間節約額（年間利益増分額に相当）をその投資から得られるリターンと考えると，その人的な年間節約額対投資倍率は**図表補-4**の右端欄（単年度）のとおりである。病院IV以外ではタスクシフト開始初年度から人的投資額を超える人的な費用節減額が得られ，しかも7病院中5病院では5倍を超えるリターンが得られている。100倍を超える年間費用節減額が得られている病院も7病院中3病院も見られる。当該人的初期投資が5年程度は効果を持つことを踏まえると，病院IVでも投資に対して3倍のリターンが得られる（**図表補-4**右端欄（5年累計））。

[**図表補-5**] シフト対象業務区分別の損益改善効果

業務区分	事例数	技術対応初期費用（人的投資）	年間シフト前後人件費節約額	開始初年度年間費用節減額	人的投資後5年間累計節約額	人件費節約額対人的投資倍率	
						単年度	5年累計
A1	139	53,084	1,238,793	1,185,709	6,140,880	23	117
A2	39	2,216	269,958	267,742	1,347,574	122	609
A3	26	2,735	479,414	476,679	2,394,336	175	877
A5	115	57,810	407,328	349,518	1,978,828	7	35
B1	15	224,730	668,074	443,344	3,115,640	3	15
C1	69	19,364	523,016	503,651	2,595,715	27	135
C2	135	5,313	597,698	592,386	2,983,178	113	563
C3	89	15,970	372,589	356,620	1,846,978	23	117
C4	119	4,290	651,249	646,958	3,251,953	152	759
C5	140	4,957	625,138	620,181	3,120,733	126	631
D1	71	1,041	82,227	81,186	410,094	79	395
D2	32	112,036	444,047	332,011	2,108,199	4	20
D3	56	2,602	518,503	515,902	2,589,915	199	997
E1	27	83,984	664,710	580,725	3,239,565	8	40
E2	21	4,220	53,363	49,143	262,595	13	63
E3	10	2,657	365,981	363,324	1,827,247	138	689
F1	34	13,186	1,106,637	1,093,451	5,519,999	84	420
F2	17	24,646	1,442,983	1,418,337	7,190,270	59	293
F3	44	91,791	1,019,288	927,498	5,004,651	11	56

また，この 7 病院を対象に開発した研究方法を用いて，荒井班では2023年度にはより多数の病院（業務区分別外れ値除去後で246病院，1,198事例）からの収集データに基づいて，19種類の業務ごとの初期費用の回収期間や時短効果を分析したが（荒井・阪口・平木，2024），そのデータを基に各種シフトごとの損益改善効果を分析してみた（**図表補-5**）。A1やF1，F2では初年度だけでも平均して100万円以上の費用節減が得られており，人的初期投資後 5 年間累計ではD1とE2を除く17種類の業務で100万円以上の費用節減が得られている。人的初期投資に対する人件費節約額（損益改善額）の倍率で見ると，単年度ベースでも，すべての種類の業務で 3 倍以上のリターンが得られており，100倍以上のリターンが得られる業務種類も 7 種類見られる。投資後 5 年間累計では，19種類中13種類の業務において100倍以上のリターンが得られている。

いまこの1,198事例の各種タスクシフトを246の病院ごとに集計（合計）して，その損益改善効果と投資リターンの階層別の分布を分析すると**図表補-6**のとおりとなった。7 病院を対象とした研究の場合と同様にシフト可能な多様な業務の一部に限定した場合でも，一部の例外的な病院[4]を除けば，大きな費用節減額が得られている。開始初年度だけでも，7 割以上の病院では100万円以上の費用節減が実現しており，1 千万円以上の費用節減が得られている病院も見られる。人的初期投資後 5 年間累計では，過半の病院が 1 千万円以上の費用節減を得ており，3 割以上の病院が 2 千万円以上の費用節減を実現している。

[図表補-6]　病院ごとの合計の損益改善効果と投資リターンの階層別分布

損益改善効果	開始初年度		2 年度以降		5 年間累計		人的投資リターン	単年度		5 年間累計	
年間費用節減額／5年間累計費用節減額	病院数	構成割合	病院数	構成割合	病院数	構成割合	人件費節約額対人的投資倍率	病院数	構成割合	病院数	構成割合
赤字	5	2%	1	0.4%	2	0.8%	1 倍未満	5	2%	2	0.8%
50万円未満	40	16%	40	16%	9	4%	1 倍以上 5 倍未満	21	9%	3	1%
50万円以上100万円未満	27	11%	26	11%	10	4%	5 倍以上10倍未満	23	9%	6	2%
100万円以上200万円未満	52	21%	53	22%	10	4%	10倍以上30倍未満	46	19%	18	7%
200万円以上500万円未満	69	28%	69	28%	37	15%	30倍以上50倍未満	19	8%	20	8%
500万円以上 1 千万円未満	49	20%	52	21%	53	22%	50倍以上100倍未満	15	6%	24	10%
1 千万円以上 2 千万円未満	4	2%	4	2%	47	19%	100倍以上	31	13%	87	35%
2 千万円以上	0	0%	1	0.4%	78	32%	無限大（人的投資無）	86	35%	86	35%
合計	246	100%	246	100%	246	100%	合計	246	100%	246	100%

人的初期投資に対する人件費節約額の倍率で見ると，わずかな例外的病院を除けば，単年度ベースでも投資額以上のリターンが得られており，8割の病院では10倍以上の投資に対する見返りが得られている。技術対応初期投資を全く伴わずにタスクシフトを実施できている病院が35％見られることもあり，半数弱の病院で100倍以上のリターンが得られている。投資後5年間累計では，95％超の病院で10倍以上，7割の病院で100倍以上のリターンが得られており，1,000倍以上の見返りが得られている病院も4割超に及んでいる。

なお，前節で述べたように，ほとんどの種類の業務区分についてDPC制度下にある病院群の方がシフトを実施していることが多いことが確認されたが，この246病院を対象にDPC関連病院か否かによりタスクシフトによる損益改善額の程度に相違が見られるかを分析した（**図表補-7**）。その結果，開始初年度だけで見ても投資後5年間累計で見ても，DPC関連病院群の方が有意に費用

[図表補-7]　DPC関連病院か否か別のタスクシフトによる損益改善程度の相違

DPC別包括払制との関連性	開始初年度の年間費用節減額			人的投資後5年間累計節約額		
	n	平均	標準偏差	n	平均	標準偏差
DPC対象／準備病院	147	3,587,924	2,973,523	147	18,689,565	15,405,586
該当せず	99	1,869,378	1,973,915	99	9,579,922	9,922,546
Welch検定	F値	P値		F値	P値	
	29.7	0.000		31.8	0.000	
DPC別包括払制との関連性：100-300床台限定	開始初年度の年間費用節減額			人的投資後5年間累計節約額		
	n	平均	標準偏差	n	平均	標準偏差
DPC対象／準備病院	76	3,310,266	2,946,490	76	17,083,476	14,676,734
該当せず	50	2,212,540	2,231,652	50	11,261,455	11,193,344
Welch検定	F値	P値		F値	P値	
	5.64	0.019		6.35	0.013	
病床規模	開始初年度の年間費用節減額			人的投資後5年間累計節約額		
	n	平均	標準偏差	n	平均	標準偏差
100床未満：小規模	61	1,726,335	1,872,653	61	8,924,020	9,473,257
100-300床台：中規模	126	2,874,661	2,729,849	126	14,773,150	13,657,820
400床以上：大規模	59	4,152,196	3,019,856	59	21,864,344	16,330,981
Welch検定	F値	P値		F値	P値	
	15.0	0.000		15.3	0.000	

補論　労務単価企画の実践状況　179

節減額が大きいことが明らかとなった（**図表補-7**上段）。ただしDPC関連病院群（平均370床）の方が非関連病院群（平均136床）よりも有意（F値102，P値0.000）に病床規模が大きく，またシフト対象業務の発生件数（シフト実施の機会）が多いため病床規模が大きな病院群ほど有意に費用節減額が大きくなる（**図表補-7**下段）。そこでDPC関連病院の多い大規模病院群とDPC関連病院の少ない小規模病院群を除いた中規模病院群に限定して（つまり病床規模をある程度統制しつつ），DPC関連病院か否かによる損益改善額の程度の相違を分析したところ，その場合でもDPC関連病院群の方が有意に費用節減額が大きいことが判明した（**図表補-7**中段）。つまりDPC関連病院群は，規模が大きいことによるシフト機会の多さだけではなく，包括払い制度下で収益向上機会に制約があるために費用節減への意識が高いことも反映された結果であると考えられる。

5　まとめ

　現状では，タスクシフトに相対的に積極的に取り組んでいるDPC関連病院であっても，医師から他職種へのさらなるタスクシフトの余地が大きく残っており，病院界における労務単価企画はなお道半ばであるといえる。医師から他職種へのタスクシフトによる医療サービス価値企画（労務単価企画）を推進し，医療界全体としての費用対効果を高めていくためには，他職種へのタスクシフトの大きな阻害要因となっている，マニュアル作成や教育研修などの技術的課題と担い手余力確保に対処することが特に重要となる。

　新規採用を含むシフト先職種の余力確保については，近年，診療報酬上の加算を通じた支援策が採られつつある。また，本来，労務単価が相対的に安くて済む職種へのタスクシフトであるため，余力確保による人件費増は労務単価の高い医師の超過勤務手当の減少などにより吸収されるはずであり，上述のように損益的にはむしろ良い結果となるはずである。加えて，マニュアル作成や教育研修などのタスクシフト開始に際する技術的対応のための初期費用は発生するものの，前節で示したようにごくわずかな例外的病院を除くほぼすべての病院において，医師とシフト先職種との労務単価の差から生まれる人件費節約額

により，タスクシフトを継続していけば，中期的には初期投資は回収される。つまり，現状においてタスクシフトを阻害している三大要因は，損益的な観点からは，短期的には負荷があっても中長期的には元が取れて病院経営上利点があると考えられる。タスクシフトがもたらす病院経営上の中長期的な利点を，病院経営層にしっかりと認識してもらうための活動も重要だと考えられる。

なお本補論では，現在進展中の労務「単価」企画について論じてきたが，労務原価の企画としては，タスクシフトに際して既存業務を単に他の職種にシフトするだけでなく，その機会に既存業務そのものの実施プロセスを見直して業務実施の効率化（業務所要時間の短縮化）も図る労務「時間」企画も重要である。しかしながら，荒井班で収集したタスクシフト事例のうち，中央値等の外挿をしていない純粋にシフト前後の業務所要時間の変化を分析できる831事例を対象に分析したところ，78％の事例ではシフト前後で所要時間に変化はなく，また11％ではシフト開始以降の方が長時間化しており[5]，現状では労務「時間」企画はまだあまり取り組まれていない[6]。今後は，ICT及びロボットの活用や業務実施プロセスの標準化及び円滑化を通じて業務所要時間を短縮化し（荒井，2024），労働時間短縮による人件費の作り込みを図ることが重要となる。

〔注〕————————————————

1　開設者別分析を27種類の業務ごとに実施したところ，8種類の業務には有意差が確認されたが，その8種類ごとにタスクシフト実施状況が盛んな開設者は異なり，開設者によるタスクシフト全般に関する傾向は見られない。

2　E2とF3のみ，非DPC関連病院の方がシフト実施割合が高い（**図表補-2**の☆印）。

3　A5のシフトのための研修を当病院の全看護職員300人強のうちの50人に対して一挙に実施したことが影響している。

4　技術対応初期投資のない2年度目以降も赤字となっている病院が1病院見られるが，タスクシフト前後で業務一回当たり費用が増加してしまっているシフト事例が含まれるためである。当該病院では，放射線検査等に関する同意書の説明，受領という業務について，シフト前後で医師の所要時間が全く増減することがないまま診療放射線技師の所要時間が新たに加わっており，医師から他職種への業務移管には厳密にはなっていない事例ともいえる。5年間累計で赤字の2病院のうちのもう1病院は，2年度目以降は黒字であるが，初期投資が大きく5年間では回収しきれていない状況である。

5　ただし長時間化した事例の多くは，シフト回数・年数の増加とともにシフト先職種の習

補論　労務単価企画の実践状況　　181

熟が進んで，しばらくするとシフト開始以前に医師が実施していた場合とほぼ変わらない
所要時間になっていく可能性が高いと考えられる。

6　ただし所要時間が短縮化された事例も11％と少ない割合ながらみられ，労務「時間」企
画が全く見られないわけではない。なおシフト種類別にシフト前後の業務所要時間の変化
状況を分析したところ，**図表補-注1**のとおりであった。

［図表補-注1］　タスクシフト前後の業務所要時間の変化状況

業務区分	n	時間不変		長時間化		短時間化		業務区分	n	時間不変		長時間化		短時間化	
		n	割合	n	割合	n	割合			n	割合	n	割合	n	割合
A1	87	68	78%	8	9.2%	11	12.6%	D1	72	61	85%	4	5.6%	7	9.7%
A2	28	22	79%	2	7.1%	4	14.3%	D2	32	28	88%	1	3.1%	3	9.4%
A3	17	16	94%	1	5.9%	0	0.0%	D3	45	34	76%	6	13.3%	5	11.1%
A5	74	59	80%	9	12.2%	6	8.1%	E1	18	16	89%	1	5.6%	1	5.6%
B1	13	11	85%	0	0.0%	2	15.4%	E2	15	12	80%	1	6.7%	2	13.3%
C1	40	24	60%	8	20.0%	8	20.0%	E3	8	8	100%	0	0.0%	0	0.0%
C2	76	57	75%	10	13.2%	9	11.8%	F1	21	20	95%	0	0.0%	1	4.8%
C3	68	44	65%	12	17.6%	12	17.6%	F2	13	12	92%	0	0.0%	1	7.7%
C4	78	55	71%	17	21.8%	6	7.7%	F3	38	33	87%	2	5.3%	3	7.9%
C5	88	68	77%	10	11.4%	10	11.4%	合計	831	648	78%	92	11.1%	91	11.0%

　A3やE3，F1，F2ではシフト前後で所要時間が変化する事例の割合は特に小さい一方で，
C1とC3ではシフト前後で変化する事例割合が相対的に大きい。また，C1とC3，C4ではシ
フト前後で所要時間が長時間化した事例の割合が相対的に大きい一方，A3やB1，D1，D2，
E1，E3，F1〜F3では相対的に小さい。こうした中，B1とC1，C3ではシフト前後で所要
時間が短縮化した事例の割合が相対的に大きい一方，A3やE1，E3，F1では相対的に小さ
い。

第8章

事業多角化に伴う経営管理の実践状況
―多角化時の各要素考慮度と
多角化に伴う管理会計制度への積極性の影響―

1　問題意識

　病院を経営する医療法人の事業多角化が着実に進んでおり，今日では，病院事業以外に本来業務事業か附帯業務事業を併営している病院経営医療法人が7割を超えるまでになっている。そのため，医療法人における多角化に伴う経営管理の実践状況を明らかにすることは，多角化法人における今後のより適切な経営管理のあり方を探る上で重要である。

　そこで多角化意思決定時の各種要素の考慮度や採算性評価手法，多角化数年後の事後検証時における考慮要素や多角化に伴う経営管理上の多様な課題ごとの重視度など，多角化後の各種事業の法人内連携統合という課題に限定しない多角化に伴う多様な経営管理実践について，本来業務多角化をしている病院経営医療法人（病院のみ型以外の法人）を対象に明らかにする。なお，多角化した後の法人内での事業間の連携統合のための経営管理実践については，次章においても，本格的な医療介護複合体といえる老健事業へと多角化した病院経営医療法人（老健併営系2類型）に焦点を当てて，さらに分析する。

　すでに本書第1章では，新規の高額設備機器投資における経営管理実践について明らかにした。多角化投資に際しては，新規の高額設備機器の投資が伴うことも多いため，その側面では類似する点も多いと考えられる。しかし新たに多角化する事業の中には新規の高額な設備機器への投資を伴わない事業もあるし，既存事業のために新たに投資される高額設備機器もあるため，多角化投資と新規高額設備機器投資は同一の経営管理活動ではない。本章では，多角化と

いう観点からの経営管理活動に焦点を当てて，その実践状況を明らかにしつつ，新規高額設備機器投資の場合と比較した考察も加える。

　本章では，まず本研究の方法として，その中核である質問票調査について詳細に説明する。その上で調査結果を詳述するとともに，多角化意思決定時における各種要素の考慮度と，多角化に伴う他の経営管理活動との連動状況及び法人全体としての財務成果の重視度との関係性を検証する。また，多角化に伴う経営管理活動の中でも，事業別採算管理や事業統合的な法人経営計画という管理会計制度への積極性の違いは，多角化に伴う各種経営課題の重視度に違いをもたらしているのではないかという問題意識の下，両者の関係性も分析する。さらに，法人全体としての採算性や資産収益性の重視度が，これらの管理会計制度への積極性に影響を与えているのではないかという問題意識の下，両者の関係性も分析する。こうした分析によって両者間の因果関係が検証されるわけではないが，両者間の想定される関係性を検証することは重要である。

2　研究方法

　医療法人が提出する『事業報告書等』に基づき，病院を経営する医療法人のデータベース（2017年決算版）を構築し，診療所か老健を併営する病院経営法人を対象に，病院事業以外の事業への多角化に伴う経営管理の現状に関する郵送質問票調査を実施した。「本調査において，多角化とは，病院を経営する医療法人が，診療所や介護老人保健施設や介護医療院という本来業務施設事業を併営したり，その他の入所系事業や訪問系事業，通所系事業などの附帯業務事業を併営したりすること」[1]と定義している。具体的には，構築した医療法人データベースに収載されている法人のうち，少なくとも診療所か老健に多角化していて住所情報が完全な2,197の病院経営法人を対象に，2020年10月中旬〜11月下旬に実施し，178法人から有効回答を得た（有効回答率8.1％）。回答は，医療法人の「事業多角化の状況に詳しい方（法人本部長，事務長，経営企画部課長，財務経理部課長ほか）」にお願いした。

　質問票では，「関連社会福祉法人等を含む貴医療法人グループ全体」（以下，法人グループを法人と略称）の基本属性として，どのような種類の施設・事業を

経営しているかを8種類の選択肢[2]の中から選んでもらった。そして経営している医療法上の本来業務の施設種類（病院，診療所，老健，介護医療院）の組み合わせに着目して，各法人を各種多角経営類型に分類した（**図表8-1**左欄）。なお，本調査回答法人群のうち17法人では，介護医療院も経営していたが，1割弱と多くないため老健相当として扱い，各多角経営類型への分類をした。病院・老健型が4割強，病院・診療所型と病院・診療所・老健型が3割弱という状況であった。なお，母集団としての本来業務多角化している病院経営医療法人群全体での各類型別割合は**図表8-1**右欄のとおりであり[3]，回答法人群の方が病院・診療所型の割合が若干低く病院・老健型の割合が若干高い。しかし回答法人群では，最近制度化された介護医療院を老健相当として類型分類していることから，病院・診療所型が若干少なく病院・老健型や病院・診療所・老健型が若干多く分類されることになるため，回答法人群における各多角経営類型の構成割合は母集団とおおむね一致しているといえる。

[図表8-1]　回答法人の基本属性：多角経営類型

多角化類型	調査回答群		調査対象群	
	n	構成割合	n	構成割合
病院・診療所型	50	28.4%	756	34.4%
病院・老健型	77	43.8%	871	39.6%
病院・診療所・老健型	49	27.8%	570	25.9%
合計	176	100.0%	2,197	100.0%

　また法人の基本属性として，法人グループ全体での総収入額を回答いただいた（**図表8-2**）。母集団における事業収益額規模分布と比べて，回答法人群の方が若干規模が大きい傾向はある。しかしながら回答法人群は，関連法人を含む医療法人グループ全体としての総収入額を回答しているのに対して，母集団の方は『事業報告書等』から得られる当該法人のみの事業収益額であるため，母集団の収益規模の方が本質的に小さくなる比較となっている。その点を考慮すると，母集団と回答法人群との収益規模分布は近似しているといえる。

[図表8-2]　回答法人の基本属性：経済規模

法人グループ 総収入額規模	調査回答群		調査対象群	
	n	構成割合	n	構成割合
10億円未満	20	11.3%	254	11.6%
10億円台	39	22.0%	679	30.9%
20億円台	42	23.7%	480	21.8%
30-50億円台	45	25.4%	525	23.9%
60億円以上	31	17.5%	259	11.8%
合計	177	100.0%	2,197	100.0%

　さらに，医療法人の中核事業である病院の診療領域類型を見た（**図表8-3**）。一般型とは一般病床8割以上の病院であり，療養型とは療養病床8割以上，精神型とは精神病床8割以上の病院である。またケアミックス型とは，これら3種類の特定の病床種類に重点のある病院以外の，多様な病床種類の構成割合をバランスさせた病院である。なお母集団の類型別割合と回答法人群での構成割合はほぼ一致している。

[図表8-3]　回答法人の基本属性：診療領域類型

診療領域類型	調査回答群		調査対象群	
	n	構成割合	n	構成割合
一般型	54	30.3%	645	29.4%
療養型	31	17.4%	365	16.6%
精神型	27	15.2%	361	16.4%
ケアミックス型	66	37.1%	826	37.6%
合計	178	100.0%	2,197	100.0%

　以上から，本研究の分析対象法人群は，多角経営類型，経済規模，中核事業の病院の診療領域類型の各観点から，母集団を反映した法人群となっている。

　加えて本調査では，法人の組織規模を把握して，多角化に伴う経営管理に組織規模による違いがあるかを分析するために，従業員数を調査しており，それを各組織規模区分における客体数をある程度確保する観点から200人単位で整理した結果が**図表8-4**である。なお，『事業報告書等』には従業員数が記載されていないため，母集団における従業員数規模の分布は明らかでない。

[図表 8 - 4] 回答法人の組織規模

職員数規模	n	構成割合
200人未満	41	24.3%
200-300人台	57	33.7%
400-500人台	34	20.1%
600人以上	37	21.9%
合計	169	100.0%

　本章では，こうした分析対象法人群における多角化に関わる経営管理の実践状況を明らかにする。その際，組織規模による違いがないかも分析する。また多角化意思決定に際して考慮している要素ごとに，その考慮度の違いによって，多角化事業の投資採算性の定量評価や多角化の事後評価，多角化に伴う経営管理上の各課題の重視度，事業別採算管理への積極性，事業統合的な法人全体経営計画に違いが見られるのかも分析する。さらに，多角化時の各要素の考慮度の違いと法人全体としての財務成果の重視度との関係性も分析する。加えて，事業多角化に伴う管理会計制度（事業別採算管理及び事業統合的法人経営計画）への積極性と，多角化に伴う各種経営課題の重視度及び法人全体の財務成果重視度との関係性についても分析する。

　なお本研究では，質問票における全設問に回答した法人のみを対象とするのではなく，少ない回答数をできるだけ生かすため，設問ごとに回答した全法人を分析対象とする方法を採用した。なお，各区分の割合（比率）の差を検証する際にはχ²検定を用い，各区分の平均値の差を検証する際にはWelch検定（分散分析）を用いた。

3　結　　果

3.1　多角化に伴う経営管理

（1）　多角化意思決定に際する各要素の考慮度

　まず本調査では，「多角化の意思決定に際して，以下の各要素を考慮している程度を5段階評価でお答えください」として，次の10の考慮要素を提示し，

「全く考慮せず」から「非常に考慮する」までの5段階のいずれかを選択して
もらった。

---

(1) 多角化する事業自体の採算性：多角化する事業は採算が取れるか
(2) 病院事業への波及効果/相乗効果：入退院調整の容易化，集患効果が見込
    める
(3) 採算性以外の財務的要素：資金調達可能性，財務的安定性
(4) 患者・家族の期待・ニーズへの対応
(5) 医療/介護の制度・政策の動向
(6) 地域における自法人の競争環境：近隣法人の動向，地域での将来的優位性
    確保
(7) 職員の意欲・モチベーション向上
(8) 法人全体としての機能・質の向上
(9) 法人理念/使命/ビジョンとの適合性
(10) 行政（市町村等）からの要望：地域での必要性

　その結果は**図表8-5**のとおりである。平均値でみると，多角化する事業自
体の採算性や，法人全体としての採算性に資する病院事業への波及効果/相乗
効果（病院事業含む法人内事業間の波及効果）（以下，波及効果と略称），患者等の
ニーズへの対応などを中心に，多くの要素が「かなり考慮」されている。そう
した中，行政からの要望は，「ある程度考慮」されているものの，相対的には
考慮度が一番低い。また，資金調達可能性や財務的安定性という財務的要素
（以下，財務健全性）や職員意欲向上も，「ある程度」以上考慮されているものの，
相対的には考慮度がやや低い状況が窺われる。なお，多角化意思決定に際して
考慮する要素としてその他の要素があれば記載して回答できる様式で調査した
が，その他として「提案者の熱意」と「他法人の模倣でないか」が記載され，
いずれも「非常に考慮する」と回答されていた。

第8章　事業多角化に伴う経営管理の実践状況　　189

[図表 8 - 5]　　多角化意思決定に際する各要素の考慮度

多角化時考慮要素	事業採算性		病院への効果		財務健全性等		ニーズ対応		制度政策動向	
考慮度	n	割合	n	割合	n	割合	n	割合	n	割合
1 全く考慮せず	1	0.6%	1	0.6%	4	2.3%	1	0.6%	1	0.6%
2 あまり考慮せず	6	3.4%	8	4.5%	19	10.7%	4	2.3%	5	2.8%
3 ある程度考慮する	44	24.9%	36	20.2%	62	35.0%	34	19.2%	48	27.1%
4 かなり考慮する	66	37.3%	82	46.1%	68	38.4%	86	48.6%	78	44.1%
5 非常に考慮する	60	33.9%	51	28.7%	24	13.6%	52	29.4%	45	25.4%
合計	177	100%	178	100%	177	100%	177	100%	177	100%
平　均	4.0		4.0		3.5		4.0		3.9	
標準偏差	0.88		0.85		0.94		0.79		0.83	
中央値	4		4		4		4		4	
多角化時考慮要素	地域競争環境		職員意欲向上		法人機能向上		理念適合性		行政の要望	
考慮度	n	割合	n	割合	n	割合	n	割合	n	割合
1 全く考慮せず	2	1.1%	3	1.7%	1	0.6%	1	0.6%	6	3.4%
2 あまり考慮せず	10	5.6%	14	7.9%	4	2.2%	8	4.5%	18	10.1%
3 ある程度考慮する	66	37.3%	72	40.4%	37	20.8%	48	27.0%	87	48.9%
4 かなり考慮する	67	37.9%	74	41.6%	97	54.5%	73	41.0%	55	30.9%
5 非常に考慮する	32	18.1%	15	8.4%	39	21.9%	48	27.0%	12	6.7%
合計	177	100%	178	100%	178	100%	178	100%	178	100%
平　均	3.7		3.5		3.9		3.9		3.3	
標準偏差	0.88		0.82		0.75		0.87		0.86	
中央値	4		3.5		4		4		3	

　この各要素の考慮度が多角化をする法人の組織規模によって異なるのかを分析したところ，以下の 5 つの要素については有意な差が見られた（**図表 8 - 6**）。有意性が確認された各考慮要素については，いずれにおいても200人未満の零細法人や200-300人台の小規模法人よりも，400-500人台の中規模法人や600人以上の大規模法人の方が，考慮度が高い傾向が見られた。特に，患者ニーズへの対応と法人全体としての機能向上については， 1 ％水準で有意となっており，組織規模による違いが明確である。

[図表 8 - 6]　法人の組織規模別の各考慮要素の考慮度（有意差ある要素のみ掲載）

多角化時考慮要素	病院への効果			財務健全性等			患者ニーズ対応			法人機能向上			理念適合性		
組織規模	n	平均	標準偏差	n	平均	標準偏差	n	平均	標準偏差	n	平均	標準偏差	n	平均	標準偏差
200人未満	41	3.88	0.95	41	3.54	0.90	41	3.95	0.86	41	3.83	0.70	41	3.88	0.84
200-300人台	57	3.84	0.77	57	3.26	0.97	56	3.82	0.81	57	3.79	0.80	57	3.74	0.90
400-500人台	34	4.18	0.83	34	3.74	0.75	34	4.29	0.72	34	4.09	0.71	34	3.97	0.97
600人以上	37	4.22	0.75	36	3.72	0.97	37	4.35	0.63	37	4.27	0.69	37	4.19	0.70
Welch検定	F値	P値		F値	P値		F値	P値		F値	P値		F値	P値	
	2.50	0.065		2.68	0.052		5.27	0.002		4.08	0.009		2.57	0.059	

（2）　多角化投資の採算性の定量評価

　多角化投資の採算性を検討する際に，定量的な評価をしているか否か，また実施している場合にどのような評価手法を活用しているかを調査した。6割強の法人が定量的な評価を実施しており，その際に用いている手法としては回収期間法が最も利用されている（**図表 8 - 7**）。ただし複数の手法を用いている法人も3割半に及び，その主要な組み合わせは，投資利益率法と回収期間法（15法人），回収期間法と割引現在価値法（11法人），投資利益率法と回収期間法と割引現在価値法（8法人）となっており，回収期間法を基本として他の手法も併せて利用されているという状況である。

[図表 8 -7]　定量的評価の有無と評価手法

多角化投資の定量的な評価		定量的な各評価手法の採用率			
n	実施率	n	投資利益率法	回収期間法	割引現在価値法
177	62.1%	108	40.7%	75.9%	24.1%

＊「その他」の手法を用いている法人も2法人あり。
　複数の手法を用いている法人が38法人（35.2%）あり。

[図表 8 - 8]　定量評価の組織規模別状況

組織規模	n	実施率
200人未満	41	53.7%
200-300人台	57	54.4%
400-500人台	34	61.8%
600人以上	37	83.8%
χ^2検定	χ^2値	P値
	10.08	0.018

第8章　事業多角化に伴う経営管理の実践状況　　191

　なお，多角化投資の採算性評価を定量的に実施しているか否かは，組織規模によって異なるのかを分析したところ，組織規模が大きいほど実施率が高いことが判明した（**図表8-8**）。

（3）　多角化事業の事後的検証

　本調査では，「多角化の<u>数年後に</u>[4]，多角化した事業に関する<u>事後的な検証（評価）</u>を実施していますか。実施している場合，<u>どのような観点から検証</u>していますか。以下の中からご回答ください（<u>複数選択可</u>）」として，事後的な検証の実施の有無と実施している場合のその検証の観点（評価要素）を以下の6つの観点を対象に把握している。

> 1．多角化した事業は予定どおりの採算性が得られているか
> 2．病院事業への波及効果/相乗効果は得られているか
> 3．患者・家族の満足度は高まったか
> 4．地域での競争優位を築けたか
> 5．職員の意欲・満足度は高まったか
> 6．行政の要望（地域の必要性）を満たせたか

　その結果が**図表8-9**である。8割の法人において多角化事業の事後的な検証がなされており，事後検証している場合，9割以上の法人で事業採算性の検証がなされており，また波及効果も7割の法人で検証されている。一方，地域競争優位や職員意欲向上，行政要望充足の各観点からの事後検証はあまりなされていない。また事後検証に際するその観点（評価要素）としては，複数の観点から検証している法人が8割近くに及んでいる。事後検証に際するその評価要素数を整理したものが**図表8-9**の下段である。1要素から4要素あたりまでの法人がそれぞれある程度見られ，5要素から6要素も少ないものの見られる。1つの観点からのみ事後検証している法人の場合，30法人中25法人が採算性の観点がその唯一の評価要素であり，また4法人は病院への波及効果の観点である。

[図表 8 - 9]　事後的検証の有無とその観点

多角化の事後的な検証		事後検証の各観点（評価要素）の採用率と評価要素数						
		n	採算性	病院波及効果	患者満足向上	地域競争優位	職員意欲向上	行政要望充足
n	実施率	139	92.8%	69.1%	41.7%	22.3%	23.0%	12.2%
176	79.0%		1 要素	2 要素	3 要素	4 要素	5 要素	6 要素
			21.6%	30.9%	23.0%	15.8%	6.5%	2.2%

　主要な組み合わせを分析してみると，２つの観点から検証している43法人のうち，39法人は採算性を１つの観点としており，その39法人中32法人は採算性と波及効果の組み合わせ，４法人は採算性と患者満足向上の組み合わせである。また３つの観点から検証している32法人では，１法人を除きすべての法人が採算性の観点を含み，その31法人のうち25法人は波及効果の観点を含んでいる。その25法人のうち，13法人は患者満足向上，６法人は行政要望充足，４法人は地域競争優位，との組み合わせであった。さらに４つの観点から検証している22法人では，すべての法人が採算性の観点を含み，22法人中18法人は採算性と波及効果と患者満足向上の観点を含み，その18法人のうち９法人は職員意欲向上，７法人は地域競争優位との４つの組み合わせであった。加えて，５つの観点からの９法人では，１法人を除きすべての法人が，行政要望充足を除く５つの観点からの検証をしている。複数の観点から事後検証する場合，採算性と波及効果の両観点がその中心的な評価要素となっていることが判明した。

　なお，多角化事業の事後検証を実施しているか否かは，組織規模によって異なるのかを分析したが，組織規模との関係性は見られなかった（**図表 8 -10**）。

[図表 8 -10]　多角化事業の事後検証の組織規模別状況

組織規模	n	実施率
200人未満	40	75%
200-300人台	57	79%
400-500人台	34	79%
600人以上	37	84%
χ^2検定	χ^2値	P値
	0.90	0.825

（4） 多角化に伴う各種経営課題への重視度

　本調査では，「多角化に伴う経営管理上の課題として，以下に挙げた各事項について，現在，どの程度重視しているかを5段階評価でお答えください」として，次の9つの課題を提示し，「全く重視せず」から「非常に重視」までの5段階で回答してもらった。

（1）　事業管理者の確保・育成
（2）　事業管理者の評価・動機付け
（3）　事業の現場職員への経営方針の浸透：事業計画やBSCの活用など
（4）　各事業の損益状況の把握・管理：事業別の損益計算や予算管理の実施
（5）　病院事業への波及効果の増進
（6）　事業間の柔軟な人事異動：法人内の事業間連携促進の仕組み①
（7）　事業間の情報システムの連携統合：法人内の事業間連携促進の仕組み②
（8）　連携強化観点からの事業計画/予算編成：法人内の事業間連携促進の仕組み③
（9）　事業間で一貫したサービス提供プロセスの構築：法人内の連携促進の仕組み④

　その結果は，**図表8-11**のとおりである。平均値でみると，各事業の損益管理は「かなり重視」から「非常に重視」されていて，一番重視度が高い。また事業管理者の確保・育成や病院事業への波及効果増進も相対的に重視度が高い。一方，法人内の事業間連携促進の仕組みの1つといえる事業間の柔軟な人事異動は，「ある程度重視」されているものの，一番重視度が低い。また事業間の情報システムの連携統合も，相対的に重視度が低い。とはいえ，事業間の柔軟な人事異動や情報システム連携統合も，8割半程度の法人では「ある程度」以上重視されており，連携強化観点からの事業計画/予算編成や事業間で統合された提供プロセスとともに，法人内の事業間連携を促進する仕組みを多角化に伴う経営管理上の課題として「ある程度」以上重視する法人がほとんどである。

　この各経営課題への重視度が法人の組織規模によって異なるのかどうかを分析したところ，事業損益管理以外の8つの要素については有意な差が見られた（**図表8-12**）。全体として，法人内の事業間連携促進の仕組みに関する4つの

課題を中心に，いずれの課題においても組織規模が大きな法人の方が重視度が高い傾向が見られる。ただし，管理者や経営方針浸透に関わる課題や病院事業への波及効果増進課題では，組織規模が200人未満の零細法人でも若干重視度が高く，200-300人台の小規模法人での重視度が特に低い様子が窺われる。

[図表 8 -11]　多角化に伴う各種経営課題への重視度

多角化上経営課題	管理者育成		管理者評価		経営方針浸透		事業損益管理		病院波及増進	
重視度	n	割合	n	割合	n	割合	n	割合	n	割合
1 全く重視せず	2	1.1%	3	1.7%	2	1.1%	0	0.0%	0	0.0%
2 あまり重視せず	10	5.6%	11	6.2%	13	7.3%	3	1.7%	6	3.4%
3 ある程度重視	52	29.2%	82	46.1%	72	40.7%	27	15.2%	66	37.1%
4 かなり重視	74	41.6%	60	33.7%	71	40.1%	78	43.8%	76	42.7%
5 非常に重視	40	22.5%	22	12.4%	19	10.7%	70	39.3%	30	16.9%
合計	178	100%	178	100%	177	100%	178	100%	178	100%
平　均	3.8		3.5		3.5		4.2		3.7	
標準偏差	0.90		0.85		0.83		0.76		0.78	
中央値	4		3		4		4		4	
多角化上経営課題	柔軟人事異動		情報連携統合		連携強化予算		統合提供過程			
重視度	n	割合	n	割合	n	割合	n	割合		
1 全く重視せず	2	1.1%	3	1.7%	2	1.1%	2	1.1%		
2 あまり重視せず	27	15.2%	24	13.5%	14	7.9%	8	4.5%		
3 ある程度重視	84	47.2%	70	39.3%	79	44.4%	67	37.6%		
4 かなり重視	51	28.7%	57	32.0%	62	34.8%	78	43.8%		
5 非常に重視	14	7.9%	24	13.5%	21	11.8%	23	12.9%		
合計	178	100%	178	100%	178	100%	178	100%		
平　均	3.3		3.4		3.5		3.6			
標準偏差	0.85		0.94		0.85		0.81			
中央値	3		3		3		4			

第8章 事業多角化に伴う経営管理の実践状況　　195

[図表8-12]　法人の組織規模別の各経営課題の重視度（有意差ある課題のみ）

多角化上経営課題	管理者育成			管理者評価			経営方針浸透			病院波及増進		
組織規模	n	平均	標準偏差	n	平均	標準偏差	n	平均	標準偏差	n	平均	標準偏差
200人未満	41	3.80	0.78	41	3.56	0.71	40	3.53	0.82	41	3.66	0.79
200-300人台	57	3.49	0.97	57	3.26	0.88	57	3.32	0.74	57	3.56	0.76
400-500人台	34	4.06	0.85	34	3.62	0.95	34	3.76	0.99	34	3.79	0.69
600人以上	37	4.00	0.88	37	3.68	0.85	37	3.62	0.72	37	4.00	0.88
Welch検定	F値	P値		F値	P値		F値	P値		F値	P値	
	3.56	0.018		2.15	0.100		2.33	0.080		2.26	0.088	

多角化上経営課題	柔軟人事異動			情報連携統合			連携強化予算			統合提供過程		
組織規模	n	平均	標準偏差	n	平均	標準偏差	n	平均	標準偏差	n	平均	標準偏差
200人未満	41	2.98	0.82	41	3.24	0.86	41	3.34	0.85	41	3.41	0.71
200-300人台	57	3.14	0.83	57	3.23	0.93	57	3.30	0.87	57	3.49	0.89
400-500人台	34	3.29	0.87	34	3.65	0.95	34	3.59	0.78	34	3.79	0.77
600人以上	37	3.73	0.77	37	3.76	0.98	37	3.81	0.81	37	3.97	0.76
Welch検定	F値	P値		F値	P値		F値	P値		F値	P値	
	6.53	0.000		3.43	0.021		3.40	0.021		4.65	0.005	

（5）　事業別採算管理に関する考え方

　本調査では，「多角化した各事業の採算管理に関する考え方として，最も当てはまるものを1つご選択ください」として，**図表8-13**で示している4つの事業別採算管理に関する考え方の中から1つを回答してもらっている。事業ごとに採算管理すべきという事業別採算管理を積極的に重視している法人が6割を超えて多く，本来的には重視しているわけではないが現実を踏まえるならば事業ごとの採算確保努力が必要と考える消極的に重視している法人が4分の1程度で次に多い。また，その考え方は若干異なるものの，事業ごとの採算確保は求めない点で共通する非重視法人は1割半未満であった。大きく分けるならば，事業別採算管理に積極的な6割強の法人群と消極的な4割弱の法人群が見られる。

　そこで後述する3.3項では，多角化した事業ごとの採算管理に消極的な法人群と積極的な法人群に区分した上で，事業別採算管理へのこの積極性の違いが

多角化に伴う各種経営課題への重視度に影響しているのか検証する。また，この管理会計制度への積極性の違いの背景には，法人全体としての財務成果重視度の違いがあるのではないかという仮説も検証する。

[図表 8 -13]　事業別採算管理に関する考え方

事業別採算管理に関する考え方	n	割合	積極性
1．法人全体で採算が確保できれば十分と考えるため，事業ごとの採算確保は求めない【非重視】	18	10.6%	消極的 65 (38.2%)
2．法人内の各種事業を統合した一貫サービスの提供を推進しているため，事業ごとの採算確保は重視すべきでない【積極的な非重視】	6	3.5%	消極的 65 (38.2%)
3．法人内の各種事業を統合した一貫サービスの提供を推進しているが，諸事情から法人外の事業者と連携する患者も少なくないため，事業ごとに採算を確保する努力が必要である【消極的な重視】	41	24.1%	消極的 65 (38.2%)
4．各事業の医療・介護サービスはそれぞれに独立した対価（報酬）が設定されているので，事業ごとに採算が確保できるように管理すべきである【積極的な重視】	105	61.8%	積極的 105 (61.8%)
合計	170	100.0%	

[図表 8 -14]　法人の組織規模別の事業別採算管理への考え方の違い

組織規模		事業別採算管理への考え方（積極性）				
		非重視	積極的な非重視	消極的な重視	積極的な重視	合　計
200人未満	n	9	2	6	23	40
	構成割合	22.5%	5.0%	15.0%	57.5%	100.0%
200-300人台	n	3	3	14	34	54
	構成割合	5.6%	5.6%	25.9%	63.0%	100.0%
400-500人台	n	2	0	11	20	33
	構成割合	6.1%	0.0%	33.3%	60.6%	100.0%
600人以上	n	1	1	6	27	35
	構成割合	2.9%	2.9%	17.1%	77.1%	100.0%
合　計	n	15	6	37	104	162
	構成割合	9.3%	3.7%	22.8%	64.2%	100.0%
χ^2検定	χ^2値	16.92	P値	0.050		

＊事業別採算管理への考え方別構成割合（合計ベース）よりも構成割合が高い組織規模区分を網掛け表示。

第8章　事業多角化に伴う経営管理の実践状況　197

　事業別採算管理に関する考え方が法人の組織規模によって異なるのかどうか
を分析したところ，従業員数200人未満の零細法人では，法人全体での採算確
保で十分というどんぶり勘定的な考え方が2割強見られ，より大きな組織規模
の法人との違いが際立っている（**図表8-14**）。また法人として事業統合的な
サービスを推進しているため事業別採算管理は重視しないとする積極的な非重
視法人は，相対的に小規模な法人で見られること，逆に，事業別に採算管理す
べきと積極的に重視する法人は，600人以上の大規模法人で特に多いことも明
らかとなった。事業別採算管理を消極的に重視している法人は，小規模から中
規模の中間的な組織規模の法人中心によく見られる。

（6）　法人全体経営計画

　本調査では，「法人全体を対象とした経営計画を策定していますか。策定し
ている場合，どの程度，多角化した各種事業を連携・統合する手法として策定
されていますか。各事業管理者が各自で自律的に作成した各事業計画を単純に
合わせた法人経営計画（1）から，法人経営層が各事業横断的に計画して連
携・統合を促進するように策定した法人経営計画（7）までの7段階評価でお
答えください」として，法人全体を対象とした経営計画の策定状況について把
握している。

　4分の3強の法人では法人全体の経営計画を策定していることが判明した
（**図表8-15**）。また策定している場合に，多角化した各種事業の統合を促進する
ように策定されている程度は，法人によりかなりばらついているが，平均値で
は4.5，中央値では5となっており，やや事業統合的に策定されている状況で
あることが明らかとなった。ただし各事業計画の単純な合算（「各自作成単純合
算（1）」）と事業横断的に統合を促進するように策定（「事業横断的統合（7）」）
の中間値である「どちらともいえない（4）」程度の事業統合促進度の経営計
画となっている法人も2割強見られる。また各自作成単純合算に近い1～3も
合計で24.3％に上り，必ずしも事業統合的な法人経営計画になっていない法人
も1～4を合わせると半数弱となっている。

　そこで後述する3.3項や次に述べる法人の組織規模別分析では，策定された
法人経営計画が事業統合を促すように策定されている程度が中央値と同じ区分

（区分5）を中程度の積極性とし，その区分よりも事業統合的に策定されている法人（区分6〜7）を積極的，その区分よりも事業統合的ではない策定となっている法人（区分1〜4）を消極的とした。その上で，そもそも各事業を総合した法人全体としての経営計画を策定していない法人区分と合わせて法人を4分類した上で分析する。

[図表8-15] 法人全体経営計画の策定状況

法人経営計画	計画策定		事業統合を促進するように策定されている程度							
	有	無	1	2	3	4	5	6	7	合計
n	136	41	5	13	15	31	31	25	16	136
構成割合	76.8%	23.2%	3.7%	9.6%	11.0%	22.8%	22.8%	18.4%	11.8%	100%
事業統合法人経営計画への積極性		計画無	消極的				中程度	積極的		合計
	n	41	64				31	41		177
	割合	23.2%	36.2%				17.5%	23.2%		100%

　次に，法人の組織規模によって，事業統合的な法人全体としての経営計画への積極性に違いが見られるのかどうかを分析した。その際，7段階区分をそのまま用いると，客体数が極めて少なく安定的な分析ができない区分があることから，上述の4分類を用いて分析した。

　その結果が**図表8-16**である。まず，多角化した各事業を総合した法人全体としての経営計画を策定さえしていない，事業統合的な法人経営計画に対して無関心な法人は，相対的に従業員数の少ない組織規模の小さな法人群に多いことが判明した。特に，600人以上の大規模法人ではこのような法人はほとんどない。逆に，多角化した各事業の統合を積極的に促進するように法人全体としての経営計画を策定している法人は，従業員数600人以上の組織規模が大きな法人群で特に多いことが明らかとなった。さらに，事業統合的な法人経営計画に対する積極性が中程度の法人は，相対的に従業員数の多い中規模以上の法人群に多いことも判明した。

第8章　事業多角化に伴う経営管理の実践状況　　199

[図表 8 -16]　　法人の組織規模別の事業統合的な法人全体経営計画への積極度

組織規模		事業統合的法人経営計画への積極性				
		積極的	中程度	消極的	法人計画無	合　計
200人未満	n	9	7	10	14	40
	策定割合	22.5%	17.5%	25.0%	35.0%	100.0%
200-300人台	n	13	7	20	17	57
	策定割合	22.8%	12.3%	35.1%	29.8%	100.0%
400-500人台	n	7	7	13	7	34
	策定割合	20.6%	20.6%	38.2%	20.6%	100.0%
600人以上	n	11	10	15	1	37
	策定割合	29.7%	27.0%	40.5%	2.7%	100.0%
合　計	n	40	31	58	39	168
	策定割合	23.8%	18.5%	34.5%	23.2%	100.0%
χ²検定		χ²値	15.35	P値	0.082	

＊事業統合的な法人経営計画策定への積極度別の平均策定率（合計ベース）よりも策定率が
　高い組織規模区分を網掛け表示。

（7）　法人全体の財務側面別の重視度

　本調査では，法人の多角化に伴う経営管理実践とは異なるが，多角化に伴う
経営実践と法人の各財務側面の重視度との関係性を分析するために，法人経営
上各種財務指標をどの程度重視しているかを調査した。具体的には，「貴法人
では，以下に挙げた各財務側面（指標）について，法人経営上どの程度重視し
ているかを 5 段階評価でお答えください」として，次の 9 つの「法人全体の財
務側面（指標）」について，「全く重視せず」から「非常に重視」までの 5 段階
のいずれかを選択してもらった。

（1）　事業利益率：医業利益率
（2）　経常利益率：事業外収支（受取利息など）含む利益率
（3）　当期純利益率：特別利益・特別損失含む最終の利益率
（4）　利益額（利益率ではなく）：事業利益額，経常利益額，最終利益額
（5）　黒字か赤字か：利益の程度はともかく赤字の回避
（6）　純資産比率（自己資本比率）：総資産に占める純資産の割合
（7）　債務超過か否か：純資産比率はともかく債務超過の回避
（8）　資産回転率：事業収益額÷資産額，資産の利用効率

（ 9 ）　総資産利益率：利益額÷総資産額，総資産の収益性

[図表 8 -17]　法人全体の各財務指標の重視度

法人全体財務指標	事業利益率		経常利益率		当期純利益率		利益額		黒字か赤字か	
重視度	n	割合	n	割合	n	割合	n	割合	n	割合
1 全く重視せず	1	0.6%	1	0.6%	2	1.1%	1	0.6%	0	0.0%
2 あまり重視せず	7	3.9%	15	8.4%	7	3.9%	4	2.3%	6	3.4%
3 ある程度重視	31	17.4%	42	23.6%	53	29.8%	51	29.0%	28	15.7%
4 かなり重視	85	47.8%	65	36.5%	71	39.9%	75	42.6%	60	33.7%
5 非常に重視	54	30.3%	55	30.9%	45	25.3%	45	25.6%	84	47.2%
合計	178	100%	178	100%	178	100%	176	100%	178	100%
平　均	4.0		3.9		3.8		3.9		4.2	
標準偏差	0.83		0.96		0.89		0.83		0.84	
中央値	4		4		4		4		4	
法人全体財務指標	自己資本比率		債務超過か否か		資産回転率		総資産利益率			
重視度	n	割合	n	割合	n	割合	n	割合		
1 全く重視せず	4	2.2%	6	3.4%	3	1.7%	3	1.7%		
2 あまり重視せず	34	19.1%	23	13.0%	44	24.7%	39	21.9%		
3 ある程度重視	73	41.0%	41	23.2%	79	44.4%	83	46.6%		
4 かなり重視	45	25.3%	55	31.1%	40	22.5%	39	21.9%		
5 非常に重視	22	12.4%	52	29.4%	12	6.7%	14	7.9%		
合計	178	100%	177	100%	178	100%	178	100%		
平　均	3.3		3.7		3.1		3.1			
標準偏差	0.98		1.13		0.90		0.90			
中央値	3		4		3		3			

　その結果は，**図表 8 -17**のとおりである。平均値でみると，事業利益率や黒字か赤字かという財務指標を始めとした法人全体の採算性に関連する指標は，「かなり重視」されている状況が明らかとなった。また事業利益率と経常利益率と当期純利益率の間では，医療介護事業そのものの採算性を表す事業利益率の重視度が相対的に高い様子も窺われる。さらに利益率とともに利益額も重視されていることが確認された。一方，資産の利用効率性や収益性を表す資産の有効活用度に関わる財務指標や財務健全性を表す自己資本比率は，「ある程度

第8章　事業多角化に伴う経営管理の実践状況　201

重視」されているものの，重視度が相対的に低い。ただし，極めて健全性が悪い状況を示す債務超過か否かという指標については，同じ財務健全性を表す自己資本比率よりも重視されている状況であることも明らかとなった。

3.2　多角化時の各要素考慮度と経営実践及び財務指標重視度の関係性

　本項では，多角化の意思決定に際して考慮している各要素の考慮度の違いが多角化に伴う各種の経営管理実践に影響を与えているのではないかとの問題意識から，各要素考慮度と各種経営管理実践との関係性を分析した。また各要素の考慮度の違いは，法人全体としての各種財務指標の重視度の影響を受けているのではないかとの問題意識から，各要素考慮度と各財務側面の重視度との関係性も分析した。これによって両者間の因果関係が検証されるわけではないが，両者間の想定される関係性を検証することは重要である。なお，本項での分析に際しては，多角化時の各要素の考慮度区分をそのまま用いると，客体数が極めて少ない区分があり安定した分析が困難となる可能性があるため，各要素の考慮度の中央値の区分を中間区分とし，その中間区分よりも考慮度が高い区分を高考慮度区分，低い区分を低考慮度区分とする3区分に統合して分析した[5]。

（1）　事業採算性/財務健全性

　まず，多角化の意思決定に際して多角化する事業の採算性をどの程度考慮するかということと，多角化に伴う各種経営管理実践との関係を分析する。

　多角化投資の採算性の定量評価の実施状況との関係を分析すると，多角化事業の採算性考慮度が高いほど定量評価実施率が高いことが明らかとなった（**図表8-18**）。一方，多角化の数年後に多角化事業の採算性が予定どおりであるか検証を実施しているかについては，多角化時の事業採算性考慮度と有意な関係性は確認されなかった。多角化意思決定時の事業採算性考慮度に関係なく，多くの法人が事業採算性の事後検証を実施していることが判明した。さらに，多角化に伴う経営管理上の課題として，各事業の損益状況の把握・管理をどの程度重視しているかを分析したところ，多角化意思決定時の事業採算性考慮度が高い法人ほど，多角化後に各事業の損益管理を重視していることが判明した[6]。

[図表8-18] 多角化事業の採算性考慮度と経営管理実践

採算性 考慮度	投資採算定量評価		採算性事後検証		事業別損益管理重視度		
	n	実施率	n	実施率	n	平均	標準偏差
低（1－3）	51	47.1%	51	69%	51	3.76	0.71
中（4）	66	66.7%	65	74%	66	4.18	0.65
高（5）	59	71.2%	59	78%	60	4.65	0.61
検定 結果	χ^2値	P値	χ^2値	P値	F値	P値	
	7.58	0.023	1.23	0.540	25.18	0.000	

　加えて，多角化意思決定時に事業採算性をより強く考慮する法人の方が，事業採算性の管理を含めて多角化事業を任せる事業管理者の確保・育成や，その事業管理者の採算性確保などに向けた適切な行動を促すための評価・動機付けの必要性を強く感じるであろう。また採算性を確保しつつ医療介護サービスを提供するという経営方針を現場職員がよりしっかりと理解することが必要であると考えるであろう。そのため，多角化時に採算性をより強く考慮する法人の方が，事業管理者の確保・育成，評価・動機付け，事業の現場職員への経営方針の浸透という経営課題をより重視しているのではないかと考えられる。そこで両者の関係性を分析した結果，多角化時の事業採算性考慮度が高い法人ほど，これらの多角化に伴う経営管理上の課題の重視度が高いという関係性が確認された（**図表8-19**）。

　また，多角化事業の採算性を確保・向上させるためには，職員によって提供される人的サービスという性質を持つ医療介護サービスにおいては，事業の開始・拡大に合わせてサービス提供できる人員を増強したり，事業の縮小に合わせて人員を他事業へ回したりすることが重要である。そのため，多角化時に採算性をより強く考慮する法人の方が，事業間の柔軟な人事異動という経営課題をより重視しているのではないかと考えられる。そこでこの経営課題との関係を分析したところ，多角化時の事業採算性重視度が高い法人ほど事業間の柔軟な人事異動を重視していることが確認された（**図表8-19**右端）。

第8章　事業多角化に伴う経営管理の実践状況　203

[図表 8-19]　多角化事業の採算性考慮度と経営課題重視度

採算性考慮度	管理者育成重視度			管理者評価重視度			経営方針浸透重視度			柔軟人事異動重視度		
	n	平均	標準偏差	n	平均	標準偏差	n	平均	標準偏差	n	平均	標準偏差
低（1－3）	51	3.55	0.88	51	3.18	0.79	51	3.16	0.86	51	2.94	0.83
中（4）	66	3.64	0.74	66	3.44	0.75	66	3.55	0.66	66	3.33	0.79
高（5）	60	4.13	0.96	60	3.82	0.91	59	3.83	0.83	60	3.48	0.87
検定結果	F値	P値		F値	P値		F値	P値		F値	P値	
	6.80	0.002		7.84	0.001		8.62	0.000		5.93	0.004	

　さらに，多角化意思決定時に事業採算性をより強く考慮する法人の方が，多角化した各種事業の採算を把握して管理することに積極的であると考えられるため，多角化時の採算性考慮度と事業別採算管理への積極性の関係を分析した。その結果，多角化時の事業採算性考慮度が高い法人ほど，事業別採算管理を積極的に重視する法人の割合が高いことが確認された（**図表 8-20**）。一方，事業別採算管理を重視していない法人や消極的な法人の割合は，多角化時の採算性考慮度が低いか中程度の法人群で高いことも明らかとなった。

[図表 8-20]　多角化事業の採算性考慮度と事業別採算管理への積極性

採算性考慮度		事業別採算管理への考え方（積極性）				合　計
		非重視	積極的な非重視	消極的な重視	積極的な重視	
低（1－3）	n	9	2	18	19	48
	構成割合	18.8%	4.2%	37.5%	39.6%	100.0%
中（4）	n	5	3	15	40	63
	構成割合	7.9%	4.8%	23.8%	63.5%	100.0%
高（5）	n	4	1	7	46	58
	構成割合	6.9%	1.7%	12.1%	79.3%	100.0%
合　計	n	18	6	40	105	169
	構成割合	10.7%	3.6%	23.7%	62.1%	100.0%
χ^2検定	χ^2値	18.90	P値	0.004		

＊事業別採算管理への考え方別構成割合（合計ベース）よりも構成割合が高い採算性考慮度区分を網掛け表示。

　次に，多角化の意思決定に際して多角化事業の採算性をどの程度考慮するかということと，法人全体としての財務指標の重視度との関係を分析した。多角化意思決定時の事業採算性の考慮度が高い法人は，そもそも法人全体の採算性

及び資産収益性を重視しているのではないか，つまり法人としての財務成果を重視しているがゆえに多角化時に採算性をよく考慮するのではないかと想定されるため，この両者の関係を分析した。なお利益率については，事業採算性との関連性が一番高い事業利益率を分析対象指標とするとともに，利益額，黒字か赤字かという採算性指標も分析対象指標とした。その結果，いずれの採算性指標においても，また資産収益性を表す総資産利益率においても，多角化時の事業採算性考慮度が高い法人ほど法人全体の採算性及び収益性を重視していることが確認された（**図表 8 -21**）。

[**図表 8 -21**] **多角化事業の採算性考慮度と法人全体の採算性/資産収益性重視度**

採算性考慮度	事業利益率			利益額			黒字か赤字か			総資産利益率		
	n	平均	標準偏差	n	平均	標準偏差	n	平均	標準偏差	n	平均	標準偏差
低（1 - 3）	51	3.78	0.81	51	3.59	0.78	51	3.92	0.80	51	2.71	0.70
中（4）	66	3.86	0.86	65	3.89	0.79	66	4.32	0.83	66	3.23	0.84
高（5）	60	4.45	0.65	59	4.20	0.80	60	4.45	0.83	60	3.38	0.99
検定結果	F値	P値		F値	P値		F値	P値		F値	P値	
	15.01	0.000		8.23	0.000		6.25	0.003		10.93	0.000	

　加えて，多角化の意思決定に際して資金調達可能性や財務的安定性をどの程度考慮するかということと，法人全体としての財務指標の重視度との関係を分析した。多角化意思決定時の財務健全性の考慮度が高い法人は，法人全体の財務健全性を重視しているのではないか，すなわち法人としての財務健全性を重視するがゆえに多角化時にも健全性をよく考慮しているのではないかと想定されるため，この両者の関係を分析した。その結果，自己資本比率でも債務超過か否かでも，多角化時の財務健全性考慮度が高い法人ほど法人全体の財務健全性を重視していることが確認された（**図表 8 -22**）。

[**図表 8 -22**] **多角化時の財務健全性考慮度と法人全体の財務健全性重視度**

財務健全性考慮度	自己資本比率			債務超過か否か		
	n	平均	標準偏差	n	平均	標準偏差
低（1 - 3）	85	2.93	0.90	85	3.34	1.18
中（4）	68	3.47	0.84	67	3.93	0.96
高（5）	24	3.79	1.22	24	4.29	0.95
検定結果	F値	P値		F値	P値	
	10.03	0.000		9.97	0.000	

（2） 波及効果

多角化の意思決定に際して波及効果をどの程度考慮するかということと，多角化に伴う各種経営管理実践との関係を分析した。

多角化の数年後に波及効果を検証しているかとの関係性については，多角化意思決定時の波及効果考慮度が高い法人ほど，10％有意水準ではあるものの，波及効果を事後検証していることが明らかとなった（**図表 8 -23**）。また，多角化に伴う経営管理上の課題として，波及効果の増進をどの程度重視しているかを分析したところ，多角化時の波及効果考慮度が高い法人ほど，多角化後，波及効果増進を課題として重視していることが判明した。

[図表 8 -23]　波及効果考慮度と事後検証及び効果増進重視度

波及効果 考慮度	波及効果事後検証		波及効果増進重視度		
	n	実施率	n	平均	標準偏差
低（1 － 3）	45	40.0%	45	3.16	0.56
中（4）	80	57.5%	82	3.68	0.66
高（5）	51	62.7%	51	4.31	0.71
検定結果	χ^2値	P値	F値	P値	
	5.50	0.064	39.71	0.000	

さらに，多角化意思決定時に波及効果をより強く考慮する法人の方が，法人内の病院事業を含む事業間の波及効果を高めるために，法人内の事業間の連携を促進する仕組みに積極的になると考えられる。そのため，波及効果をより強く考慮する法人の方が，人事・情報・活動収支計画・業務プロセスの各観点からの法人内事業間連携という4種類の経営課題をより重視しているのではないかと考えられる。そこで，両者の関係性を分析した結果，多角化時の波及効果考慮度が高い法人ほど，事業間の柔軟な人事異動，事業間の情報システムの連携統合，連携強化観点からの事業計画/予算編成，事業間で一貫したサービス提供プロセスの構築という4種類の法人内事業間連携促進の仕組みに関する課題の重視度が高いという関係性が確認された（**図表 8 -24**）。

[図表 8-24]　波及効果考慮度と法人内事業間連携促進実践重視度

波及効果考慮度	柔軟人事異動重視度			情報連携統合重視度			連携強化予算重視度			統合提供過程重視度		
	n	平均	標準偏差	n	平均	標準偏差	n	平均	標準偏差	n	平均	標準偏差
低（1－3）	45	3.02	0.78	45	3.07	0.89	45	3.16	0.82	45	3.13	0.79
中（4）	82	3.24	0.82	82	3.37	0.87	82	3.45	0.80	82	3.59	0.72
高（5）	51	3.53	0.90	51	3.82	0.97	51	3.82	0.82	51	4.14	0.66
検定結果	F値	P値		F値	P値		F値	P値		F値	P値	
	4.32	0.016		7.99	0.001		7.98	0.001		23.52	0.000	

さらに，多角化意思決定時に波及効果をより強く考慮する法人の方が，法人内の事業間の波及効果を高めるために，多角化した各事業の連携統合を促進するような法人全体としての経営計画を策定すると考えられる。そこで，多角化時の波及効果考慮度と事業統合的な法人経営計画への積極性との関係を分析した。その結果，多角化時の波及効果考慮度が高い法人ほど，事業統合的な法人経営計画に積極的な法人の割合が高いことが確認された（**図表 8-25**）。一方，波及効果考慮度が低い法人では，事業統合的な法人経営計画に消極的な法人やそもそも各事業を総合した法人全体としての経営計画を策定していない法人の割合が多いことも明らかとなった。

[図表 8-25]　波及効果考慮度と事業統合的法人経営計画への積極性

波及効果考慮度		事業統合的法人経営計画への積極性				
		積極的	中程度	消極的	法人計画無	合　計
低（1－3）	n	5	5	20	15	45
	策定割合	11.1%	11.1%	44.4%	33.3%	100.0%
中（4）	n	18	17	31	15	81
	策定割合	22.2%	21.0%	38.3%	18.5%	100.0%
高（5）	n	18	9	13	11	51
	策定割合	35.3%	17.6%	25.5%	21.6%	100.0%
合　計	n	41	31	64	41	177
	策定割合	23.2%	17.5%	36.2%	23.2%	100.0%
χ^2検定		χ^2値	13.08	P値	0.042	

＊事業統合的な法人経営計画策定への積極度別の平均策定率（合計ベース）よりも策定率が高い波及効果考慮度区分を網掛け表示。

次に，多角化の意思決定に際して波及効果をどの程度考慮するかということと，法人全体としての財務指標の重視度との関係を分析した。多角化意思決定時の波及効果の考慮度が高い法人は，法人全体の採算性及び資産収益性を重視しているのではないか，すなわち法人全体としての財務成果を重視するがゆえに多角化時に波及効果をよく考慮するのではないかと想定されるため，この両者の関係を分析した。その結果，いずれの採算性指標においても，また資産収益性を表す総資産利益率においても，多角化時の波及効果考慮度が高い法人ほど法人全体の採算性及び収益性を重視していることが確認された（**図表8-26**）。

[図表8-26]　波及効果考慮度と法人全体の採算性及び資産収益性重視度

波及効果考慮度	事業利益率			利益額			黒字か赤字か			総資産利益率		
	n	平均	標準偏差	n	平均	標準偏差	n	平均	標準偏差	n	平均	標準偏差
低（1-3）	45	3.80	0.87	44	3.75	0.84	45	4.04	0.80	45	2.89	0.91
中（4）	82	3.96	0.78	82	3.80	0.81	82	4.21	0.87	82	3.11	0.75
高（5）	51	4.35	0.80	50	4.20	0.78	51	4.49	0.78	51	3.35	1.05
検定結果	F値	P値		F値	P値		F値	P値		F値	P値	
	6.02	0.003		4.90	0.009		3.96	0.022		2.66	0.075	

（3）　患者ニーズ/制度動向

多角化の意思決定に際して患者・家族の期待・ニーズへの対応をどの程度考慮するかということと，多角化に伴う各種経営管理実践との関係を分析した。

まず多角化の数年後に患者・家族の満足度が高まったかを検証しているかとの関係性については，多角化意思決定時の患者ニーズ考慮度が高い法人ほど，患者満足度を事後検証していることが明らかとなった（**図表8-27**）。

[図表8-27]　患者ニーズ考慮度と患者満足事後検証

患者ニーズ考慮度	患者満足事後検証	
	n	実施率
低（1-3）	39	17.9%
中（4）	84	25.0%
高（5）	52	55.8%
検定結果	χ^2値	P値
	18.73	0.000

多角化意思決定時に患者・家族の期待・ニーズをより強く考慮する法人の方が，彼らの期待・ニーズが高いと考えられる事業間で切れ目のない法人統合的で質の高い医療介護サービスの提供を実現するために，法人内の事業間の連携を促進する仕組みに積極的になると考えられる。そのため，患者ニーズをより強く考慮する法人の方が，人事・情報・活動収支計画・業務プロセスの各観点からの法人内事業間連携という経営課題をより重視しているのではないかと考えられる。そこで両者の関係性を分析したところ，多角化時の患者ニーズ考慮度が高い法人ほど，法人内事業間連携促進の仕組みに関する4種類の課題のいずれについても重視度が高いという関係性が確認された（**図表8-28**）。

[図表8-28] 　患者ニーズ考慮度と法人内事業間連携促進実践重視度

患者ニーズ考慮度	柔軟人事異動重視度			情報連携統合重視度			連携強化予算重視度			統合提供過程重視度		
	n	平均	標準偏差	n	平均	標準偏差	n	平均	標準偏差	n	平均	標準偏差
低（1-3）	39	2.90	0.85	39	2.97	0.84	39	3.08	0.81	39	3.08	0.77
中（4）	86	3.28	0.76	86	3.44	0.90	86	3.45	0.78	86	3.59	0.69
高（5）	52	3.54	0.92	52	3.73	0.97	52	3.85	0.85	52	4.12	0.73
検定結果	F値	P値		F値	P値		F値	P値		F値	P値	
	5.91	0.004		8.02	0.001		9.67	0.000		21.33	0.000	

次に，多角化の意思決定に際して医療/介護の制度・政策の動向をどの程度考慮するかということと，多角化に伴う各種経営管理実践との関係を分析した。多角化意思決定時に制度・政策動向をより強く考慮する法人の方が，制度・政策への適切で迅速な対応をできる事業管理者の確保・育成や，適切で迅速な対応を促すための事業管理者の評価・動機付け，さらには制度・政策に適切に対応するための経営方針の現場職員への浸透，という課題を重視していると考えられる。そこで，両者の関係性を分析した結果，多角化時の制度動向考慮度が高い法人ほど，これらの多角化に伴う経営管理上の課題の重視度が高いという関係性が確認された（**図表8-29**）。

第8章　事業多角化に伴う経営管理の実践状況　209

[図表8-29]　制度動向考慮度と経営課題重視度

制度動向考慮度	管理者育成重視度			管理者評価重視度			経営方針浸透重視度		
	n	平均	標準偏差	n	平均	標準偏差	n	平均	標準偏差
低（1-3）	54	3.57	0.94	54	3.13	0.83	54	3.17	0.86
中（4）	78	3.72	0.80	78	3.50	0.73	77	3.62	0.69
高（5）	45	4.16	0.90	45	3.89	0.91	45	3.78	0.88
検定結果	F値	P値		F値	P値		F値	P値	
	5.37	0.006		9.36	0.000		7.22	0.001	

　また，多角化時に制度・政策動向をよく考慮する法人は，医療・介護の多様な機能を提供する施設事業間の連携促進を強化するという近年の診療/介護報酬政策を含む医療/介護の制度・政策動向を考慮して，法人内の事業間の連携統合を促進することに積極的になると考えられる。そのため，制度・政策動向をより強く考慮する法人の方が，人事・情報・活動収支計画・業務プロセスの各観点からの法人内事業間連携を促進する取り組みを経営課題としてより重視しているのではないかと考えられる。そこで両者の関係性を分析したところ，多角化時の制度動向考慮度が高い法人ほど，法人内事業間連携促進の仕組みに関する4種類の課題のいずれについても重視度が高いという関係性が確認された（図表8-30）。

[図表8-30]　制度動向考慮度と法人内事業間連携促進実践重視度

制度動向考慮度	柔軟人事異動重視度			情報連携統合重視度			連携強化予算重視度			統合提供過程重視度		
	n	平均	標準偏差	n	平均	標準偏差	n	平均	標準偏差	n	平均	標準偏差
低（1-3）	54	2.89	0.79	54	3.00	0.95	54	3.04	0.78	54	3.24	0.75
中（4）	78	3.35	0.75	78	3.50	0.85	78	3.58	0.71	78	3.60	0.78
高（5）	45	3.60	0.94	45	3.80	0.92	45	3.84	0.93	45	4.13	0.66
検定結果	F値	P値		F値	P値		F値	P値		F値	P値	
	9.30	0.000		9.35	0.000		12.84	0.000		20.06	0.000	

　さらに，多角化の意思決定に際して医療/介護の制度・政策動向をどの程度考慮するかということと，法人全体としての財務指標の重視度との関係を分析した。医療/介護事業は公的な制度・政策の下で展開されており，診療/介護報酬（価格）もその報酬請求要件も公定されているため，多角化に際し医療/介

護の制度・政策動向に対して敏感な考慮度の高い法人は，法人の採算性及び資産収益性を重視しているのではないかと考えられる。つまり法人としての財務成果を重視しているがゆえに，財務成果に大きな影響を与える制度・政策動向を多角化時によく考慮しているのではないかと考えられる。そこでこの両者の関係を分析した結果，基本的にいずれの採算性指標においても[7]，また資産収益性を表す総資産利益率においても，多角化時の制度動向考慮度が高い法人ほど法人全体の採算性及び収益性を重視していることが確認された（**図表8-31**）。

[図表8-31]　制度動向考慮度と法人全体の採算性及び資産収益性重視度

制度動向考慮度	事業利益率			利益額			黒字か赤字か			総資産利益率		
	n	平均	標準偏差	n	平均	標準偏差	n	平均	標準偏差	n	平均	標準偏差
低（1-3）	54	3.67	0.85	54	3.67	0.85	54	4.13	0.83	54	2.72	0.71
中（4）	78	3.97	0.79	77	3.86	0.74	78	4.12	0.90	78	3.19	0.84
高（5）	45	4.56	0.59	44	4.27	0.85	45	4.60	0.65	45	3.47	1.04
検定結果	F値	P値		F値	P値		F値	P値		F値	P値	
	21.33	0.000		6.41	0.002		7.50	0.001		10.42	0.000	

（4）　地域競争環境

　多角化の意思決定に際して地域における自法人の競争環境をどの程度考慮するかということと，多角化に伴う各種経営管理実践との関係を分析した。

　まず多角化の数年後に地域での競争優位を築けたかを検証しているかどうかとの関係性については，多角化意思決定時の競争環境考慮度が高い法人ほど，地域競争優位を事後検証していることが明らかとなった（**図表8-32**）。

[図表8-32]　競争環境考慮度と競争優位事後検証

競争環境考慮度	競争優位事後検証	
	n	実施率
低（1-3）	77	9.1%
中（4）	66	18.2%
高（5）	32	37.5%
検定結果	χ^2値	P値
	12.53	0.002

第8章 事業多角化に伴う経営管理の実践状況　211

　また，多角化意思決定時に地域競争環境をより強く考慮する法人の方が，競争環境に適切で迅速な対応をできる事業管理者の確保・育成や，適切で迅速な対応を促すための事業管理者の評価・動機付け，さらには競争環境に適切に対応するための経営方針の現場職員への浸透，という課題を重視していると考えられる。そこで，両者の関係性を分析した結果，多角化時の競争環境考慮度が高い法人ほど，これらの多角化に伴う経営管理上の課題の重視度が高いという関係性が確認された（**図表8-33**）。

[図表8-33]　**競争環境考慮度と経営課題重視度⑴**

競争環境考慮度	管理者育成重視度			管理者評価重視度			経営方針浸透重視度		
	n	平均	標準偏差	n	平均	標準偏差	n	平均	標準偏差
低（1-3）	78	3.62	0.91	78	3.29	0.81	78	3.35	0.89
中（4）	67	3.73	0.85	67	3.48	0.80	66	3.48	0.64
高（5）	32	4.34	0.75	32	4.00	0.88	32	4.03	0.82
検定結果	F値	P値		F値	P値		F値	P値	
	10.13	0.000		7.58	0.001		7.69	0.001	

　さらに，多角化時に地域競争環境をより強く考慮する法人の方が，多角化した各事業が競争に負けて損失が発生していないか把握管理したいと考えるだろうし，競争に負けずに法人内の波及効果が高まるようにしたいと考えると想定される。そこで，両者の関係性を分析した結果，多角化時の競争環境考慮度が高い法人ほど，事業損益管理や波及効果増進という多角化に伴う経営管理上の課題の重視度が高いという関係性が確認された（**図表8-34**）。

[図表8-34]　**競争環境考慮度と経営課題重視度⑵**

競争環境考慮度	事業別損益管理重視度			波及効果増進重視度		
	n	平均	標準偏差	n	平均	標準偏差
低（1-3）	78	4.06	0.76	78	3.55	0.73
中（4）	67	4.19	0.68	67	3.70	0.74
高（5）	32	4.63	0.75	32	4.25	0.76
検定結果	F値	P値		F値	P値	
	6.28	0.003		9.74	0.000	

加えて，多角化意思決定時に地域競争環境をより強く考慮する法人の方が，他法人との競争に勝つために，患者ニーズが高く競争優位につながると考えられる事業間で切れ目のない法人統合的で質の高い医療介護サービスの提供を実現するために，法人内の事業間の連携を促進する仕組みに積極的になると考えられる。そのため，競争環境をより強く考慮する法人の方が，人事・情報・活動収支計画・業務プロセスの各観点からの法人内事業間連携という経営課題をより重視しているのではないかと考えられる。そこで両者の関係性を分析したところ，多角化時の競争環境考慮度が高い法人ほど，法人内事業間連携促進の仕組みに関する4種類の課題のいずれについても重視度が高いという関係性が確認された（**図表8-35**）。

[図表8-35]　競争環境考慮度と法人内事業間連携促進実践重視度

競争環境考慮度	柔軟人事異動重視度			情報連携統合重視度			連携強化予算重視度			統合提供過程重視度		
	n	平均	標準偏差	n	平均	標準偏差	n	平均	標準偏差	n	平均	標準偏差
低（1-3）	78	3.10	0.80	78	3.27	0.89	78	3.36	0.84	78	3.44	0.83
中（4）	67	3.19	0.80	67	3.37	0.87	67	3.43	0.78	67	3.61	0.76
高（5）	32	3.81	0.90	32	3.84	1.08	32	3.91	0.89	32	4.16	0.63
検定結果	F値	P値		F値	P値		F値	P値		F値	P値	
	7.73	0.001		3.51	0.034		4.54	0.013		12.73	0.000	

次に，多角化の意思決定に際して地域における自法人の競争環境をどの程度考慮するかということと，法人全体としての財務指標の重視度との関係を分析した。法人としての採算性及び資産収益性を重視する法人は，近隣法人に負けないようにその動向を考慮し，地域における自法人の競争優位性を確保する必要性を強く意識するため，地域競争環境をよく考慮すると考えられる。つまり，法人としての財務成果を重視しているがゆえに，多角化時にも地域競争環境をよく考慮しているのではないかと考えられる。そこでこの両者の関係を分析した結果，基本的にいずれの採算性指標においても[8]，また資産収益性を表す総資産利益率においても，多角化時の競争環境考慮度が高い法人ほど法人全体の採算性及び収益性を重視していることが確認された（**図表8-36**）。

第8章 事業多角化に伴う経営管理の実践状況　213

[図表 8 -36]　競争環境考慮度と法人全体の採算性及び資産収益性重視度

競争環境考慮度	事業利益率			利益額			黒字か赤字か			総資産利益率		
	n	平均	標準偏差	n	平均	標準偏差	n	平均	標準偏差	n	平均	標準偏差
低（1－3）	78	3.86	0.89	77	3.70	0.81	78	4.18	0.83	78	2.96	0.93
中（4）	67	4.01	0.71	67	3.91	0.75	67	4.16	0.91	67	3.15	0.84
高（5）	32	4.50	0.76	31	4.39	0.84	32	4.56	0.62	32	3.47	0.88
検定結果	F値	P値		F値	P値		F値	P値		F値	P値	
	7.38	0.001		7.41	0.001		4.39	0.015		3.64	0.031	

（5）　そ の 他

　多角化の意思決定に際して職員の意欲・モチベーションの向上をどの程度考慮するかということと，多角化に伴う各種経営管理実践との関係を分析した。

　多角化の数年後に職員の意欲・満足度は高まったかを検証しているかどうかとの関係性については，多角化意思決定時の職員意欲考慮度が高い法人の方が，職員意欲向上を事後検証していることが明らかとなった（**図表 8 -37**）。

　また，職員意欲をよく考慮する法人では，職員である事業管理者の評価・動機付けを重視すると考えられるし，現場職員の意欲向上には法人としての経営方針への現場職員の深い理解が重要であると考えるだろう。さらに，職員意欲をよく考慮する法人では，職員意欲向上を狙って，事業間を柔軟に人事異動させることも重視すると考えられる。そこでこれらの経営管理課題と職員意欲考慮度との関係を分析したところ，多角化時の職員意欲考慮度が高い法人の方が，これらの多角化に伴う経営管理上の課題を重視していることが確認された（**図表 8 -37**）。

[図表 8 -37]　職員意欲考慮度と事後検証及び経営課題重視度

職員意欲考慮度	職員意欲事後検証		管理者評価重視度			経営方針浸透重視度			柔軟人事異動重視度		
	n	実施率	n	平均	標準偏差	n	平均	標準偏差	n	平均	標準偏差
低（1－3）	88	11.4%	89	3.35	0.91	88	3.34	0.86	89	3.04	0.84
高（4－5）	88	25.0%	89	3.63	0.77	89	3.70	0.76	89	3.49	0.81
検定結果	χ^2値	P値	F値	P値		F値	P値		F値	P値	
	5.50	0.019	4.95	0.027		8.54	0.004		13.18	0.000	

次に，多角化の意思決定に際して法人全体としての機能・質の向上をどの程度考慮するかということと，多角化に伴う各種経営管理実践との関係を分析した。

まず，法人全体としての機能・質の向上に対する意識が高い法人は，個々の多角化事業の効果だけでなく，法人内の病院事業を中心とした事業間の波及効果による法人全体としての効果への意識が高いと考えられる。そこで，両者の関係を分析したところ，多角化意思決定に際して法人全体の機能向上考慮度が高い法人ほど，波及効果の増進という経営課題を重視する傾向があることが確認された（**図表8-38**）。

[図表8-38]　**法人全体機能向上考慮度と波及効果増進重視度**

全体機能 考慮度	波及効果増進重視度		
	n	平均	標準偏差
低（1-3）	42	3.26	0.77
中（4）	97	3.77	0.67
高（5）	39	4.13	0.80
検定結果	F値	P値	
	12.74	0.000	

また，多角化意思決定時に法人全体としての機能・質向上をより強く意識する法人の方が，個々の事業ごとのサービス提供よりも法人全体としての各種事業統合的なサービス提供をより意識していると考えられるため，法人内の事業間の連携を促進する仕組みに積極的になると考えられる。そのため，法人全体機能をより強く考慮する法人の方が，人事・情報・活動収支計画・業務プロセスの各観点からの法人内事業間連携という経営課題をより重視しているのではないかと考えられる。そこで両者の関係性を分析したところ，多角化時の法人全体機能考慮度が高い法人ほど，法人内事業間連携促進の仕組みに関する4種類の課題のいずれについても重視度が高いという関係性が確認された（**図表8-39**）。

第8章　事業多角化に伴う経営管理の実践状況　　215

[図表 8 -39]　法人全体機能向上考慮度と法人内事業間連携促進実践重視度

全体機能考慮度	柔軟人事異動重視度			情報連携統合重視度			連携強化予算重視度			統合提供過程重視度		
	n	平均	標準偏差	n	平均	標準偏差	n	平均	標準偏差	n	平均	標準偏差
低（1－3）	42	2.71	0.67	42	2.76	0.91	42	2.95	0.79	42	3.07	0.89
中（4）	97	3.23	0.71	97	3.47	0.75	97	3.47	0.74	97	3.64	0.66
高（5）	39	3.97	0.87	39	4.00	1.00	39	4.08	0.77	39	4.21	0.61
検定結果	F値	P値		F値	P値		F値	P値		F値	P値	
	26.12	0.000		17.74	0.000		20.67	0.000		23.71	0.000	

　さらに，多角化の意思決定に際して法人の理念/使命/ビジョンとの適合性をどの程度考慮するかということと，多角化に伴う経営管理実践との関係を分析した。

　多角化に際して法人理念との適合性を重視する法人は，多角化後もその法人理念に基づく経営方針を事業の現場職員に深く理解してもらうことを重要な経営課題と捉えていると考えられる。そこで，両者の関係を分析したところ，多角化意思決定に際して法人理念との適合性の考慮度が高い法人ほど，事業の現場職員への経営方針の浸透という経営課題を重視する傾向があることが確認された（**図表 8 -40**）。

[図表 8 -40]　法人理念適合性考慮度と経営方針浸透重視度

理念適合考慮度	経営方針浸透重視度		
	n	平均	標準偏差
低（1－3）	56	3.07	0.78
中（4）	73	3.55	0.71
高（5）	48	4.00	0.77
検定結果	F値	P値	
	18.41	0.000	

　加えて，多角化の意思決定に際して行政（市町村等）からの要望をどの程度考慮するかということと，多角化の数年後に行政の要望を満たせたかを検証しているかとの関係性を分析した。その結果，多角化意思決定時の行政要望考慮度が高い法人ほど，行政の要望を充足できたかを事後検証していることが明らかとなった。ただし，多角化時に行政からの要望をよく考慮している法人であっても，その観点からの事後評価は１割台の法人のみが実施している状況で

216

あることもわかった（**図表 8 -41**）。

[図表 8 -41]　行政からの要望の考慮度と行政要望充足事後検証

行政要望考慮度	行政要望事後検証	
	n	実施率
低（1－2）	24	0.0%
中（3）	86	7.0%
高（4－5）	66	16.7%
検定結果	χ^2値	P値
	6.99	0.030

3.3　多角化に伴う管理会計制度と経営課題及び法人財務成果の関係性

（1）　管理会計制度への積極性と各種経営課題重視度

　事業多角化に伴う管理会計制度（事業別採算管理及び事業統合的法人経営計画）への積極性の違いは，多角化に伴う各種経営課題の重視度に違いをもたらしているのではないかという問題意識の下，両者の関係性を分析する。

　先に，多角化した各種事業を個別に採算管理する事業別採算管理に対する積極性との関係性を分析する。

　まず，事業別採算管理に積極的な法人の方が，事業別の損益計算や予算管理を実施して各事業の損益状況を把握・管理する必要性が高いため，多角化に伴う現在の経営管理上の課題として各事業の損益状況の把握・管理を重視していると想定される。そこで両者の関係性を分析したところ，事業別採算管理に積極的な法人の方が，各事業の損益状況の把握・管理という課題を重視していることが確認された[9]（**図表 8 -42**左端）。

[図表 8 -42]　事業別採算管理への積極性と多角化に伴う各種経営課題の重視度

事業別採算管理	事業別損益管理重視度			管理者育成重視度			管理者評価重視度			柔軟人事異動重視度		
	n	平均	標準偏差	n	平均	標準偏差	n	平均	標準偏差	n	平均	標準偏差
消極的	65	3.9	0.77	65	3.6	0.86	65	3.4	0.80	65	3.1	0.80
積極的	105	4.4	0.66	105	3.9	0.88	105	3.6	0.85	105	3.4	0.85
Welch検定	F値	P値		F値	P値		F値	P値		F値	P値	
	21.49	0.000		3.34	0.070		2.67	0.105		3.70	0.057	

第8章　事業多角化に伴う経営管理の実践状況　　217

　また，事業別採算管理に積極的な法人の方が，多角化した事業の採算管理を任せる事業管理者の確保・育成やその事業管理者の評価・動機付けという課題を重視しているのではないかと想定されるため，両者の関係性を分析した。その結果，事業管理者の確保・育成という課題については，事業別採算管理に積極的な法人の方が重視度が高いという関係性が，10％有意水準ではあるものの，確認された。一方，事業管理者の評価・動機付けという課題については，事業別採算管理に積極的な法人の方が重視度が高いものの，統計的に有意な水準ではなかった。

　さらに，多角化した各事業の採算性を確保・向上させるためには，職員によって提供される人的サービスという性質を持つ医療介護事業においては，各事業の開始・拡大・縮小に合わせた事業間の柔軟な人事異動が特に重要になると考えられる。そのため，事業別採算管理に積極的な法人の方が，事業間の柔軟な人事異動という課題を重視しているのではないかと想定される。そこで両者の関係性を分析したところ，事業別採算管理に積極的な法人の方が，10％有意水準ではあるものの，事業間の柔軟な人事異動を多角化に伴う課題として重視していることが確認された（**図表 8 -42**右端）。

　次に，多角化した各種事業の連携統合を促進するように策定された法人全体としての経営計画に対する積極性との関係性を分析する。

　まず，事業統合的な法人経営計画に積極的な法人は，集患効果などの多角化した事業による病院事業への波及効果や法人内の病院事業を含む多様な多角化事業間の相乗効果を高めることを狙いとしていると考えられる。そのため，多角化に伴う経営課題として，波及効果の増進を重視していると想定される。そこで両者の関係性を分析したところ，事業統合的法人経営計画により積極的な法人の方が，波及効果の増進という課題を重視していることが確認された（**図表 8 -43**左端）。

　また，事業統合的な法人経営計画に積極的な法人の方が，法人内の多角化した各種事業間の相乗効果を高めるために，法人内の事業間の連携を促進する仕組みに積極的になると考えられる。そのため，事業統合的法人経営計画に積極的な法人の方が，人事・情報・活動収支計画・業務プロセスの各観点からの法人内事業間連携という課題をより重視するのではないかと想定される。そこで，

両者の関係性を分析した結果，基本的に，事業統合的法人経営計画により積極的な法人ほど，事業間の柔軟な人事異動，事業間の情報システムの連携統合，連携強化観点からの事業計画/予算編成[10]，事業間で一貫したサービス提供プロセスの構築という4種類の法人内事業間連携促進のどの課題についても，重視度が高いという関係性が確認された（**図表8-43**）。

[図表8-43]　統合的法人経営計画への積極性と多角化に伴う各種課題の重視度

事業統合法人経営計画	波及効果増進重視度			柔軟人事異動重視度			情報連携統合重視度			連携強化予算重視度			統合提供過程重視度		
	n	平均	標準偏差	n	平均	標準偏差	n	平均	標準偏差	n	平均	標準偏差	n	平均	標準偏差
積極的	41	4.0	0.89	41	3.6	0.87	41	3.8	0.95	41	3.9	0.82	41	4.0	0.80
中程度	31	3.8	0.65	31	3.4	0.75	31	3.5	0.89	31	3.7	0.60	31	3.8	0.58
消極的	64	3.6	0.73	64	3.1	0.87	64	3.2	0.94	64	3.4	0.84	64	3.4	0.83
法人計画無	41	3.6	0.74	41	3.1	0.83	41	3.3	0.87	41	3.1	0.83	41	3.5	0.74
Welch検定	F値	P値		F値	P値		F値	P値		F値	P値		F値	P値	
	3.07	0.032		2.96	0.037		4.49	0.006		8.27	0.000		7.54	0.000	

（2）　管理会計制度への積極性と法人財務成果の重視度

多角化に伴う管理会計制度への積極性の違いの背景には，法人全体としての採算性や資産収益性という法人の財務成果に対する重視度の違いがあるのではないかという問題意識の下，両者の関係性を分析する。

先に，多角化した各種事業を個別に採算管理していく事業別採算管理に対する積極性と，法人財務成果の重視度との関係性を分析する。事業別採算管理に積極的な法人は，法人全体の採算性及び資産収益性を重視しているのではないか，すなわち法人としての財務成果を重視しているがゆえに事業別採算管理に積極的なのではないかと想定される。そこで，この両者の関係性を分析した結果，いずれの採算性指標においても，また資産収益性を表す総資産利益率においても，事業別採算管理に積極的な法人の方が，法人全体の採算性及び収益性を重視していることが確認された（**図表8-44**）。

[図表 8 -44]　事業別採算管理への積極性と法人の採算性・収益性の重視度

事業別採算管理	事業利益率			利益額			黒字か赤字か			総資産利益率		
	n	平均	標準偏差	n	平均	標準偏差	n	平均	標準偏差	n	平均	標準偏差
消極的	65	3.8	0.85	64	3.7	0.81	65	4.0	0.89	65	2.9	0.79
積極的	105	4.2	0.73	105	4.0	0.78	105	4.3	0.79	105	3.2	0.90
Welch検定	F値	P値		F値	P値		F値	P値		F値	P値	
	12.86	0.000		8.05	0.005		4.83	0.030		8.66	0.004	

　次に，多角化した各種事業の連携統合を促進するように策定された法人全体としての経営計画に対する積極性と，法人財務成果の重視度との関係性を分析する。事業統合的な法人経営計画に積極的な法人は，法人全体の採算性及び資産収益性を重視しているのではないか，すなわち法人財務成果を重視するがゆえに，法人全体としての財務成果を高めることに繋がると考えられる事業間の相乗効果を増進させる，事業統合的法人経営計画に積極的なのではないかと想定される。

　そこでこの両者の関係性を分析した結果，まず事業利益率については，事業統合的な法人経営計画により積極的な法人の方が，重視度が若干高い様子は窺われるものの，統計的に有意な水準ではなかった（**図表 8 -45**）。また利益額（利益率ではなく）との関係を分析すると，各種事業を総合した法人全体としての経営計画を策定している法人の方が，また策定法人の中でも事業統合的な策定に特に積極的な法人の方が，法人全体の利益額を重視していることが確認された。さらに，黒字か赤字かという採算割れ回避の重視度との関係を分析した場合，法人全体としての経営計画を策定していない法人と，策定していても事業統合的な策定には消極的な法人の間では差がない。しかし，法人経営計画を策定している法人の中では，事業統合的な策定に対してより積極的な法人ほど，法人全体としての採算割れ回避を重視していることが判明した。加えて，資産収益性を表す総資産利益率については，法人全体としての経営計画を策定している法人の方が，また策定している法人の中でも事業統合的な策定に対して消極的な法人よりも中程度以上積極性の高い法人の方が，法人全体としての資産収益性を重視していることが明らかとなった。

[図表 8-45]　統合的法人経営計画への積極性と法人の採算性・収益性の重視度

事業統合法人経営計画	事業利益率			利益額			黒字か赤字か			総資産利益率		
	n	平均	標準偏差	n	平均	標準偏差	n	平均	標準偏差	n	平均	標準偏差
積極的	41	4.2	0.66	40	4.3	0.78	41	4.6	0.67	41	3.4	0.80
中程度	31	4.0	0.80	31	3.9	0.81	31	4.4	0.80	31	3.4	0.88
消極的	64	4.0	0.86	63	3.9	0.79	64	4.1	0.83	64	3.0	0.92
法人計画無	41	3.9	0.94	41	3.6	0.83	41	4.1	0.95	41	2.8	0.92
Welch検定	F値	P値		F値	P値		F値	P値		F値	P値	
	1.60	0.195		4.63	0.005		4.23	0.008		3.44	0.020	

　これらの各種の採算性指標及び資産収益性指標の重視度と，事業統合的な法人経営計画への積極性の程度との関係性を総合的に見ると，法人全体としての財務成果を重視している法人において，事業統合的な法人経営計画に積極的な法人が多い状況が推察される。

4　考　　察

4.1　多角化に伴う経営管理

　多角化の意思決定に際しては，取り上げた多様な要素のすべてが「ある程度」以上考慮されており，また事業採算性や波及効果など多くの要素は「かなり考慮」されている中，行政の要望は相対的には一番考慮されていない要素となっていた。行政の要望の考慮度が低いという結果は，多角化に際しては自法人としての意思を重視しているということを示唆しており，当然に自立的に経営を持続していなかければならない民間医療法人としての立場が明確に表れているといえる。第1章では新規の高額設備機器投資に際する同様の各種要素に対する考慮度を明らかにしたが，採算性と機能・質の向上の考慮度が一番高く，行政からの要望の考慮度が一番低いという結果であり，多角化投資の場合と類似する結果であった。ただし，職員意欲向上と財務健全性に対する考慮度については，多角化意思決定時には相対的に低いのに対して，新規高額設備機器投資時には相対的に高い点では両者は異なっている。

　また，組織規模が中規模以上の法人の方が患者ニーズへの対応を多角化意思

決定時によりしっかりと考慮しているという結果は，患者ニーズへの対応をよく考慮する法人であるがゆえに，ニーズ対応により多様な事業に多角化することになり，結果として従業員数が増加して組織規模が大きくなっていると考えられる。組織規模が大きいために患者ニーズをしっかりと考慮しているというわけではないだろう。また中規模以上の法人の方が法人全体としての機能・質の向上を多角化時によりしっかりと考慮しているという結果も，法人全体の機能・質の向上をよく考慮する法人であるがゆえに，それらを向上させるために多様な事業に多角化することになり，結果として従業員数が増加して組織規模が大きくなっているのではないかと考えられる。

多角化投資に際しては6割強の法人が採算性の定量的評価を実施し，また回収期間法を中心に複数の手法を併用する法人も見られたが，第1章で明らかにした新規高額設備機器投資の場合でも6割強が定量的評価を実施し，回収期間法を中心に複数の手法が併用されており，類似する結果であった。ただし，多角化投資の場合には，若干煩雑ではあるものの理論的には最も適切な割引現在価値法が24％の法人で活用されているのに対して，新規高額設備機器投資の場合には8％と極めて低い点では，両投資間で若干異なっている。また，複数手法を併用する法人の割合が多角化投資の場合には35％見られるのに対して，新規高額設備機器投資の場合には20％と1割半ほど低い点でも若干異なっている。投資に際する採算性の定量評価の実施率はほぼ同じであるが，多角化投資の場合の方が新規高額設備機器投資の場合よりも複数の手法が併用されることが多く，また一番厳密な手法である割引現在価値法が相対的に多く利用されており，より丁寧なしっかりとした採算性の定量評価がなされているといえる。

なお，組織（従業員数）規模が大きい法人ほど多角化投資に際する採算性の定量評価実施率が高いことが明らかにされた。新規高額設備機器投資の場合も，経済（事業収益）規模が大きな法人での採算性の定量評価実施率が高いことが確認されており，組織規模と経済規模の違いはあるものの，法人の規模は投資採算性の定量評価という管理会計実践に影響を与えている。規模の大きな法人では経営スタッフを充実させることが可能となるためではないかと考えられる。

また多角化投資の数年後に約8割の法人では事後的な検証がなされているが，新規高額設備機器投資の場合には事後的な検証は約5割に止まっており，多角

化投資の場合の方が事後検証されることが多い。事後検証の実施という観点からも，多角化投資の場合の方が新規高額設備機器投資の場合よりも，丁寧にしっかりと評価（熟慮）されていることがわかる。なお，法人規模と事後検証の実施率との関係については，法人の規模が大きい方が事後検証を実施しているといった有意な傾向は見られない点で，新規高額設備機器投資の場合と多角化投資の場合で共通している。

　また事後検証している場合のその検証の観点（評価要素）としては，採算性が突出して一番高い点や，地域競争優位が2割前後で行政要望（地域必要性）充足が1割強である点では，多角化投資の場合と新規高額設備機器投資の場合で類似した結果となっている。一方で，波及効果の観点は，新規高額設備機器投資の場合には12％に止まっており，多角化投資の場合（69％）と対照的な状況となっている。多角化投資の事後検証に際しては採算性に加えて法人内の事業間の波及効果がはるかによく検証されている点は特徴的であり，多角化がいかに法人内各事業間の波及効果を狙いとしているかがわかる。なお，職員意欲向上の観点は，新規高額設備機器投資の場合には32％見られる一方で多角化投資の場合は23％に止まり，多角化投資では新規高額設備機器投資よりも事後的に検証されることが少ない様子が窺われる。投資意思決定時における職員意欲向上に対する相対的な考慮度の両投資間の違いが，事後検証においても同じように見られる。新規高額設備機器投資の方は各事業での必要性と事業現場職員の意欲向上が重視される一方，多角化投資の方は法人内他事業への波及効果による法人全体への便益が重視されているといえそうである。

　多角化に伴う経営課題として各事業の損益管理や波及効果増進の重視度が他の課題と比べて高いという結果は，多角化意思決定時に多角化事業の採算性と波及効果の考慮度が他の要素よりも高く，また採算性と波及効果が多角化後の事後検証時の評価要素として他の要素よりもはるかに含まれている結果と一貫性がある。この2つの要素が，多角化に関わる諸段階において常に重視されている二大要素であるといえる。また事業管理者の確保・育成も経営課題として重視度が特に高いが，これは各事業の損益管理という重視課題に取り組む上で極めて重要な課題であるためではないかと考えられる。

　一方，事業間の柔軟な人事異動や情報システム連携統合は多角化に伴う経営

課題として相対的には重視度が低かったが，これらを含む法人内の事業間連携促進の仕組みは，いずれもほとんどの法人がある程度以上重視しているという結果であった。こうした結果は，患者・家族のニーズに対応するという観点からも，近年の医療/介護政策に適応するという観点からも，今日では事業間連携を高めることが求められているという状況を反映していると考えられる。また，事業間連携が診療/介護報酬上も有利であるという外部環境の下で，次章で明らかにする老健併営系多角化医療法人では9割を超える法人が法人内各事業の連携統合を戦略として重視しているという実態を反映したものであると考えられる。なお組織規模が大きな法人ほど法人内の事業間連携を促進する4種類の仕組みに対する重視度が高まることが判明した。これは，職員数の増大化に伴い経営層と現場職員間や各事業の職員間の意思疎通が難しくなり，連携統合を意識的に実施していかないと組織として一貫性のある行動が維持できなくなるおそれがでてくるからかもしれない。

　また，多角化した各事業をどのように採算管理するかについては，本来業務事業により多角化したすべての類型の病院経営医療法人を対象としている本章とは対象が若干異なるものの，次章で明らかにする老健併営系多角化医療法人対象の調査でも類似した結果となっていた。このことは，本来業務多角化の類型を問わず，多角化法人では積極的な事業別採算管理が今日では最も一般的な状況であることを示しているといえるだろう。

　すでに述べたように，多角化意思決定時にもその後の事後検証時にも，法人内の病院事業を含む事業間の波及効果をしっかりと考慮し，また多角化に伴う現在の経営課題としても波及効果の増進が重視され，多角化法人は波及効果を採算性とともに非常に重視している。しかし，法人内事業間の波及効果を高める上で重要と考えられる，事業間の連携統合を促進するような法人経営計画の策定は，十分にはなされていないことがわかった。そもそも法人経営計画を策定していない法人が23.2%見られ，策定している場合にも事業統合促進的な作成の程度が「各自作成単純合算」から「どちらともいえない」中間値までの法人が全体の36.2%見られ，合計すると約6割の法人は事業統合的な法人経営計画を策定していない。

　また組織（従業員数）規模が大きい多角化法人の方が事業統合的な法人経営

計画に対して積極的であることが明らかとなった。老健併営型の多角化した病院経営医療法人を対象に，法人全体の経営計画を各事業の連携統合を促進するように策定している程度と法人の経済規模との関係を分析した場合にも，次章で述べるように，規模が大きい多角化法人の方が事業統合的な法人経営計画に対して積極的であることが判明しており，類似した結果となっている。組織規模が大きい多角化法人の方が事業統合的な法人経営計画に積極的である背景には，職員数の増大化に伴い経営層と現場職員間や各事業の職員間の意思疎通が難しくなり，事業間の連携統合に積極的に取り組んでいかないと組織として一貫性のある諸事業の展開ができないおそれがあるからではないかと考えられる。ただし現状では，従業員数600人以上の組織規模が大きな法人でさえも，法人経営計画を策定していないか策定していても事業統合的な策定ではない法人も４割超見られ，今後の改善の余地が見られる。

　法人全体としての財務側面については，平均的には法人としての採算性（損益状況）を「かなり重視」していることが確認された。また医療介護事業そのものの利益率である事業利益率は95％以上の法人で「ある程度」以上重視されており，78％の法人では「かなり重視」か「非常に重視」されていた。さらに赤字回避という面では，「全く重視せず」とする法人は一法人も見られず，97％弱の法人で「ある程度」以上重視され，８割超の法人は「かなり重視」か「非常に重視」している。医療機関は非営利機関であるとはいえ，少なくとも民間機関である病院経営医療法人においては，経営的な持続可能性を確保する必要があるためであると考えられる。

　しかし中長期的な経営的持続性と関係する財務健全性を表す自己資本比率については，「全く重視せず」や「あまり重視せず」とする法人も２割強見られ，倒産可能性が高まる債務超過という面でさえも，「全く重視せず」や「あまり重視せず」とする法人が16.4％見られる。何としても赤字は回避するという単年度ベースの経営的持続性確保の視点は強いものの，中長期ベースの経営的持続性確保の視点が弱い法人が２割程度見られるということがわかる。

　一方，投下資産の利用効率性（資産回転率）や収益性（総資産利益率）については，平均としては「ある程度重視」する程度であり，「かなり重視」か「非常に重視」している法人は３割弱に止まり，採算性側面と比べて明らかに重視

第 8 章　事業多角化に伴う経営管理の実践状況　　225

度が低い。ここには，投下資産（資本）に対する事業収益や事業利益の拡大を
目的として事業活動を行っているわけではないという，民間機関としての病院
経営医療法人も含めた非営利機関としての医療機関の特徴が表れていると考え
られる。

4.2　多角化時の各要素考慮度と経営実践及び財務指標重視度の関係性

　多角化意思決定時に事業採算性をより強く考慮する法人の方が，多角化投資
採算性を定量評価することが多く，事業別採算管理に対しても積極的であるこ
とが多い。多角化時の事業採算性の考慮度に対応した整合性のある経営管理活
動が行われているといえる。また多角化時に採算性をより強く考慮する法人の
方が，事業管理者の確保・育成や評価・動機付け，現場職員への経営方針浸透，
柔軟な事業間人事異動を，多角化に伴う経営課題としてより重視している。事
業採算性を熟慮する法人は，事業採算性の管理を含めて多角化事業を任せる事
業管理者の確保・育成や，その事業管理者の採算性確保などに向けた適切な行
動を促すための評価・動機付けの必要性を強く感じるためであろう。また採算
性を確保しつつ医療介護サービスを提供するという経営方針を事業の現場職員
がよりしっかりと理解することが必要であると考えるためだろう。さらに，多
角化事業の採算性を確保・向上させるためには，職員によって提供される人的
サービスという性質を持つ医療介護サービスにおいては，事業の開始・拡大に
合わせてサービス提供できる人員を増強したり，事業の縮小に合わせて人員を
他事業へ回したりすることが重要であるためだろう。

　また，多角化時の採算性考慮度が高い法人ほど，法人全体の採算性も資産収
益性も重視度が高いことが確認され，法人としての財務成果を重視しているた
めに，多角化時も採算性をよく考慮している状況が推察される。加えて，多角
化時の財務健全性考慮度が高い法人ほど，法人全体の財務健全性の重視度が高
いことが確認され，法人としての財務健全性を重視しているために，多角化時
にも健全性をよく考慮している状況が推察される。

　第二に，多角化意思決定時に波及効果をより強く考慮する法人の方が，多角
化の数年後の事後評価を波及効果の観点から実施することが多く，また事業統

合的な法人経営計画に積極的な法人が多いことが判明した。さらに多角化に伴う経営課題として，波及効果増進はもちろんのこと，波及効果の増進に繋がると考えられる，人事・情報・活動収支計画・業務プロセスの各観点からの法人内事業間連携を促進する仕組みを，より重視していることも明らかとなった。多角化医療法人では，多角化時の波及効果の考慮度に対応した整合性のある経営管理活動が行われているといえる。また，多角化時の波及効果考慮度が高い法人ほど，法人全体の採算性及び資産収益性の重視度が高いことが確認され，法人としての財務成果を重視しているために，多角化時に波及効果をよく考慮している状況が推察される。

　第三に，多角化意思決定時に患者ニーズへの対応をより強く考慮する法人の方が，多角化の数年後の事後評価を患者満足向上の観点から実施することが多く，また人事・情報・活動収支計画・業務プロセスの各観点からの法人内事業間連携を促進する仕組みをより重視していることが明らかとなった。多角化時に患者ニーズへの対応を熟慮する法人の方が法人内事業間連携の仕組みを重視するのは，1人の患者が多様な事業サービスを受けることが一般的な今日の高齢社会では，事業間で切れ目のない法人統合的で質の高い医療介護サービスを提供することが患者ニーズに対応したものであり，満足度を向上させることに繋がると考えているからであろう。

　加えて，多角化意思決定時に制度・政策動向をより強く考慮する法人の方が，事業管理者の育成や評価，現場職員への経営方針浸透を多角化に伴う経営課題としてより重視し，また人事・情報・活動収支計画・業務プロセスの各観点からの法人内事業間連携をより重視していることが明らかとなった。各事業に関わる制度・政策動向への適切で迅速な対応が可能となるためには，能力と熱意のある事業管理者を確保し動機付ける必要があるし，現場職員にも制度・政策動向に対応した適切な行動は何かをしっかりと理解してもらう必要があるためだろう。また，医療・介護の多様な機能を提供する事業間の連携を強化するという近年の医療/介護政策の動向を踏まえた結果だと考えられる。さらに，多角化時の制度動向考慮度が高い法人ほど，法人全体の採算性及び資産収益性の重視度が高いことが確認され，法人としての財務成果を重視しているために多角化時に制度動向をよく考慮している様子が窺われる。医療及び介護事業は公

第8章　事業多角化に伴う経営管理の実践状況　227

的な制度の下で展開されており，診療/介護報酬もその報酬請求要件も公定されていることを踏まえれば，制度動向熟慮の背景に財務成果重視があることはよく理解できる。

　第四に，多角化意思決定時に地域競争環境をより強く考慮する法人の方が，多角化の数年後の事後検証において競争優位の観点からの検証を行う法人が多く，また事業管理者の育成や評価，現場職員への経営方針浸透を，多角化に伴う経営課題としてより重視している。地域における競争環境に適切かつ迅速な対応が可能となるためには，能力と熱意のある事業管理者を確保し動機付ける必要があるし，現場職員にも地域競争環境に対応した経営方針をしっかりと理解してもらう必要があるためだろう。また，多角化時に競争環境をより強く考慮する法人の方が各事業の損益管理や波及効果増進もより重視しているが，多角化した各事業が競争に負けて損失が発生していないか把握したいし，競争に負けずに法人内他事業への波及効果も高まるようにしたいからだと考えられる。加えて，競争環境をより強く考慮する法人の方が，人事・情報・活動収支計画・業務プロセスの各観点からの法人内事業間連携をより重視していることも明らかとなった。他法人との競争に勝つためには，患者ニーズが高く，したがって対応することで競争優位につながると考えられる，各種事業間で切れ目のない法人統合的で質の高い医療介護サービスの実現が重要と考えているためであろう。

　さらに，多角化時の競争環境考慮度が高い法人ほど，法人全体の採算性及び資産収益性の重視度が高いことが確認され，法人としての財務成果を重視しているために，多角化時に競争環境をよく考慮している様子が窺われる。法人の財務成果の向上を図るためには，近隣法人に患者獲得競争で負けないようにする必要があるため，近隣法人の動向を考慮し，地域における自法人の競争優位性を確保する必要性を強く意識せざるを得ないことを踏まえれば，競争環境熟慮の背景に財務成果重視があることはよく理解できる。

　第五に，多角化意思決定時に職員意欲向上をより強く考慮する法人の方が，多角化の数年後の事後検証において職員意欲向上の観点からの検証を行う法人が多く，また事業管理者の評価・動機付けや現場職員への経営方針浸透，柔軟な事業間人事異動を多角化に伴う経営課題としてより重視している。職員の意

欲を考慮すれば，職員としての管理者の動機付けを課題として重視するのは当然のことである。また，現場職員の意欲向上には，法人としての経営方針への現場職員の深い理解が必要であり，また能力開発やマンネリ防止の観点から多様な機会を与える必要もあり，そのための事業をまたがる柔軟な人事異動が重要であるためであろう。

さらに，多角化意思決定時に法人全体としての機能・質の向上をより強く考慮する法人の方が，波及効果を多角化に伴う経営課題としてより重視していた。これは，法人全体という意識が強いため，個々の事業の効果だけでなく，各事業間の波及効果を含めた法人全体としての効果への意識が高いからではないかと考えられる。また，人事・情報・活動収支計画・業務プロセスの各観点からの法人内事業間連携をより重視していることも明らかとなった。多角化時に法人全体としての機能向上を熟慮する法人は，個々の事業ごとのサービス提供よりも，法人全体としての各種事業統合的なサービス提供をより意識しているためではないかと考えられる。

加えて，多角化意思決定時に法人理念との適合性をより強く考慮する法人の方が，事業の現場職員への経営方針浸透を多角化に伴う経営課題としてより重視している。各多角化事業が法人の理念と適合していることにこだわりを強く持っているがゆえに，その理念に基づく経営方針を各事業の現場職員にもしっかりと理解してもらいたいと考えるからであろう。

最後に，多角化意思決定時に行政からの要望をより強く考慮する法人の方が，多角化の数年後に，行政の要望が充足されたかという観点からの事後検証をすることが多い。多角化時の行政要望の考慮度に対応した整合性のある経営管理活動が行われているといえる。

4.3　多角化に伴う管理会計制度と経営課題及び法人財務成果の関係性

事業別採算管理という管理会計制度を適切に運用していくためには，法人本部による事業別採算管理制度の診断的運用に基づく各事業への介入的是正活動では限界があり，多角化した各事業の採算を管理できる能力・熱意のある事業管理者が存在することが重要である。事業別採算管理に積極的な法人では，や

はりそうした認識を持っていることが判明した。しかし事業別採算管理に積極的な法人の方が事業管理者の確保・育成を経営課題として重視しているという結果は，現状においてそのような事業管理者を十分に確保できていないことの現れであるとも言えるかもしれない。多角化した医療法人では，多様な性質を持ちまた多様な制度環境に直面している諸事業を理事長が集権的に経営することが困難となる。そのため多角化した各事業の経営管理意思決定に関する事業管理者への権限委譲が必要となってくるが，能力と熱意のある管理者人材を十分に確保・育成することができていないという課題は，先行研究（荒井，2013，第5章）などでも指摘されてきた。

　一方，事業別採算管理をしっかりと機能させるためには，事業別採算管理の直接的な責任者である事業管理者にこの管理会計制度にしっかりと取り組んでもらうことが必要であり，その手段として事業管理者の業績評価・動機付けは重要であると考えられる。しかし事業別採算管理に積極的な法人の方が，統計的に有意な水準では，事業管理者の評価・動機付けを課題としてより重視していることはなかった。

　重視度に有意なほどの違いが見られない理由[11]の1つとしては，管理者の評価（特に損益面での業績評価）に関してまだ積極的でない医療機関も多く見られるため，事業別採算管理に積極的な法人であっても事業管理者の評価まではあまり重視しない法人も一定程度見られるということが考えられる。本章の研究対象と同様に病院経営医療法人を対象とした2010年の調査では，事業別損益計算実施法人群のうち，その計算結果に基づき事業管理者の業績評価をしている法人は47.3%であった（荒井，2013，第4章）。また第5章で明らかにした最近の調査でも，事業別損益計算実施法人群のうちその計算結果に基づき事業管理者の業績評価を実施している法人は47.8%に止まっている。

　さらに，事業別採算管理を通じて着実に事業の採算性を向上させていくためには，医療介護サービスは基本的に人手によって提供されるという性質があることから，法人内の事業間での柔軟な人事異動が重要となる。すなわち，多角化事業を開始し，採算性を確保するために事業収益規模を拡大していくためには，担い手としての職員を事業の成長とともに他事業から柔軟に異動させることも必要になる。逆に事業規模が縮小してきた場合には，需要に合わせて人員

を他事業に異動させて，赤字を回避することが必要になることもある。そのため，事業別採算管理に積極的な法人は，事業間の柔軟な人事異動を課題として重視すると考えられるが，実際，事業別採算管理に積極的な法人はそうした認識を持っていることが確認された。しかし事業別採算管理（及び後述の事業統合的法人経営計画）に積極的な法人の方が事業間での柔軟な人事異動を課題として重視しているという結果は，現状においてそれが十分に実現できていないことの現れである可能性もある。インタビュー調査に基づく事例研究（荒井，2019d）が指摘するように，法人内の医療系事業と介護系・福祉系事業の間や，医療系事業でも急性期系と回復期系などの間では，文化差や意識差が強く残っており，事業間の十分に柔軟な人事異動を困難にしているのではないかと考えられる[12]。

　もう1つの多角化に伴う管理会計制度である事業統合的な法人経営計画については，この管理会計制度に積極的な法人は，やはり波及効果増進を狙いとしていることが確認された。また各種事業間の相乗効果/波及効果を高めるための具体的な事業間連携促進の仕組みである，柔軟な人事異動，情報システム連携統合，連携強化型の事業計画/予算編成，事業間で継ぎ目のない統合されたサービス提供プロセス，の実現を課題として重視していることも確認された。多角化医療法人は，事業統合的法人経営計画という管理会計制度と整合性のある，人事・情報・活動収支計画・業務プロセスの各観点からの仕組みの構築に取り組んでおり，管理会計制度とその下での経営管理活動が適合している状況といえる。

　次に，事業別採算管理への積極性及び事業統合的法人経営計画への積極性と，法人全体の採算性及び資産収益性との関係性を分析した結果，法人全体としての財務成果を重視している法人において，これらの管理会計制度に対する積極性が高いことが判明した。因果関係が検証されたわけではないものの，法人財務成果を重視するがゆえにこれらの管理会計制度に積極的である可能性が高いことがわかった。ただし本章での研究からは，これらの管理会計制度に積極的に取り組むことで，実際に法人の財務成果が向上するのかどうかについてはまったく明らかではない点には注意が必要である。

　この点については，荒井（2019a，第2章）が，病院経営医療法人を対象に事

業別採算管理が客観的な財務データとしての事業利益率を向上させることを明らかにしているが，病院経営医療法人を対象としたこの点に関する先行研究は他には見られず，まだ十分な知見の蓄積はない。また，病院経営医療法人が法人全体の財務成果の指標として最も重視している黒字か赤字か（採算割れ回避の可否）という観点からの事業別採算管理の法人採算性への効果は，荒井（2019a，第2章）においても検証されていない。さらに，荒井（2019a，第11章）は，DPC関連病院を対象に，計画事項間の因果関係の考慮度が高いと，またトップ層による分析的利用度が高いと，さらに業績評価に活用すると，病院事業計画は採算性を向上させることを客観的な財務データに基づいて明らかにしている。しかし病院事業を対象としていて，多角化した法人内の各種事業を総合した法人全体の経営計画を対象とした研究ではないし，また公的病院中心の急性期病院群を対象としていて，急性期から慢性期までを含む民間病院を経営する医療法人を対象とした研究ではない。

5　まとめ

　本章では，医療法人の多角化に伴う経営管理の諸側面について，組織規模との関係性も含めて，その実態を明らかにした。また，多角化意思決定時における各種要素の考慮度と多角化に伴う他の経営管理活動との想定される関係性について検証を行った。さらに多角化時の要素考慮度の違いの背景には，法人全体としての財務成果の重視度の違いがあるのではないかとの想定の下，両者の関係性の検証を行った。ただし本章での検証は，想定される因果関係の下で，多角化時の要素考慮度と各種経営管理実践及び財務指標の重視度との相関関係を検証したものであり，因果関係を検証したものではない点には留意が必要である。また本章では，法人全体としての財務成果を重視していると，多角化意思決定時に事業採算性や波及効果，制度動向，地域競争環境をよく考慮する傾向があることが判明した。しかし多角化時にこうした要素をよく考慮すると，実際に法人の財務成果が向上するのかはこれまで検証されておらず，今後の研究課題である。

　また，事業別採算管理や事業統合的法人経営計画という管理会計制度に積極

232

的な法人では，多角化した各種事業の管理者を育成し評価したり，法人内の事業間連携を促進する多様な仕組みに取り組んだりすることを，消極的な法人よりも重視していることが窺われる結果であった。このことは，管理会計制度とその下での経営管理活動との間にある程度整合性が取れていることを示唆しているが，同時にこれらの事項にまだ十分には対応しきれていないことをも示唆している可能性がある。加えて，法人全体の財務成果を重視する法人は，事業別採算管理や事業統合的法人経営計画などの管理会計制度に積極的であることが確認された。ただし上述のように，これらの管理会計制度に積極的に取り組むことで，実際に法人全体の財務成果の向上が実現するのかについての客観的なデータに基づく検証は従来十分になされていない。これらの検証は，今後に残された課題である。

〔注〕

1　本章において，「」内の文章等は，その文章中の下線なども含めて，すべて本調査で用いた調査票内の表現そのものである。

2　本調査では，法人で運営している施設・事業の種類を複数回答可能方式で，「1.病院　2.診療所　3.介護老人保健施設　4.介護医療院　5.その他入所施設　6.訪問系事業（診療・看護・介護等）　7.通所系事業（介護・リハ等）　8.その他」の中から選択してもらった。

3　この調査対象群のデータベース対象年（2017年決算）においては，まだ介護医療院は制度化されていないため，この調査対象群に基づく多角化類型分類においては介護医療院を老健相当として扱うことによる影響はない。

4　本調査は，平成28年度においてすでに本来業務事業による多角化をしていた医療法人を対象としているため，令和2年度の調査時点において，最初の多角化は少なくとも4年が経過していることになる。そのため多角化してから数年を経た事業を少なくとも1つはすでに経営している。したがって，本質問事項は多角化事業が数年経過したと仮定した場合の質問ではなく，実態（現実）としてどうしているのかの質問となっている。

5　職員の意欲・モチベーション向上という要素については，回答客体数が偶数で中央値がちょうど3と4の間となっているため，考慮度1〜3と考慮度4〜5の2区分での分析をした。

6　当然ともいえるかもしれない予想どおりの関係性にあるが，本質問票調査への回答者の回答の一貫性（整合性）の高さを示しているともいえ，本調査データの信頼性が高いことを示唆してもいる。

7　厳密には，黒字か赤字かという根本的な採算性指標については，制度動向考慮度が高い

法人群のみが重視度が高いという状況である。

8 厳密には，黒字か赤字かという根本的な採算性指標については，競争環境考慮度が高い法人群のみが重視度が高いという状況である。

9 当然ともいえるかもしれない予想どおりの関係性にあるが，このことは，本質問票調査への回答者の回答の一貫性（整合性）の高さを示しているともいえ，本調査データの信頼性が高いことを示唆してもいる。

10 事業統合的法人経営計画に積極的な法人ほど連携強化観点の事業計画/予算編成を重視するという関係性は，当然ともいえるかもしれないが，このことは，本調査への回答者の回答の一貫性の高さも示しており，本調査データの信頼性の高さを示唆してもいる。

11 ただし，ぎりぎり10％水準でも有意でないという結果であり，本調査の回答法人数の少なさという限界による結果である可能性もある。

12 老健により多角化した病院経営医療法人を対象に法人内の事業間連携に関する調査をした次章の研究によれば，93％の法人が法人内の連携統合を促進する戦略を重視する中，法人内の事業連携を促進するための事業間の人事異動を実施している法人は77.7％に止まっている。つまり，法人内連携統合を重視していても，法人内の事業間連携促進の仕組みとしての事業間の柔軟な人事異動を必ずしも実現できていない法人が一定程度見られる。

第9章

法人内連携統合のための経営管理の
実践状況
―本格的な医療介護複合体としての多角経営法人での実践―

1　問題意識

　筆者は先行研究（荒井，2017a）において，病院を経営する医療法人を対象に，病院以外の本来業務施設の併営状況に着目した多角経営類型ごとの損益実態を分析し[1]，老健を併営する本格的な医療介護多角経営法人の採算性が，4種類の多角経営類型法人の中で相対的に良いことを定量的に明らかにした[2]。そしてその背景の1つとして，近年の診療及び介護報酬政策においては，適時適切な施設事業間連携が採算性向上に寄与するからではないかと指摘した（荒井，2017c）。

　こうした実態や問題意識から，本格的な医療介護多角経営法人では，潜在的な利点である法人内の柔軟な連携を実現するために，法人内連携統合のための経営管理に積極的に取り組んでいるのではないかと考え，現在どの程度取り組んでいるのかを明らかにしたいと考えた。また適時適切な施設事業間連携が採算性を向上させる診療及び介護報酬制度下では，より多様な種類の施設事業を経営している法人の方が施設事業間の連携統合のメリットが相対的に大きいと考えられるため，連携統合のための経営管理により積極的に取り組んでいるのではないかと考えられる。こうした多角化の程度の違いという医療法人属性別の，法人内連携統合のための経営管理実践の違いも明らかにしたいと考えた。

　そこで本研究では，老健を併営する医療法人を対象に，法人内の連携統合を促進するための経営管理の実践状況を明らかにすることを目的として，郵送質問票調査を実施した。この調査により，地域医療構想[3]及び地域包括ケアシス

テム[4]の実現が強く求められている現在における，医療介護複合体としての多角経営法人群全体での法人内連携統合のための経営管理の実践状況を把握するとともに，こうした法人群の中でも多角化の度合いによりその実践状況が異なるのかどうかを分析する。

　本章には，適時適切な施設事業間連携を促す診療及び介護報酬政策が今後も続くと考えられる中，多角経営法人がその潜在的なメリットを活用するためになすべき経営管理実践のあり方を探索する上での基礎的知見を提供するという実務的意義がある。また次節で明らかにするように，医療法人の多角化状況については先行研究が少なからず見られるものの，多角化した法人における法人グループ内の連携促進のための管理会計についての研究はほとんど見られない。そのため，非営利セクターである医療分野の管理会計研究の進展への貢献という学術的意義もある。

2　先行研究[5]

　先行研究では，医療法人の多角化（複合体化[6]）の進展が指摘されてきた（二木，1998; 大野，2009）。二木（1998）によれば，「1980年代までは病院チェーン化が中心だったが，1990年前後から，医療法第一次改正による病床規制，老人保健施設の創設とゴールドプランの実施により，「複合体」化が促進された（p.27）」という[7]。また大野（2009）は，埼玉県の機関を対象に1996年と2006年を比較し，その後も複合体化が進展していることを示した。さらに，日本病院会中小病院委員会（2010, p.39）によれば，2010年に実施した200床未満の会員1,220病院への質問票調査（回答数413病院）に基づくと，複合体化が1990年代に大きく進展し，その後も進んだ様子が窺われる。その調査によれば，2000年の「介護保険以前から複合事業化戦略を志向し，現在，具体的に実施している」病院が39.2％，「介護保険以後から複合事業化戦略を志向し，現在，具体的に実施している」病院が19.4％，「現在，複合事業化戦略の検討をしている」病院7.2％となっている。加えて，先行研究では，今後の経営環境を考えれば，複合体化が生き残りにとって極めて重要であり，さらなる進展が示唆あるいは期待されてきた（山本・杉田，2008; 橋爪，2010; 佐藤，2010; 二木，2012; 今村，

2014; 西田，2021）。

　また，複合体法人自身による事例報告（安武，2008; 古城，2009; 高橋，2009; 鉾之原,2010; 大谷，2010; 徳田，2013; 古城，2014; 佐藤，2018; 黒澤，2018; 塩田，2021 ほか）も多く見られてきた。たとえば古城（2014）は，医療介護の各種施設事業をバランスよく配置しつつ法人内の連携を徹底するという成功要因を示しつつ，複合体としての自グループの発展プロセスを紹介している[8]。加えて，医療系雑誌による取材に基づく複合体法人に関する事例紹介（フェイズ・スリー，2009; 月刊保険診療，2011; 日経ヘルスケア，2012; 日経ヘルスケア，2018; 松田,2020 ほか）も，しばしばなされてきた。たとえば，日経ヘルスケア（2018）は，その特集記事において，複合体化した法人では法人内の各種施設事業間の連携の強化が進みつつあると指摘し，連携事例を紹介している。

　しかしながら，こうして複合体化した法人におけるその法人内連携統合のための経営管理実践を定量的に明らかにした研究は，荒井・尻無濱（2010; 2011a; 2011b）を除くと見られなかった。二木（1998）や大野（2009）などは，複合体法人を類型化して各類型の特徴を明らかにした上で，各類型の今後の方向性を示唆することに焦点があった[9]。また日経ヘルスケア（2018）をはじめ多くの記事・事例報告は，複合体法人における施設事業間の連携状況の事例紹介に焦点がある。

　この他にも，本格的な多角経営法人における管理会計実践を14法人に対するインタビュー調査に基づき詳細に明らかにした荒井（2013，第5章）も見られる。しかし，この先行研究は，医療界全般を対象とした定量的状況を明らかにすることは目的としていないし，必ずしも法人内の各種施設事業間の連携統合のための経営管理に焦点を当てた研究ではない。また荒井（2013，第9章）は，医療介護の本格的な複合体としての多角経営法人群の方が，管理会計実践が相対的に多くなされていることを定量的に明らかにしているが[10]，そこでの管理会計実践は必ずしも法人内の施設事業間の連携統合に関する実践ではない。

　さらに，複合体法人の財務的効果について定量的に研究したものとして，鄭・井上・足立ほか（2009）や大野（2010），堀（2012）が見られる[11]。鄭・井上・足立ほか（2009）は，医療生協病院群を対象に，複合体化することの財務的な効果を定量的に明らかにしようとしたものである[12]。また大野（2010）は，

埼玉県下に限定して，病院経営医療法人群を対象に，多角化による財務的効果を定量的に検証し，医療・介護の本格的な多角化が採算によい効果をもたらすことを示唆している[13]。さらに堀（2012）は，東北6県に限定して，病院経営医療法人群を対象に，多角化による財務的効果を検証している[14]。いずれの先行研究も，多角化の財務的な効果を定量的に検証しようとした研究であり，そうした多角化法人における経営管理実践を定量的に明らかにした研究ではない。

　こうした中，2009年に実施した調査に基づく荒井・尻無濱（2010; 2011a; 2011b）は，多角経営している医療法人における法人内連携統合のための経営管理実践について定量的に明らかにしている。しかし，この一連の研究がなされてから，すでに年数がかなり経過しており，その間，地域医療構想や医療・介護の両領域を対象とした地域包括ケアシステムという政策の登場及び浸透に見られるように，各種施設事業の機能分化と連携の重要性のさらなる高まりという経営環境変化が生じてきた。上述の日経ヘルスケア（2018）の特集号でも，次のようにこの間の経営環境の変化が述べられている。「従来の複合体は規模拡大に主眼が置かれ，各サービスが密に連携してきたとは必ずしも言えなかった。その節目が変わったのが，2012年に閣議決定された社会保障・税一体改革で打ち出された地域包括ケアシステムの浸透。診療・介護報酬の面からの後押しもあり，地域の医療・介護サービスが連携し，患者や要介護者を一体的に支援する体制づくりが各地で進む（p.58）」[15]。

　また，荒井・尻無濱（2010; 2011a; 2011b）は，病院と病院以外の機能を異にする施設（診療所や介護老人保健施設）の両者を経営している法人を対象とした研究であった。しかし本章では，医療から介護までを包括するサービス提供体制の構築が強調される今日の時代背景を強く意識したことから，本格的に医療から介護までの施設事業を展開している老健併営系の多角経営法人に限定して分析している。そのため，荒井・尻無濱（2010; 2011a; 2011b）では対象とされていた病院と診療所の両者のみを経営している医療法人は，本章の研究では対象とされておらず，研究対象法人群が異なる。

　加えて，本章で対象とする法人内連携統合のための経営管理実践内容の一部は，荒井・尻無濱（2010; 2011a; 2011b）で対象とした実践と共通あるいは類似するが，そうでない実践も多い。具体的には，①法人内連携戦略重視度，②連

携統合戦略策定の有無は共通し，③連携統合戦略担当組織の有無，④横断的な戦略的収支分析の有無，⑤横断的な統合的人事の有無，⑪法人内統合一貫サービスモデルの作成状況，⑫法人内患者データの統合利用状況は類似する。しかし，⑥法人全体対象の中期事業計画策定の有無，⑦法人全体対象の予算編成の有無，⑧本部による予算管理徹底度，⑨法人内連携投資度，⑩現場の実質的な投資決定可能金額規模，⑬地域医療・介護体制構築への法人内取り組み度は，荒井・尻無濱（2010; 2011a; 2011b）では取り上げていない経営管理実践である。

3　研究方法

　各医療法人が医療法の規定に従い各都道府県庁等に毎期提出する『事業報告書等』に基づき，病院を経営する医療法人のデータベース（2014年決算版）を構築した。そのデータベースから抽出した老健併営法人の住所データを用いて，法人内の施設事業間の連携統合のための経営管理に関する郵送質問票調査を実施した。具体的には，老健を併営する1,257の医療法人を対象に，2017年9月下旬～11月上旬に実施し，159法人から回答を得た（回答率12.6％）。回答は，法人内の経営管理の状況に詳しい方（法人本部長，事務部長ほか）にお願いした。なお，質問票の作成段階では，本調査の対象である老健併営法人の回答依頼対象管理職である法人本部長経験者に質問票案をご確認いただき，対象法人群の回答対象者が適切に回答できる内容・質問の仕方となっているかコメントをいただいて最終的な調査票を完成させた。

　質問票では，「関連社会福祉法人等を含む医療法人グループ全体」[16]（以下，法人グループを単純に法人と略称）の基本属性として，どのような種類の施設・事業を経営しているかを8種類の選択肢[17]の中から選んでもらった。**図表9-1**に示したように，本調査に回答した全159法人のうち155法人が本問に回答し，経営している施設事業の種類数は平均で4.7種類であった。しかし平均値を挟む4～5種類の施設事業を営む法人（多角化度が中程度の法人）は37.4％にとどまる一方，6～8種類とかなり多様な施設事業を展開している法人（多角化度が高い法人）が4割近く見られ，相対的に少種類の施設事業のみ経営している法人（多角化度が低い法人）も2割半程度見られるように，多角化の程度には

大きなばらつきが見られる。

[図表9-1]　回答法人の基本属性：経営する施設事業の種類数

経営施設事業種類数	1*	2	3	4	5	6	7	8	合計	標準偏差
回答数	11	14	13	26	32	31	22	6	155	1.87
割合	7.1%	9.0%	8.4%	16.8%	20.6%	20.0%	14.2%	3.9%	100.0%	
経営多角化度	低		中程度		高			平均値	中央値	
	38 (24.5%)		58 (37.4%)		59 (38.1%)			4.71	5	

＊少なくとも病院と老健を経営する法人を対象とした調査であるため，種類数が1の法人は本来ないが，11の法人は病院種類のみを選択し老健を選択しない不完全な回答をしている。

　また法人の基本属性として，各法人全体での総収入額（総売上高）を回答いただいた。**図表9-2**のように平均としては約48億円であるが，中央値としては26億円であり，極端に経済規模が大きい法人が存在している状況がわかる。100億円を超える法人も7.2%見られる。規模の違いを大まかに捉えるならば，20億円以下の小規模層が3分の1（36.0%），20億円超40億円以下の中間規模層が3分の1（32.0%），40億円超が3分の1（32.0%）を占め，経済規模は大きくばらついている。母集団としての老健併営医療法人群全体の経済規模分布は，20億円未満40.3%，20億円以上40億円未満36.9%，40億円以上22.9%であり，回答法人群の方が，若干規模が大きい傾向はある。しかしながら回答法人群は，関連法人を含む医療法人グループ全体としての総収益額を回答しているのに対して，母集団の経済規模は『事業報告書等』から得られる当該医療法人のみの事業収益額であるため，母集団の経済規模の方が本質的に小さくなる比較となっている。その点を考慮すると，おおむね母集団と回答法人群との経済規模分布は近似しているといえる。

[図表9-2]　回答法人の基本属性：経済規模

売上高	10億円以下	20億円以下	30億円以下	40億円以下	50億円以下	80億円以下	100億円以下	100億円超	合計	平均値	標準偏差	中央値
回答数	17	28	26	14	13	10	8	9	125	48億円	75億円	26億円
割合	13.6%	22.4%	20.8%	11.2%	10.4%	8.0%	6.4%	7.2%	100.0%			

最後に，医療法人の中核事業である病院事業の事業内容類型を表す診療領域類型を見ると，**図表9-3**のとおりであった。一般型とは一般病床8割以上の病院事業であり，2割強を占めている。また療養型とは療養病床8割以上，精神型とは精神病床8割以上の病院事業であり，ともに1割半程度を占めている。一方，ケアミックス型とは，これら3種類のうち特定の病床種類に重点（中心）のある病院事業以外の，多様な病床種類の構成割合をバランスさせた病院事業であり，半数近くを占めている。母集団としての老健併営医療法人群全体における各診療領域類型別割合は，一般型22.7％，療養型18.3％，精神型16.9％，ケアミックス型42.1％となっており，回答法人群における構成割合とほぼ一致している。

[図表9-3]　回答法人の基本属性：診療領域類型

診療領域類型	一般型	療養型	精神型	ケアミックス型	合計
回答数	33	23	22	76	154
構成割合	21.4%	14.9%	14.3%	49.4%	100.0%

次節では，法人内の各施設事業間の連携統合のための経営管理の実践状況に関する調査の結果を示す。また，法人が経営する施設事業種類数に着目して，**図表9-1**のように多角化度ごとに3つの法人群に分け，多角化度別の実践状況を把握し，多角化度を異にする法人群間に違いが見られるか分析する。具体的には，①法人内連携戦略重視度，②連携統合戦略策定の有無，③連携統合戦略担当組織の有無，④横断的な戦略的収支分析の有無，⑤横断的な統合的人事の有無，⑥法人全体対象の中期事業計画策定の有無，⑦法人全体対象の予算編成の有無，⑧本部による予算管理徹底度，⑨法人内連携投資度，⑩現場の実質的な投資決定可能金額規模，⑪法人内統合一貫サービスモデルの作成状況，⑫法人内患者データの統合利用状況，⑬地域医療・介護体制構築への法人内取り組み度，の各実践を対象として，多角化度を異にする法人群間に5％水準で有意な差が見られるかを分析した。

近年の診療及び介護報酬政策の下では，各種施設事業間の連携度を高めることが経済的利益につながるため，施設事業種類数が多い法人では連携統合を強化するメリットが相対的に大きいと考えられる。また施設事業間の連携度を高

めることは医療介護の包括サービスの質及び安全性の向上につながるため，次節からも明らかになるが，今日多くの法人が重視する法人内連携統合を前提とした場合，施設事業種類数が多い法人は，質及び安全性の向上の観点からも法人内連携強化の必要性が相対的に高いと考えられる。そのため，施設事業種類数が多い，より多角化した法人の方が，法人内連携統合を促進するための各種の経営管理実践に，より積極的に取り組んでいると想定される。次節では，この仮説の検証も試みる。

4　結　　果

4.1　法人内連携戦略に関する認識・策定・組織体制

　まず，「法人グループ内の各施設事業間の連携・統合を促進させる戦略」（以下，法人内連携戦略）をどの程度重要だと認識しているかを，「全く重要ではない」（1）から「非常に重要である」（7）までの7段階評価（尺度中間値の4を「どちらともいえない」と設定）で把握した。**図表9-4**に示したように，どちらかといえば「非常に重要である」方に近い重要性認識度5以上の法人が93%を占めており，ほとんどの法人が，現在，法人内連携戦略の重要性を強く認識していることが明らかとなった。

[図表9-4]　法人内の施設事業間の連携統合を促進する戦略の重要性認識度

重要認識度	1	2	3	4	5	6	7	合計	平均値	標準偏差	中央値
回答数	1	2	3	5	20	40	85	156	6.21	1.14	7
割合	0.6%	1.3%	1.9%	3.2%	12.8%	25.6%	54.5%	100%			

　この重要性認識度が，多角化度を異にする法人群間で異なるかどうかを分析したところ，クロス集計結果のχ^2検定では有意な差は確認されなかった（χ^2値15.97，P値0.193）。また分散分析では，施設事業種類数が多い多角化度の高い法人群ほど法人内連携戦略の重要性認識度の平均値が高い傾向が窺われる結果となっているが（多角化度低6.0，中6.1，高6.5），5%水準では有意でなかった（F値2.63，P値0.075）[18]。

第9章　法人内連携統合のための経営管理の実践状況　243

　次に，法人内連携戦略を策定しているかどうか，また「その促進戦略や促進
業務を担当する部署・委員会・プロジェクトチーム等は存在」するか，質問し
た。9割半近くの多角経営法人が法人内連携戦略の重要性を強く認識する中，
図表9-5に示したように，実際にそうした戦略を策定している法人は5割弱，
連携戦略担当組織が存在している法人は約5割であった。法人内連携戦略を重
要と考える法人の内で半数近くの法人は，実際には戦略策定や組織体制整備を
していないことになり，認識と実践にギャップがあることが明らかとなった。

[図表9-5]　法人内連携統合戦略の策定及び担当組織の状況

連携統合 戦略実践	連携・統合戦略の策定		連携・統合戦略の担当組織	
	策定していない	策定している	存在していない	存在している
回答数	84	73	77	80
割合	53.5%	46.5%	49.0%	51.0%

　また，法人内連携戦略の策定及び担当組織の有無の状況が，多角化の度合い
を異にする法人群間で異なるのかを分析した。**図表9-6**に示したように，法
人の多角化度が高いほど，法人内連携戦略を策定している割合が有意に高いこ
とが判明した。多角化度の高い法人では6割を超える法人が策定しており，多
角化度が低い法人と高い法人の策定率には3割半の差が見られる。また**図表9
-7**のように，多角化度の高い法人ほど，法人内連携を促進する担当組織を整
備している割合も有意に高いことが明らかとなった。特に多角化度の高い法人
では7割近くの法人が組織体制を整備しており，多角化度が低い法人と高い法
人で**図表9-6**の連携戦略策定と同様に3割半の差がある。

[図表9-6]　多角化度と法人内連携戦略策定状況

連携・統合促進 戦略の策定	経営多角化度			χ^2検定	
	低	中	高	χ^2値	P値
n	37	57	59	12.00	0.002
策定率	27.0%	43.9%	62.7%		

[図表9-7]　多角化度と法人内連携促進体制状況

連携・統合促進戦略の担当組織	経営多角化度			χ²検定	
	低	中	高	χ²値	P値
n	37	57	59	12.05	0.002
設置率	32.4%	47.4%	67.8%		

4.2　施設事業横断的な収支分析・人事

　法人内連携を促進する具体的な実践として，「法人グループ内の各施設事業における経理及び報酬請求業務から得られる収支データを，法人全体で統合して，各施設事業横断的に法人グループとして戦略的な分析を行って」いるかを調査した。また，「法人グループ内の各施設事業の連携・統合を促進するために，各施設事業間の人員配置・人事異動（交流人事）など，各施設事業横断的な法人全体としての統合的な人事を行って」いるかも調査した。**図表9-8**のように，法人全体としての統合の観点からの施設事業横断的な収支分析や人事は，それぞれ7割半前後の多角経営法人で実践されていることが明らかとなった。前項で明らかにしたように，法人内連携戦略を策定したり担当組織を設けたりしている法人は約半数にとどまることから，戦略策定や担当組織がないものの，収支分析面や人事面の施設事業横断的な実践は行っている法人も一定程度見られることがわかる。

[図表9-8]　施設事業横断的な戦略的収支分析及び法人統合的人事の実施状況

連携統合実践	横断的な戦略的収支分析		横断的な統合的人事	
	行っていない	行っている	行っていない	行っている
回答数	42	115	35	122
割合	26.8%	73.2%	22.3%	77.7%

　次に，事業横断的な戦略的収支分析の実施状況が，多角化の度合いを異にする法人群間で異なるか分析したが，有意な関係は確認されなかった。また事業横断的な統合的人事の実施状況と法人の多角化度との関係を分析したところ，**図表9-9**のように有意な関係が確認された。ただし，多角化度が低い法人群よりも中程度や高い法人群の方が実施割合は高いものの，中程度の法人群の実

第9章　法人内連携統合のための経営管理の実践状況　　245

施率が一番高く，多角化度が高いほど実施率が高いという状況ではない。

[図表9-9]　多角化度と法人統合的人事実施状況

施設事業横断的な 法人統合的人事	経営多角化度			χ^2検定	
	低	中	高	χ^2値	P値
n	38	58	57	9.75	0.008
実施率	63.2%	89.7%	78.9%		

4.3　施設事業別採算管理に関する考え方

　法人内での各施設事業の連携統合戦略と関係する[19]，各施設事業別の採算管理に関する基本的な考え方を調査した。具体的には，「法人グループ内の各施設事業の採算管理に関する考え方として，最も当てはまるもの」を4つの選択肢の中から1つ選択してもらった（**図表9-10**）。

[図表9-10]　施設事業別採算管理に関する基本的な考え方

法人グループ内の各施設事業の採算管理に関する考え方	回答数	割合
1．法人全体として採算が確保できれば十分と考えるため，施設事業ごとの採算確保は求めない	5	3.2%
2．法人内の施設事業を統合した一貫サービスの提供を推進しているため，施設事業ごとの採算確保は重視すべきでない	9	5.8%
3．各施設事業はそれぞれに独立した対価（報酬）が設定されているので，施設事業ごとに採算が確保できるように管理すべきである	110	70.5%
4．法人内施設事業を統合した一貫サービスの提供を推進しているが，諸事情から法人外の施設事業に連携する患者も少なくないため，施設事業ごとに採算を確保する努力が必要である	32	20.5%

　1及び2は，ともに施設事業別採算管理はしないという考え方であるが，1は法人全体として採算確保されていればよいのでわざわざ施設事業別採算管理をしないという消極的な考え方であるのに対して，2は法人内の施設事業を統合してサービス提供しているため施設事業別採算管理を積極的に避けるという考え方である。消極的であれ積極的であれ，施設事業別採算管理をしないという考え方に立つ法人は極めて少ないことが明らかとなった。ほとんどの法人が法人内の施設事業を連携統合する戦略を重視しているものの，9割強の法人で

は採算管理は施設事業ごとに行っていくという考え方に立っていることが明らかとなった。ただし施設事業ごとに採算管理を実施していく考え方に立つ法人でも，施設事業別採算管理を積極的に実施する法人が7割強，法人内連携統合から漏れる患者も少なくないために施設事業別の採算管理の努力が必要であるというやや消極的な実施の法人が2割強となっている。

4.4　法人全体対象の中期事業計画・予算

　法人内の施設事業間の連携統合の促進に資すると考えられる，法人全体を対象とした中期事業計画や予算が，策定・編成されているかを調査した。

　具体的には，まず，「法人グループとして，グループ全体を対象とした3～5年の中期的な事業計画を策定」しているかを把握した。**図表9-11**に示したように，中期事業計画は約半数で策定されている。9割半近くの法人が法人内連携戦略を重視しているにもかかわらず，各種施設事業を包含する法人全体を対象とした中期事業計画（戦略を具体的に記述・計画する経営管理ツール）は半数程度の法人でのみ策定されているという状況であることが判明した。

[**図表9-11**]　**法人全体を対象とした中期事業計画策定状況**

グループ中期事業計画	策定していない	策定している
回答数	76	82
割合	48.1%	51.9%

　また，「グループ全体としての事業計画を策定している場合，どの程度，医療から介護にわたる各種の施設事業を連携・統合するような経営管理手法として策定」しているかを調査した。具体的には，「各施設事業が各自で自律的に作成した事業計画を単純に合わせたグループ事業計画」（1）から，「法人本部主導で法人経営層が各施設事業横断的に計画してグループとして統合する形で策定されたグループ事業計画」（7）までの7段階評価（尺度中間値の4を「どちらともいえない」と設定）で回答してもらった[20]。**図表9-12**のように，各自作成の単純合算にどちらかといえば近い法人（1～3）が12.3%，どちらともいえない法人も16.0%見られるが，7割強（71.6%）の法人はどちらかといえば本部主導（5～7）で施設事業横断的に統合するように事業計画を策定してい

る。しかし各種の施設事業を連携統合するように本部主導で法人全体の中期事業計画を策定しているのは，全体の4割に満たない（51.9%×71.6%＝37.2%）ことが明らかとなった。

[図表9-12]　法人全体対象の中期事業計画の連携促進度

連携促進度	1	2	3	4	5	6	7	合計	平均値	標準偏差	中央値
回答数	1	3	6	13	23	23	12	81	5.11	1.37	5
割合	1.2%	3.7%	7.4%	16.0%	28.4%	28.4%	14.8%	100%			

　さらに，法人全体を対象とした中期事業計画の策定状況が，多角化の度合いを異にする法人群間で異なるのかを分析した。図表9-13に示したように，多角化度の高い法人ほど，法人全体対象の中期事業計画を策定している割合が有意に高いことが判明した。多角化度の低い法人での策定率が特に低く，多角化度が低い法人と高い法人で策定率に4割以上の差が見られる。

[図表9-13]　多角化度と法人全体対象中期事業計画の策定状況

グループ事業計画	経営多角化度			χ^2検定	
	低	中	高	χ^2値	P値
n	38	57	59	16.99	0.000
策定率	23.7%	54.4%	66.1%		

　次に，「法人グループとして，グループ全体を対象とした予算を編成」しているか，を把握した。図表9-14に示したように，グループ全体予算は約7割の法人で編成されている。

[図表9-14]　法人全体を対象とした予算の編成状況

グループ全体予算	編成していない	編成している
回答数	46	111
割合	29.3%	70.7%

　また「グループ全体としての予算を編成している場合，どの程度，医療から介護にわたる各種の施設事業間の連携・統合を実現する観点からの資源配分（計画）・管理（統制）手法として作成」されているかを質問した。具体的には，

「各施設事業が各自で自律的に編成した個別予算を単純に合算したグループ予算」（1）から，「法人本部主導で法人内連携統合の促進の観点から各施設事業横断的に考えてグループとして最適な資源配分・管理を実現するように編成したグループ予算」（7）までの7段階評価（尺度中間値の4を「どちらともいえない」と設定）で質問した。図表9-15に示したように，各自編成の単純合算にどちらかといえば近い法人（1～3）は13.5％にとどまる一方，どちらかといえば本部主導で施設事業横断的に最適化するように予算編成している法人（5～7）は54.9％見られるが，どちらともいえない法人も31.5％と多い。その結果，各種の施設事業を連携統合するように本部主導で横断的な法人全体予算を編成しているのは，全体の4割に満たない（70.7％×54.9％＝38.8％）。

[図表9-15]　法人全体対象の予算の連携促進度

連携促進度	1	2	3	4	5	6	7	合計	平均値	標準偏差	中央値
回答数	5	7	3	35	34	18	9	111	4.59	1.43	5
割合	4.5%	6.3%	2.7%	31.5%	30.6%	16.2%	8.1%	100%			

　さらに，法人全体を対象とした予算の編成の有無が，多角化の度合いを異にする法人群間で異なるのかを分析した。図表9-16のように，多角化度の高い法人ほど，法人全体対象の予算を編成している割合が有意に高いことが判明した。多角化度が高い法人群での編成率は特に高く，9割近くにのぼる。多角化度が高い法人と低い法人での編成率の差は3割半に及ぶ。

[図表9-16]　多角化度と法人全体対象予算の編成状況

グループ全体予算	経営多角化度			χ^2検定	
	低	中	高	χ^2値	P値
n	37	57	59	18.41	0.000
平均値	54.1%	59.6%	89.8%		

4.5　法人本部による各施設事業予算・投資への介入状況

　法人全体を対象とした予算の編成をしているか否かにかかわりなく，「法人グループ全体の予算目標[21]を達成するために，法人本部主導での各施設事業別

予算の管理をどの程度徹底して行って」いるかを調査した。具体的には，各施設事業別予算を法人本部は「全く管理していない」（1）から「徹底的に管理している」（7）までの7段階評価（尺度中間値の4を「どちらともいえない」と設定）で質問した。**図表9-17**に示したように，どちらかというと「全く管理していない」に近いとする法人（1～3）が13.5%，「どちらともいえない」とする法人も24.8%見られるものの，6割を超える（61.8%）法人がどちらかといえば「徹底的に管理している」状況に近い（5～7）と回答している。施設事業別の予算管理に関しては，多くの場合[22]，法人内連携統合の実現に向けて，本部主導で各施設事業の管理の徹底が過半の法人ではなされていることが明らかとなった。

[図表9-17]　法人本部による各施設事業別予算の管理徹底度

本部管理度	1	2	3	4	5	6	7	合計	平均値	標準偏差	中央値
回答数	7	7	7	39	49	38	10	157	4.72	1.40	5
割合	4.5%	4.5%	4.5%	24.8%	31.2%	24.2%	6.4%	100%			

また，法人本部による管理徹底度が，多角化の度合いを異にする法人群間で異なるのかを分析した。**図表9-18**に示したように，多角化度の高い法人群では，法人本部による各施設事業別予算の管理徹底度が有意に高いことが判明した。ただし多角化度が低い法人と中程度の法人には差が見られない。

[図表9-18]　多角化度と本部管理徹底度

本部主導での施設事業別予算の管理の徹底度	経営多角化度			分散分析	
	低	中	高	F値	P値
n	37	57	59	5.19	0.007
平均値	4.46	4.46	5.19		
標準偏差	1.59	1.50	1.03		

次に，「法人グループ内の機器設備等の新規投資に際しては，一定の資金制約の下で，どの程度，医療から介護にわたる各種の施設事業間の連携統合を実現する観点から投資意思決定」しているかを調査した。具体的には，「各施設事業が<u>各自で自由に</u>優先順位づけした機器設備等に投資している」（1）から，「<u>法人本部主導で</u>法人経営層が<u>各施設事業横断的に</u>グループの連携・統合を実

現するという観点から優先順位づけした機器設備等に投資している」（7）までの7段階評価（尺度中間値の4を「どちらともいえない」と設定）で回答してもらった。

図表9-19に示したように，「どちらともいえない」（4）とする法人が19.6％，どちらかといえば「各自が自由に」とする法人（1〜3）も17.1％見られるものの，6割を超える（63.3％）法人がどちらかといえば「本部主導横断的に」優先順位づけして投資意思決定している状況に近い（5〜7）ことが明らかとなった。機器設備等の新規投資の観点からも，法人本部の主導により法人内の各種施設事業間の連携統合を実現するための意思決定が，過半の法人においてはなされていることがわかった。

[図表9-19]　法人本部による法人内連携の観点からの投資意思決定度

連携投資度	1	2	3	4	5	6	7	合計	平均値	標準偏差	中央値
回答数	5	6	16	31	39	41	20	158	4.87	1.49	5
割合	3.2%	3.8%	10.1%	19.6%	24.7%	25.9%	12.7%	100%			

また，法人本部による施設事業横断的な優先順位づけに基づく投資の程度が，多角化の度合いを異にする法人群間で異なるのかを分析した。図表9-20のように，多角化度の高い法人群では，法人本部主導の横断的優先づけ投資の程度が有意に高いことが明らかとなった。ただし多角化度が中程度の法人の方が低い法人よりも横断的優先づけ投資の程度が若干低い。

[図表9-20]　多角化度と本部主導の横断的優先づけ投資の程度

本部主導の横断的優先づけ投資の程度	経営多角化度			分散分析	
	低	中	高	F値	P値
n	38	57	59	3.45	0.034
平均値	4.89	4.56	5.25		
標準偏差	1.45	1.44	1.38		

さらに，「機器設備等の投資に関して，金額的にいくらまでの投資であれば，各施設事業内で実質的に決定」できるか，「逆に質問するならば，金額的にいくら以上の投資の場合には，実質的にも法人レベル（本部・理事会・理事長等）での決定」となるかを調査した。具体的には，「各施設事業内で実質的に決定

第9章　法人内連携統合のための経営管理の実践状況　　251

できる投資金額規模」を**図表9-21**にある選択肢の中から選んでもらった。「金額に関係なく，すべての投資の実質的な決定は法人レベルである」とする法人が4割強を占め，10万円までの少額な機器設備等の投資だけは各施設事業で実質的に決定させている2割半の法人と合わせ，法人レベルに投資決定権限が集中している法人が68.0％に上る。一方，100万円を超えるような高額な機器設備等の投資決定の実質的な権限も各施設事業に与えている法人は，8.8％と1割未満であった。

[図表9-21]　施設事業内での実質的に投資決定が可能な金額規模

実質決定可能金額	全て法人（0円まで）	10万円まで	50万円まで	100万円まで	500万円まで	1千万円まで	3千万円まで	5千万円まで	1億円まで	その他
回答数	68	40	15	21	8	3	2	0	1	1
割合	42.8%	25.2%	9.4%	13.2%	5.0%	1.9%	1.3%	0.0%	0.6%	0.6%

なお，この実態と多角化度との関係も分析したが，有意な関係性はなかった（χ^2値11.82，P値0.757）。

4.6　主要疾患別の法人内統合一貫サービスモデル作成

　具体的な主要疾患ごとのサービス提供プロセスにおいて，法人内統合的な経営管理がなされているかを調査した。具体的には，「主要疾患別に，法人グループ内の複数の施設事業にわたる医療・介護の全プロセスを対象とした標準的な統合的診療ケアパターン（法人内統合一貫サービスモデル）を作成」しているかを把握した。また，「作成しているか作成を検討中の場合，どのような目的で作成」しているかを**図表9-22**上の選択肢の中から複数選択可能で選んでもらった。主要疾患ごとの法人内統合一貫サービスモデルを作成している法人は，まだ12.2％にとどまることが明らかとなった。ただし作成検討中を含めれば26.9％となり，サービス提供プロセスに沿った法人内連携統合の経営管理は今後増加する方向であることがわかる。

　作成目的としては，質・成果の向上がほとんどの法人で挙げられているほか，採算性の検討・改善も約7割の法人が挙げており多い。また，採算性の検討・改善を目的とする29法人のうち28法人では，同時に質・成果の向上も目的としている。そのため，質・成果と採算性の両者を目的とする法人は，作成あるい

は作成検討中の42法人のうちの66.7％を占める。なお，作成検討中を除き，現時点で実際にこうしたサービスモデルを作成している法人に限定した場合には，質・成果の向上は100％，採算性の検討・改善は63.2％の法人で目的とされており，両者の目的で主要疾患別の法人内統合一貫サービスを作成している法人は63.2％となっている。

[図表 9 -22]　法人内統合一貫サービスモデルの作成状況と目的

法人内統合一貫サービスモデル		回答数	割合
作成状況	作成していない	114	73.1%
	作成検討中	23	14.7%
	作成している	19	12.2%
作成目的（複数選択可能）	統合サービスの採算性の検討・改善	29	69.0%
	統合サービスとしての質・成果の向上	40	95.2%
	統合サービスの安全性の向上	21	50.0%
	統合サービスの患者の金銭的負担の検討	10	23.8%
	情報に基づく患者のサービス選択の促進	19	45.2%
	その他	0	0.0%

さらに，法人内統合一貫サービスモデルの作成状況が，多角化の度合いを異にする法人群間で異なるのかを分析した。**図表 9 -23**に示したように，法人として経営する施設事業の種類数が多い多角化度の高い法人ほど，実際に作成している割合も作成検討中の割合も高いことが判明した。多角化度が高い法人群では，すでに2割強が作成しており，検討中も含めると4割を超える法人が実践しつつある。

[図表 9 -23]　多角化度と統合一貫サービスモデル作成状況

統合一貫サービスモデル	経営多角化度			χ^2検定	
	低	中	高	χ^2値	P値
n	38	58	56	10.73	0.030
作成している	5.3%	8.6%	21.4%		
作成検討中	7.9%	13.8%	19.6%		
作成していない	86.8%	77.6%	58.9%		

4.7　法人内患者データ統合利用

　患者データの法人内統合的な利用についても調査した。具体的には，「法人グループ内の複数の施設事業から診療ケアを受けた患者の医事的・臨床的なデータを，どの程度施設事業横断的に統合し利用」しているかを質問した。また，「統合利用している場合，どのような目的で統合患者データを利用」しているかを**図表9-24**上の選択肢の中から複数選択可能で選んでもらった。「必要に応じて統合利用している」法人が47.5％と一番多く，「常時統合利用している」8.2％と合わせると，患者データを法人内統合的に利用している法人は過半を占める。とはいえ，「統合的には利用していない」法人も44.3％と半数近くに上ることも明らかとなった。また法人内の統合一貫サービスの質・成果の検証を目的とする法人が7割半強と多いが，安全性の検証や採算性の検証も4割前後で目的とされている。

[図表9-24]　法人内患者データの統合利用状況と目的

法人内患者データの統合利用		回答数	割合
利用状況	統合的には利用していない	70	44.3%
	必要に応じて統合利用している	75	47.5%
	常時統合利用している	13	8.2%
作成目的（複数選択可能）	統合サービスの採算性の検証	33	38.4%
	統合サービスとしての質・成果の検証	66	76.7%
	統合サービスの安全性の検証	38	44.2%
	統合サービスの患者の金銭的負担の検証	19	22.1%
	統合サービスモデルの作成	8	9.3%
	その他	5	5.8%

　また，法人内患者データの統合利用状況が，多角化の度合いを異にする法人群間で異なるのかを分析した。**図表9-25**に示したように，多角化度の高い法人群では，患者データを統合利用していない割合が27％にとどまり，他の法人群での割合の半分程度となっている。常時利用の観点からは多角化度を異にする法人群間に大差はないが，必要に応じて統合利用している法人の割合に大きな差が見られる。

[図表 9 -25]　多角化度と法人内患者データ統合利用状況

統合患者データ	経営多角化度			χ^2検定	
	低	中	高	χ^2値	P値
n	38	57	59	11.59	0.021
常時統合利用	10.5%	7.0%	8.5%		
必要に応じて統合利用	36.8%	38.6%	64.4%		
統合的には利用していない	52.6%	54.4%	27.1%		

4.8　地域医療・介護体制構築への法人内取り組み度

　地域医療構想及び地域包括ケアシステムという地域医療・介護体制との関係における，法人内の取り組みについて質問した。具体的には，「地域医療構想の実現，地域包括ケアシステムの構築に向けて，法人グループ内の医療施設の機能転換，介護施設事業の拡大，各施設事業間の連携・統合強化に，法人グループとしてどの程度取り組んで」いるかを，7段階評価で回答してもらった[23]。「全く取り組んでいない」（1）から「積極的に取り組んでいる」（7）までの7段階評価で，尺度中間値の4を「どちらともいえない」と設定した。**図表9 -26**に示したように，どちらかというと「全く取り組んでいない」状況に近い法人（1〜3）が12.7%，「どちらともいえない」法人も3割弱見られるものの，どちらかというと「積極的に取り組んでいる」状況に近い法人（5〜7）が6割（59.5%）となっている。

[図表 9 -26]　地域医療・介護体制構築への法人内での取り組み度

取組度	1	2	3	4	5	6	7	合計	平均値	標準偏差	中央値
回答数	3	5	12	44	41	30	23	158	4.88	1.39	5
割合	1.9%	3.2%	7.6%	27.8%	25.9%	19.0%	14.6%	100%			

　また，この取り組み度が，多角化の度合いを異にする法人群間で異なるのかを分析した。**図表9 -27**のように，多角化度の高い法人群ほど，地域医療・介護体制構築への法人内での取り組みの程度が高いことが明らかとなった。

第9章　法人内連携統合のための経営管理の実践状況　255

[図表9-27]　多角化度と地域医療・介護体制構築への法人内取り組み度

地域医療・介護体制実現への法人内の取り組みの程度	経営多角化度			分散分析	
	低	中	高	F値	P値
n	38	57	59		
平均値	4.13	4.68	5.51	13.82	0.000
標準偏差	1.55	1.23	1.19		

5　考　　察

5.1　法人内連携戦略に関する認識・策定・組織体制

　図表9-4に示したように，法人内連携戦略をどちらかといえば「非常に重要である」方に近いと認識している法人が93％を占めていた。現在，機能の分化と連携という政策が強力に推し進められ，診療及び介護報酬制度としてもその政策に沿った行動に対して経済的なメリットを与えている。こうした経営環境下において，法人内で複数種類の施設事業を経営している医療法人では，その経済的メリットをより確実に獲得するために，相対的に適時適切な連携を実現しやすい法人内の施設事業間での連携を促進することの重要性は，もはやほとんどの法人にとって基本的なこととなっているようである。

　なお，調査対象法人が完全に一致しているわけではないため厳密な比較はできないが，2009年調査に基づく先行研究（荒井・尻無濱，2010）では，法人内連携戦略の重要性認識度の平均は6.16で，どちらかといえば「非常に重要である」方に近い重要性認識度5以上の法人が88％であった。8年後の本章の調査の結果（平均6.21，認識度5以上93％）の方が，重要性認識度が若干高くなっている。2009年時点においても，程度の差はあるもののすでに同様の医療政策が採られていたため，かなりの医療法人において法人内連携戦略の重要性認識度は高かったが，2017年時点ではさらに若干高まり，ほとんどの法人において重要性認識度が高いという状況である。多角経営法人による法人内連携促進戦略の重視は，もはや当たり前となっているといえるだろう。

　しかしながら法人内連携戦略を重視する法人でも，半数近くは，実際にはそ

うした戦略を策定したり，推進するための担当組織の整備をしたりしていない，という認識と実践のギャップが判明した。このギャップの背景には，Arai（2006）や荒井（2007），荒井・尻無濱（2010）でも述べたように，戦略の策定及び遂行に本格的に関わらなければならない法人のトップ経営者である理事長の特性や置かれた状況がある。すなわち，トップ経営者である理事長は，ほとんどの場合，経営専門家ではなく医療専門職の医師であり，戦略の策定及び遂行に関する理解が必ずしも十分ではない（Arai, 2006）。また医師として現場で忙しく働きながら兼職的に経営に関わっている理事長も多いという実態がある。しかも日本の多くの医療法人では，トップ経営者である理事長が法人の所有者でもあるため，しっかりと戦略を策定して遂行するという経営努力に向けた所有者からトップ経営者への圧力は，通常の経営環境下では十分に働かない（Arai, 2006; 荒井, 2007）。所有と経営が一体化した医師所有経営制ともいうべき日本の医療法人の経営体制も，不十分な戦略の策定や遂行体制整備という現状の背景にはあると考えられる。

　また，戦略遂行担当組織の整備には，ある程度の人的余力が必要であるが，日本の医療法人には十分な人的資源を確保できるだけの経済規模（固定費的な経営スタッフを雇用できるだけの収益規模）や経済力（能力の高い人材を惹きつけるのに十分な給与を払えるだけの利益獲得能力）がないところが多いという現実もある。

5.2　施設事業横断的な収支分析・人事

　このように法人内連携戦略を策定したり遂行組織を整備したりしている法人は約半数にとどまる中，法人統合的観点からの施設事業横断的な収支分析や人事策は7割半前後で実施されており，戦略や担当組織がなくとも収支面及び人事面の横断的な実践は行っている法人も見られることが明らかとなった。とはいえ，ほとんどの法人が法人内連携戦略を重視していることを考えると，法人統合的な施設事業横断的実践が十分になされているとはまだいえない。また，特に人事面においては，施設事業横断的な人事異動があるといっても，急性期・回復期・慢性期の各病院間での人事異動など医療施設内での横断的異動にとどまり，病院と老健との間での看護職員やリハ職員の横断的異動など医療施

設事業と介護施設事業との間の法人統合的な横断的異動はなされていない法人も一定程度存在すると考えられる。医療から介護までの包括的な統合一貫サービスが強く期待される今日においては，医療領域と介護領域との人的な交流がより一層求められており，法人内においても両領域をまたぐ人事策の活発化がますます重要となるだろう。

なお，調査対象法人が完全に一致しているわけではなく，また調査票上の文言が完全に一致しているわけではないため（ほぼ一致しているが），厳密な比較はできないが，先行研究では，横断的な戦略的収支分析を行っている法人は73.5％であり（荒井・尻無濱，2011b），横断的な統合的人事を行っている法人は75.7％であった（荒井・尻無濱，2011a）。本章の調査の結果とほぼ一致している。

5.3　施設事業別採算管理に関する考え方

消極的であれ積極的であれ，施設事業別採算管理をしないという考え方に立つ法人は1割に満たないことが判明した。経営環境が極めて厳しい今日においては，法人全体としてのどんぶり勘定的採算管理では生き残れないという現状があるものと推察される。

また施設事業別採算管理をやや消極的に実施している法人が2割強見られるが，その背景には，以下のような理由から，法人内連携を基本方針としつつも必ずしも同一法人内の他施設事業と常に連携できるわけではないという現実がある（荒井・尻無濱，2011b）。

①　患者・家族が納得しうる範囲の近隣に，法人内他機能施設事業がない
②　退院時のタイミングでは，法人内他施設が満床で受入ができない
③　退院患者に適切な医療機能を提供できる後方施設が法人内にない
④　近隣機関との今後の付き合いから法人内での患者の過度な囲い込みと思われたくない
⑤　法人への帰属意識が低い医師は他機関の医師との個人的なつながりで患者を紹介する

こうした現実は今後も続くと考えられるため，施設事業横断的な法人統合的一貫サービスを提供する戦略を推進する法人であっても，統合サービス全体と

して採算が確保できればよいので施設事業別の採算管理は必要ないという状況はなかなか生まれないだろう。

　ちなみに，本調査回答法人群のうち回答年の財務データとのリンクが可能であった法人群を対象に，施設事業別採算管理への積極性の違いによる法人全体の採算性への影響が見られるか分析した。その結果，施設事業別採算管理に積極的な法人群の方が（n＝106，利益率2.3％），その他の消極的な法人群よりも（n＝45，利益率0.5％），事業利益率が有意に良いことが確認された（Welch検定：t値2.47，P値0.015）。

5.4　法人全体対象の中期事業計画・予算

　ほとんどの法人が法人内連携戦略を重視しているにもかかわらず，各種施設事業を包含する法人全体としての中期事業計画の策定は半数程度に止まった。さらに本部主導で施設事業横断的に統合するように策定しているのはそのうちの7割強で，結果として法人内連携戦略を実現するように策定しているのは4割に満たないことが判明した。法人内連携戦略を重視する法人の過半では，それを実現するのに適した中期事業計画による経営管理を実践していないということである。5.1項ですでに述べた，法人内連携戦略を実際には策定していない法人が多い理由と共通する背景があると考えられるが，法人内連携戦略を重視するのであれば，その推進に適した法人全体としての中期事業計画の策定とそれによる経営管理の実践はすぐにでも取り組むべき課題である。

　同様に，法人全体を対象とした予算は7割の法人で編成されているものの，法人内の施設事業の連携統合を促進する観点から編成されている予算は半数強にとどまっていた。そのため，ほとんどの法人が法人内連携戦略を重視している中，その戦略の実現に適した法人全体予算を編成しているのは4割未満であった。事業計画同様，戦略にふさわしい予算管理実践がまだ十分にはなされていないといえる。

　また上述のように，予算は約7割で編成されている一方，中期事業計画は約半数での策定にとどまっており，両者の活用状況には差があることが明らかとなった。年次では法人全体を対象とした財務的計画を編成していても，3〜5年の中期的なスパンでの法人全体を対象とした財務面を含む計画は策定してい

ない法人が一定程度（24.4％）見られる（**図表9 -28右欄**）。単年度ベースでは法人全体としての経営管理という実践があっても，ほとんどの法人が重視している法人内連携戦略を遂行する対象期間といえる中期的な観点での，法人全体としての経営管理実践は不十分な法人が，ある程度存在するということである。また法人全体を対象とした中期的な事業計画と単年度の予算の両者が揃っている法人は半数に満たず，両方ともない法人も4分の1見られる。法人内の施設事業の連携統合をしっかりと促進するためには，法人全体を対象とした中期的な事業計画とその中での単年度の予算の両者が策定・編成されることが望ましいし，少なくとも法人全体を対象とした中期事業計画の策定は不可欠と考えられるが[24]，それが実現されているのは現状では半数程度であり，改善の余地は大きい。

[**図表9 -28**]　**法人全体対象の予算編成と中期事業計画策定との関係**

予算編成率	事業計画策定		χ^2検定		組合せ構成割合		事業計画策定	
	有り	無し	χ^2値	P値			有り	無し
n	80	76	28.10	0.000	予算編成	有り	46.2%	24.4%
割合	90.0%	50.0%				無し	5.1%	24.4%

　なお，法人全体としての中期事業計画の編成と予算編成には高い関連性があり，中期事業計画を策定している法人の方が有意に予算編成をしている（**図表9 -28左欄**）。ただし中期事業計画を策定している法人でも予算を編成していない法人もあり，法人全体としての中期事業計画が策定される法人では，必ず法人全体としての予算も編成されるというわけではない。

5.5　法人本部による各施設事業予算・投資への介入状況

　法人本部主導で各施設事業予算を積極的に管理している法人が6割を占めており，過半の法人では法人内連携統合の実現に向けた各施設事業の予算管理がなされている状況が明らかになった。なお，法人全体対象の予算を編成している法人群（本部管理度の平均値5.14）の方が，編成していない法人群（平均値3.61）よりも，施設事業ごとの予算への本部の介入度が高いことが確認されている（t値6.01，P値0.000）。

ただし，法人全体予算を編成していない法人群の中にも，本部による各施設事業予算の積極的な管理（本部管理度5以上）がなされている法人が3割弱（27.3%）見られ，法人全体予算編成によらず各施設事業予算への積極的介入により，法人全体の財務目標を実現しようとしている法人も見られる。逆に，法人全体予算を編成している法人群でも，各施設事業予算への本部からの積極的介入はしていない法人も2割半（25.2%）ほど見られる。この法人群には，そもそも法人全体予算が各施設事業予算の寄せ集めであって施設事業統合的に編成されているわけではない法人[25]と，統合的に編成されているが各施設事業への本部からの積極介入はしていない法人がある。後者の法人の背景としては，積極介入したいが現場（施設事業）管理者からの反発を恐れてできていない状況や，逆に，現場管理者の経営管理能力が十分あるために施設事業統合的に編成した法人全体予算の一部としての各施設事業予算の管理を彼らに任せておけばよい状況が考えられる。

　機器設備等の新規投資の観点からも，法人本部の主導により，各種施設事業間の連携統合を実現するための意思決定が6割超の法人ではなされていた。しかし9割半近くの法人が法人内連携戦略を重視している状況を考えると，3割の法人では，法人内連携戦略を重視しているにもかかわらず，そうした観点からの機器設備等の新規投資ができていないともいえる。ただし各施設事業内で実質的に投資意思決定が可能な金額上限が100万円を超えるような法人は1割未満であり，機器設備等の投資に関しては法人本部側が管理を徹底している法人がほとんどである。そのため，法人内連携戦略を実現するという観点からの施設事業横断的な投資意思決定は，法人本部側が投資に際して連携戦略との関連性をより強く意識することにより，比較的容易に対応が可能になると考えられる。

　とはいえ，本部主導で法人内連携実現の観点から投資意思決定している法人群ほど，すでに現場による投資決定可能金額を抑えて管理を徹底しており，逆に本部主導のそうした投資決定をしていない法人群（連携投資度4以下）では，現場による投資可能金額上限が高く現場の自由度が高い傾向がある（**図表9-29**）。そのため，法人内連携戦略に沿った投資意思決定に困難が伴う法人もあるだろう。

第9章　法人内連携統合のための経営管理の実践状況　261

[図表9-29]　本部による連携投資度と現場施設事業での投資決定可能金額

現場決定可能金額	本部による法人内連携観点からの投資決定度						χ²検定
	n			割合			
	低	中	高	低（4以下）	中（5）	高（6以上）	
全て本部	18	10	39	31.6%	25.6%	63.9%	χ²値
10万円まで	14	11	15	24.6%	28.2%	24.6%	25.90
50万円まで	5	6	4	8.8%	15.4%	6.6%	
100万円まで	9	9	3	15.8%	23.1%	4.9%	P値
100万円超	11	3	0	19.3%	7.7%	0.0%	0.001
合　計	57	39	61	100.0%	100.0%	100.0%	

　なお，法人全体を対象とした中期事業計画や予算の編成がなされている法人の方が，法人全体を意識した経営管理に繋がりやすいため，法人内連携戦略を実現するという観点からの施設事業横断的な投資意思決定を実践するようになると考えられるが，分析の結果，ほぼ想定のとおりであった。法人全体を対象とした予算編成については有意に，中期事業計画策定については5％水準では有意でないものの，法人全体を対象とした管理会計制度がある法人の方が，本部主導の施設事業横断的な優先づけ投資の度合いが高かった（**図表9-30**）。

[図表9-30]　法人全体の中期事業計画及び予算の有無別の横断的優先づけ投資度

本部主導の横断的優先づけ投資の程度			Welch検定	
法人全体事業計画	有り	無し	t値	P値
n	82	75	1.77	0.079
平均値	5.09	4.67		
標準偏差	1.41	1.55		
法人全体予算	有り	無し	t値	P値
n	111	45	2.96	0.004
平均値	5.10	4.31		
標準偏差	1.43	1.53		

5.6　主要疾患別の法人内統合一貫サービスモデル作成

　現在，主要疾患ごとの法人内統合一貫サービスモデルを作成している法人はまだ1割超に過ぎないが，作成検討中を含めれば27％に上ることがわかった。

しかし，医療から介護にわたる統合的なサービス提供が強く求められるように
なった現在において，検討中を含めても3割未満という現状は，不十分な状況
であるといえるだろう。同一法人傘下にありつつも，医療施設事業と介護施設
事業との間の人的・情報的な交流が十分ではなく，両者にまだ溝があるという
状況が，こうした現状の背景の1つではないかと考えられる。

　なお，調査対象法人が完全に一致しているわけではなく，また調査票上の文
言はほとんど同じではあるものの完全に一致しているわけではないため，厳密
な比較はできないが，先行研究（荒井・尻無濱，2011a）では，統合一貫サービ
スモデルを作成している法人は9.8％であり，作成検討中を含めても17.9％で
あった。本章の調査の結果の方が，作成状況が活発であることが窺われる。

　主要疾患ごとに法人内の各種施設事業を横断する形での統合一貫サービスの
モデルを作成あるいは作成検討している法人のうち，3分の2の法人では，
質・成果向上と採算性検討・改善の両者を目的として作成あるいは作成検討し
ている。いわば，主要疾患ごとの法人内統合一貫サービス価値企画を実践しつ
つあるといえるだろう。また，作成検討中を除き，現時点で実際にこうした
サービスモデルを作成している法人に限定した場合でも，質・成果の向上と採
算性の検討・改善の両者の目的で主要疾患別の法人内統合一貫サービスを作成
している，いわば施設事業横断的なサービス価値企画となっている法人が6割
半近く見られる。もっとも現状では，作成検討中を含めても法人内統合一貫
サービスモデルの作成は全体の26.9％にとどまり，そのうちの3分の2が質・
成果と採算性の両者を目的とする価値企画としての性格を持っている状況であ
るため，回答法人群全体の中ではまだ2割弱（18％）の法人に限定される。

　しかしながら，筆者が荒井（2011）においてインタビュー調査を基にかつて
明らかにしたように，急性期病院施設に限定されない，法人内の施設事業横断
的な統合一貫サービスの価値企画は，以前はごく一部の例外的な法人での萌芽
的な試みと考えられていたことを考えると，今日では回答法人の2割弱で実践
されつつある点は，注目に値する。

5.7　法人内患者データ統合利用

　患者の医事的・臨床的なデータを施設事業横断的に統合利用している法人は

第9章　法人内連携統合のための経営管理の実践状況　　263

5割半程度にとどまっていた。ほとんどの法人が法人内連携戦略を重視していることを考えると，その戦略の潜在的なメリットの1つである，法人内各種施設事業間の患者データの統合利用の相対的な容易さ（他法人との患者データ統合と比べた場合）を，十分に生かせていない状況といえる。

　十分に統合利用できていない背景の1つとして，本章の研究対象法人は病院と老健の両者を経営する多角経営法人であり，それゆえ医療制度下で管理されている病院の患者データと介護制度下で管理されている老健の利用者（患者）データを統合することが，現状のデータ管理方法の下では困難な法人もあるのではないかと考えられる。また，患者データの統合が情報システム上は可能であっても，その統合データを質や採算性の検証に活用できるだけの人材がいないために，現状では統合利用できていない法人もあると考えられる。

　なお，調査対象法人が完全に一致しているわけではなく，また調査票上の文言は完全に一致しているわけではないため，厳密な比較はできないが，先行研究（荒井・尻無濱，2011a）では，患者データを常時統合利用している法人は12.6％であり，必要に応じて統合利用している法人を含めると72.0％であった。本章の調査の結果の方が，利用状況が低いことが窺われる。ただし先行研究（荒井・尻無濱，2011a）では，病院と診療所からなる多角経営法人も3割ほど含まれており，この類型の法人の場合，基本的に医療制度内に限定されているため，患者の医事・臨床データを施設間で統合することが容易である。それに対して，本章の研究対象法人は，病院と老健の両者を経営しているため，どの法人も医療制度と介護制度を跨る形で経営されていることから，患者データを施設間で統合することが相対的に大変であると考えられる。本章の調査対象法人におけるこうした患者データ統合の実務的な困難さが，本章の調査の方が統合利用割合が低いという結果に影響を与えているものと考えられる。

5.8　地域医療・介護体制構築への法人内取り組み度

　地域医療・介護体制の構築を意識した法人内の施設事業の再構築や連携統合が6割の法人ではなされており，政府が掲げる地域医療構想や地域包括ケアシステムの実現に向けた法人内での取り組みは一定程度進行しつつあるようである。一方で，4割の法人では，こうした地域医療・介護体制の構築という国家

としての大きな政策に沿った法人内施設事業の再構築・連携統合に必ずしも取り組んでいないということである。政府としての中長期的な政策に沿って診療及び介護報酬の政策変更が進展するため，中長期的に考えた場合，国の大きな政策に沿った経営戦略を遂行しない法人は，経済的に困難な状況に追い込まれる可能性が高いと考えられる。もちろん地域医療・介護体制の構築は，法人内の取り組みだけで実現するわけではないし，また法人内の取り組みの代わりに法人外の施設事業との連携統合を強化することによっても実現可能ではある。しかし9割半近くの法人が法人内連携戦略を重視している現状を前提に考えれば，まずは法人内の施設事業の再構築・連携統合に積極的に取り組むことが必要であろう。

5.9　多角化度と法人内連携のための経営管理実践

　法人内の各施設事業間の連携統合のための経営管理実践が，法人の多角化度の違いにより異なるのかを分析したところ，検証した13の実践のうち，10の実践（②連携統合戦略策定の有無，③連携統合戦略担当組織の有無，⑤横断的な統合的人事の有無，⑥法人全体対象の中期事業計画策定の有無，⑦法人全体対象の予算編成の有無，⑧本部による予算管理徹底度，⑨法人内連携投資度，⑪法人内統合一貫サービスモデルの作成状況，⑫法人内患者データの統合利用状況，⑬地域医療・介護体制構築への法人内取り組み度）について5％水準で有意な関係が確認された。そのうち，多角化度が中程度の法人が実践に一番積極的であった法人統合的人事を除くと（この実践も多角化度が低い法人よりも高い法人の方が積極的である），多角化度が高い法人が実践に一番積極的であるという結果であった。特に，法人内連携戦略の策定や促進組織体制整備，法人全体対象の中期事業計画及び予算の実施，地域医療・介護体制構築への法人内取り組み度については，多角化度が高い法人群と低い法人群とで実践状況に大きな開きがあることが明らかとなった。

　以上の結果は，多角化度が高い法人の方が，低い法人よりも，おそらくはその利点及び必要性の大きさを背景として，法人内の施設事業の連携統合を促進する経営管理活動に積極的であるという仮説を支持しているといえるだろう。

　なお，同じ調査データを用いて，尻無濱・荒井（2019）では，法人内の連携

統合のためのこれらの経営管理実践を目的変数とし，以下の5要因を説明変数
とした回帰モデルにより，実践の促進要因を分析している。その結果，①多角
化度（施設事業種類数）のほかに，②法人の経済規模と，③連携統合を促進す
る担当組織の存在がその促進要因である一方，④連携統合を促進する戦略の重
要性認識と，⑤病院自体の医療機能の多様性には，有意な関係が見られないこ
とを明らかにした。連携統合を促す各種の経営管理は，担当する部署がなけれ
ばそれを実践することが困難であり，また経済規模が大きな法人の方が，連携
統合を支える経営管理実践のための経営管理スタッフを充実させることができ，
実践能力が高いためであろう。

　特に連携統合促進の担当組織の存在は，最も幅広く連携統合を促す経営管理
実践に正の影響を与えており，分析した11実践中9つの実践と正の関連があっ
た。具体的には，連携統合促進戦略の策定，施設事業横断的な戦略的収支分析，
法人統合的人事，グループ全体予算の編成，統合一貫サービスモデルの作成，
法人グループ事業計画の本部主導の横断的統合度，法人グループ予算の本部主
導の横断的最適化度，法人本部主導の施設事業別予算管理の徹底，法人グルー
プ内機器設備新規投資の法人本部主導の9つである。一方で，連携統合戦略の
重要性認識は経営管理実践にほとんど影響を与えていなかった。法人内の連携
統合が重要だと認識するだけではそれを促す経営管理実践は進展せず，実践の
ためには担当組織を置くことが重要であることが示唆される。

　また施設事業種類数（多角化度）は，7つの実践との有意な正の関連が見ら
れた。具体的には，連携統合促進戦略の策定やグループ事業計画の策定，グ
ループ全体予算編成，法人グループ事業計画の本部主導の横断的統合度，法人
グループ予算の本部主導の横断的最適化度，法人本部主導の施設事業別予算管
理の徹底，地域医療構想及び地域包括ケアシステムの実現に向けた法人内の取
り組みの積極性である。さらに組織の経済的規模を表す総収益額（対数）は，
グループ事業計画の策定やグループ全体予算編成，法人グループ事業計画の本
部主導の横断的統合度，法人グループ予算の本部主導の横断的最適化度という
4実践と有意な正の関連があった。なお，病院自体の医療機能の多様性と経営
管理実践との関連は全く見られなかった。病院事業がケアミックス型かどうか
は，経営管理実践にはほとんど影響していないようである。

6　まとめ

　病院と老健を経営する本格的な医療介護複合体としての多角経営法人は，施設事業間の適時適切な連携を評価する近年の診療及び介護報酬政策による経済的なメリットを求めて，また経済面を超えて国家として推進する地域ごとの包括的な医療・介護提供体制の実現という政策に対応するために，法人内施設事業の連携・統合を促進する経営管理実践に，すでに一定程度取り組み始めていることが明らかとなった。また多角化度の高い法人の方がより積極的に取り組んでいることも判明した。しかしほとんどの法人が法人内連携戦略を重視している中，その戦略を遂行・実現するための経営管理実践はまだ不十分であることもわかった。

　国家として推進している地域ごとの包括的な医療・介護提供体制を実現するためには，多くの地域では，同一法人内の施設事業間の連携だけでは不十分であることは間違いないだろう。しかしながら，そもそも同一地域内で展開されている同一法人の各種施設事業間の連携が適時適切に行えない状況では，他法人の施設事業との連携がうまくいく可能性も低いと考えられる。

　なぜなら，異なる法人の施設事業とも適時適切に連携ができることが望ましいが，異なる法人は異なる経済主体であるため，担当機能や連携タイミングについてしばしば利害が対立するし，理念や方針も異なる。また協力する場合にも，患者データの整備方法の違いや信頼関係の構築に時間・労力が必要であるなど，現実には難しい面も多い。一方，同一法人内の施設事業間での連携であれば，利害調整を図りやすく，理念や方針も共有されやすく，患者データの統合が容易で，すでにある程度信頼関係がある。そのため各種の施設事業を経営する多角経営法人には，適時適切な施設事業間連携により医療及び介護の包括的な統合サービスを提供できる条件が，もともと潜在的には揃っているのである。

　まずは，法人内の施設事業間の連携統合を促進する経営管理実践に，より多くの法人がより積極的に取り組み，施設事業間の適時適切な連携により，効率性の面でも質・成果や安全性の面でも，優れた医療・介護の包括的な統合一貫

サービスを提供できる体制を実現することが重要であろう。その上で，法人内にない機能を提供する他法人の施設事業を中心に，他法人の施設事業との適時適切な連携を促進するための経営管理実践にも積極的に取り組んでいくべきであろう[26]。その際，法人全体を対象とする中期事業計画の策定とそれに基づく経営管理などの，法人内での連携促進のための経営管理実践のノウハウの中には，他法人との連携促進の経営管理にも生かせるものがあると考えられる。

〔注〕

1　従来，医療法人の経営を指導する厚生労働省医政局も，医療サービスの価格設定をする保険局も，また病院団体も，病院という施設に注目したデータ収集と分析は行ってきたが，病院を経営する法人に注目して，その多角経営状況が採算性に与える影響は分析してこなかった。

2　その後の研究でも，たとえば荒井（2023b，第4章）では，新型コロナウイルス感染症流行前10年ほどの長期的な観点からの事業利益率の三時点平均値で，病院経営医療法人の多角化類型による採算性の相違を明らかにしている。病院のみ型，特に全く多角化していない病院のみ附帯無型では1.7％である一方で，老健併営系多角化類型では附帯多角化の有無による若干の違いはあるものの3％程度であり，老健を併営する本格的な医療介護多角経営法人の採算性が相対的に良いことを明らかにしている。また荒井（2023b，第4章）では，流行初年度の事業採算性への悪影響の程度についても類型別に分析している。多角化していない病院のみ附帯無型では1.8％ptの悪化が見られたのに対して，老健併営系多角化類型では附帯多角化有無による相違はあるものの，1％pt前後（老健併営系附帯有無別4類型の流行による悪化ptの法人数による加重平均値を算出すると0.96％ptであった）の悪化に止まることも明らかにした。つまり，老健を併営する本格的な医療介護多角経営法人の事業採算性は，長期的な平均値の水準として良いだけでなく，新型コロナウイルス感染症流行による悪影響の程度も相対的に小さく抑えることができていた。

3　団塊の世代が後期高齢者になる2025年に向け，病床の機能分化・連携を進めるために，二次医療圏ごとに医療需要と病床の必要量を推定し，計画に定めるもの。

4　高齢者が住み慣れた地域で自立した暮らしを最後まで送ることができるように，地域の医療・介護・生活支援・介護予防が連携し，包括的に高齢者を支援するサービス提供体制のこと。

5　CiNiiによる「医療」分野における「複合体」や「多角化」に関するキーワード検索結果及び該当論文の参考文献欄上の論文等に基づいている。

6　医療界では，多角化を複合体化として論じてきた。複合体化における「複合体」の内容は，論者によって少しずつ異なるが，1つの病院だけを経営する法人ではない（また多くの場合，病院と介護施設の両方を経営する法人である）という点では共通する。二木（1998）は，法人グループとして医療施設（病院か診療所）の他になんらかの保健施設と

福祉施設の両方を開設しているものと定義する一方，大野（2009）は，複数の病院を経営するか，病院と介護施設の両方を経営する病院経営主体と定義するため，必ずしも介護施設・事業が含まれてはいない。また荒井・尻無濱（2010; 2011a; 2011b）は，病院と病院以外の機能の施設（診療所，介護老人保健施設等）の両方を運営している法人を対象に論じており，大野（2009）同様に，必ずしも介護施設・事業が含まれてはいない。このように「複合体」の内容は少しずつ異なるものの，機能を異にする複数の施設事業の連携統合のための経営管理が必要という点において，1つの病院のみを経営する法人とは異なる共通の課題がある。なお二木は，その後，医療施設が在宅・通所ケア施設（訪問看護ステーションや通所リハビリテーション施設等）のみを開設する（入所施設開設無し）場合を「ミニ複合体」と命名した。この「ミニ複合体」の場合には，1つの病院のみを経営する法人であっても，訪問看護事業などの附帯業務事業を営んでいる法人は複合体ということになるが，本章及び先行研究（荒井・尻無濱，2010; 2011a; 2011b）では，こうした「ミニ複合体」は対象となっていない。しかしその後の先行研究である荒井（2019e）では，病院のみや病院と診療所を経営する法人のうち附帯業務事業を営んでいる法人を医療介護複合体法人に含めた分析も行われている。また荒井（2017a）や荒井（2021a）など病院経営医療法人を対象とした一連の財務実態研究においては，附帯業務事業を営んでいるか否かを区分し，病院のみを経営し附帯業務事業も営んでいない法人を非多角化法人とし，それ以外の法人を多角化法人として研究しているため，そこでは，「ミニ複合体」も対象に含まれていることになる。ただしこの一連の財務実態研究においては，こうした法人はあくまでも「多角化」法人としており，「複合体」法人とはしていない。やはり二木氏が論じてきた「複合体」は，少なくとも医療と介護の両者にまたがる経営体であり，大野（2009）に含まれる複数の病院を経営する法人や，荒井・尻無濱（2010; 2011a; 2011b）に含まれる病院と診療所を経営し附帯業務事業は営んでいない多角化法人などとは本来区分すべきであるとも考えられるからである。つまり，医療界では多角化を複合体化として論じてきたが，厳密には多角化には複合体化以外も含まれ，多角化はより広義の概念であるため，今後は医療界においても，多角化と複合体化をしっかりと区分して利用していく必要がある。

7　制度の変化による影響に加えて，複合体化が進む背景には，より大きな潮流的な変化として，超高齢社会の進展に伴い，同時に複数の疾患（心疾患と認知症など）を併発したり，医療と同時に介護支援が必要であったりし，複合的な診療ケアがサービス需要の中心となってきていることがあると考えられる。

8　また古城（2014）は，2010年代になると，法人間での地域連携の弊害が一部で認識され始める一方で，複合体法人の経営面や質の管理面での成功事例が知られるようになり，1つのガバナンスの下で経済的に一体化して医療介護連携を行う方がより良いのではないかとの機運が生まれつつあるという見解を示し，具体的に複合体（法人内連携）の利点と法人間連携の問題点を指摘している。

9　「複合体」概念を浸透させた二木は，最近の注目すべき動きの1つとして，地域の中核的複合体が過疎地の地域振興，地域経済の活性化に積極的に取り組む動きが見られると指摘しており（二木，2012），医療・介護領域の枠を超えた展開を見せつつある。

10　医療介護の本格的な多角化法人の方が，施設事業別損益計算の実施率や月次実践率が統計的に有意に高いこと，また事業計画の活用率も高いことが明らかにされている。なお，本書第5章で紹介したその後の2018年冬に実施した調査においても，医療介護の本格的な

第9章　法人内連携統合のための経営管理の実践状況　　269

多角化法人の方が施設事業別損益計算の実施率が有意に高いことが確認されている。また本書第5章の調査では，施設事業別損益計算結果の業績評価活用率についても，医療介護の本格的な多角化法人の方が有意に高いことが明らかとなっている。

11　この他に，CiNiiの検索では，済生会の訪問看護事業所と訪問介護事業所に焦点を当てて，複合体の経営効果を質問票調査データと財務データにより検討した赤川・河村・末田ほか（2011）も見られ，訪問看護事業所では複合経営による損益状況への良い効果が確認されている。

12　鄭・井上・足立ほか（2009）は，事例調査報告などの質的な調査研究がほとんどである中，財務データを用いて100強の客体を対象に複合化の効果を検証しようとした点で評価できる。しかしながら，まず医療生協病院群に限定された分析であるという限界がある。またそのことに加えて，医療生協である複合体法人群の比較対象群としての「医療単独」法人群は医療法人となっているため，複合体と「医療単独」との違いが，複合化による違いなのか，会計基準や経営原理が異なると考えられる医療生協と医療法人との違いなのか区分できず，複合体の効果を検証できないという問題を抱えている。さらに，結果の解釈や論理展開にも疑問の余地がある。ちなみに複合体の事業利益率の優位性を明らかにした荒井（2017a）は，すべて同じ開設主体である4,000超の医療法人を対象に，複合体と非複合体の損益実態の差を検証しており，研究結果の信頼性が格段に高い。

13　ただし，5類型（単独病院型，複数病院型，病院・診療所型，病院・老健型，病院・診療所・老健型）あるいは3類型（単独病院型，医療型，医療・介護型）の間の，黒字法人率あるいは本来業務事業利益率の単純高低比較あるいは分布比較にとどまっており，χ^2検定や分散分析などによる統計的検証を踏まえた研究ではない。また対象法人総数も200法人台にとどまるため，類型によっては一桁の法人数であり，結果の信頼性が低い。

14　大野（2010）を踏まえつつも若干異なる多角経営4類型（及び診療領域類型で細分化）の間で赤字法人率を単純比較することにとどまっており，大野（2010）同様に統計的検証を踏まえた研究ではない。なお，6県に対象を拡大した点は評価できるが，東北地方の病院経営医療法人は多くなく，対象法人総数としては大野（2010）同様に200法人台にとどまるため，類型によっては一桁の法人数となっている。

15　また二木（2012）も，地域包括ケアシステムの構築には施設・事業間の連携が必要であり，その方法には独立した施設・事業者間のネットワーク形成（法人間連携）と複合体形成（法人内連携）の2つがあって両者には一長一短あるが，複合体の方が圧倒的に有利なため，地域包括ケアシステムは複合体への新しい追い風になると予測していた。ただし，法人間連携がまったくなくなるということはなく，両者は競争的に共存すると考えられるとした。

16　以下，本章において，「」で引用している文言（それに付された下線も含めて）は，本研究で利用した質問票に記載の文言そのものである。

17　本調査では，法人で運営している施設・事業の種類を複数回答可能方式で，「1.急性期病院　2.回復期病院　3.慢性期病院　4.診療所　5.介護老人保健施設　6.その他施設　7.訪問系事業（診療・看護・介護等）　8.通所系事業（介護・リハ等）」の中から選択してもらった。

18　低・中・高のどの多角化度の法人群でも平均が6以上となっているように，ほとんどの法人が法人内連携戦略の重要性を強く認識していることから，多角化度の違いによる5％水準での有意な差は確認されないのであろう。

19 法人内の各施設事業間で連携統合戦略を取らない場合，法人としては患者に対するサービス提供が施設事業ごとに完結するため，基本的には，施設事業ごとの採算管理を積極的に実施する必要がある。ただし，この場合でも，法人全体として採算がとれていればよいというどんぶり勘定的なやや伝統的な考え方の法人もありうる。一方，法人内の各施設事業間での連携統合戦略を取る場合，患者に対するサービス提供が各施設事業で完結するわけではないので，必ずしも施設事業別に採算管理する必要はない。むしろ，各種施設事業からの統合一貫サービス全体としての医療の最適化を図るために，施設事業別の採算管理はすべきでないという考え方もありうる。また，この場合には，伝統的な法人全体としてのどんぶり勘定的な考え方も取りやすいと考えられる。

20 なお，「法人全体を経営する体制として<u>法人本部を設けていない</u>法人様の場合には，法人全体の経営も担当する中核病院の事務管理部門など，<u>実質的に法人本部的な経営機能を持っている部署を法人本部と捉えて</u>ご回答ください（以下の設問でも同様）」とした。

21 法人全体を対象とした予算を編成していない場合でも，第3章で明らかにしたように施設事業ごとの予算は編成されていることが一般的であり，各施設事業予算のたとえば収益（売上高）を合算することにより，法人全体としての収益目標は存在する。

22 法人内連携戦略を重視しない若干の法人群や，法人内連携戦略を重視するが連携統合という観点とは別に，各施設事業の予算目標を確実に実現してもらうために本部が積極的に各施設事業予算の管理に介入する法人群もありうる。ただ，93％の法人が法人内連携戦略を重視しており，またそうした法人では，たいていの場合，本部が各施設事業予算に積極的に介入するのはそうした連携戦略を実現するためであると考えられる。

23 「なお，ここでの回答には法人グループ外の施設事業との取り組みは含めない（考慮しない）でください」とした。

24 法人全体を対象とした予算の方はなかったとしても，法人全体を対象とした中期事業計画があって，その枠内で各施設事業別予算が編成されるように法人本部主導で管理を徹底することによって，法人全体としての予算が実質的に存在するのと同じような状況を作り出すことが可能とも考えられる。

25 ちなみに，法人全体予算を編成している法人群において，その法人全体予算が各施設事業予算の寄せ集めに近い法人群の方が，各施設事業別予算への本部の介入が積極的でない傾向が確認されている。法人全体予算が各施設事業予算の寄せ集めに近い法人群では，本部による介入が積極的な法人の割合は33.3％，どちらともいえない法人群では介入積極法人割合が60.0％，法人全体予算が施設事業統合的に近い法人群では介入積極法人割合が93.4％となっている（χ^2値28.98，P値0.000）。

26 このような事例として済生会熊本病院が進める他法人施設との連携事例がある（中尾，2018）。

参考文献

Arai, K.（2006）, Reforming Hospital Costing Practices in Japan: An Implementation Study, *Financial Accountability & Management*, Vol.22, No.4（November）, pp.425-451.

赤川ひろ美・河村秀美・末田恵子ほか（2011）「訪問看護事業と訪問介護事業のネットワーク構築に向けて：医療福祉複合体経営の視点からみる一考察」『済生会医学・福祉共同研究』2011年号.

荒井耕（2007）『医療原価計算：先駆的な英米医療界からの示唆』中央経済社.

荒井耕（2009）『病院原価計算：医療制度適応への経営改革』中央経済社.

荒井耕（2011）『医療サービス価値企画：診療プロトコル開発による費用対成果の追求』中央経済社.

荒井耕（2013）『病院管理会計：持続的経営による地域医療への貢献』中央経済社.

荒井耕（2015）「DPC関連病院における事業計画の組織業績への効果と影響」『一橋商学論叢』第10巻第1号pp.2-17.

荒井耕（2017a）「医療法人の事業報告書等を活用した「医療経済実態」把握の有用性―既存の公的類似調査の適切な補完―」一橋大学大学院商学研究科ワーキングペーパー No.146修正/追加.〈http://hermes-ir.lib.hit-u.ac.jp/rs/handle/10086/28979〉（アクセス日：2024年1月25日）

荒井耕（2017b）「DPC対象病院における部門別損益計算・管理の実態：質問票調査に基づく現状把握」『一橋商学論叢』第12巻第2号pp.10-25.

荒井耕（2017c）「経済教室　診療報酬改定の基礎データ」日本経済新聞2017年12月25日朝刊.

荒井耕（2018）「病院経営医療法人における事業計画の特徴・利用状況と業績評価活用：BSC的性質の有用性」『會計』第194巻第4号pp.25-39.

荒井耕（2019a）『病院管理会計の効果検証：質が高く効率的な医療の実現に向けて』中央経済社.

荒井耕（2019b）「病院経営医療法人における管理会計実践：多角経営類型により異なる実施状況」『産業経理』第78巻第4号pp.83-95.

荒井耕（2019c）「管理会計実践及び財務状況経験と高額設備機器投資実践との関係性―病院経営医療法人での検証―」『會計』第196巻第2号pp.188-201.

荒井耕（2019d）「事例研究：医療法人グループ内での施設事業間連携を促す経営管理制度―多角経営法人における地域別法人内連携経営―」『税経通信』9月号pp.143-150.

荒井耕（2019e）「病院界における高額設備機器投資マネジメントの実践状況と実践への影響要因の検証：病院経営医療法人での実態」『一橋商学論叢』第14巻第2号pp.18-35.

荒井耕（2020a）「医療法人病院における診療科別損益計算・管理の実態：質問票調査に基づく現状把握」『一橋商学論叢』第15巻第 1 号pp.2-16.

荒井耕（2020b）「医療法人病院における診療科別損益計算の目的と効果：効果を高める管理会計実践」『會計』第197巻第 6 号pp.30-44.

荒井耕（2021a）『病院の財務実態：多角経営時代の医療法人』中央経済社.

荒井耕（2021b）「医療法人の事業多角化に伴う経営管理の実態」『一橋商学論叢』第16巻第 1 号pp.2-27.

荒井耕（2021c）「多角化医療法人における管理会計積極性と経営課題重視度—背景としての法人財務成果重視度の違い—」『會計』第200巻第 1 号pp.27-40.

荒井耕（2022a）「病院経営医療法人における医療サービス価値企画の実践状況—環境適応の進展と活動本格化への仕組みの有効性—」『一橋商学論叢』第17巻第 1 号pp.2-17.

荒井耕（2022b）「タスクシフトによる医師労働時間短縮効果と医療機関経営上の影響に関する研究」厚生労働行政推進調査事業費補助金政策科学総合研究事業（政策科学推進研究事業）『タスクシフトによる医師労働時間短縮効果と医療機関経営上の影響に関する研究』令和 3 年度総括研究報告書.〈https://mhlw-grants.niph.go.jp/system/files/report_pdf/202101012A-sokatsu.pdf〉（アクセス日：2024年 1 月25日）

荒井耕（2023a）「タスクシフトによる医師労働時間短縮効果と医療機関経営上の影響に関する研究」厚生労働行政推進調査事業費補助金政策科学総合研究事業（政策科学推進研究事業）『タスクシフトによる医師労働時間短縮効果と医療機関経営上の影響に関する研究』令和 4 年度総括研究報告書.〈https://mhlw-grants.niph.go.jp/system/files/report_pdf/202201007A-sokatsu.pdf〉（アクセス日：2024年 1 月25日）

荒井耕（2023b）『新型コロナ流行初期における医療機関の財務的影響：将来の新興感染症流行に備えた歴史的教訓』中央経済社.

荒井耕（2023c）「人的投資の回収計算に基づく業務移管の費用対効果分析—医療機関における働き方改革の推進に向けて—」『會計』第204巻第 5 号pp.53-67.

荒井耕（2024）「タスクシフトによる医師労働時間短縮効果と医療機関経営上の影響に関する研究」厚生労働行政推進調査事業費補助金政策科学総合研究事業（政策科学推進研究事業）『タスクシフトによる医師労働時間短縮効果と医療機関経営上の影響に関する研究』令和 5 年度総括研究報告書.〈https://mhlw-grants.niph.go.jp/system/files/report_pdf/202301005A-sokatsu.pdf〉（アクセス日：2024年 7 月 2 日）

荒井耕・齊藤健一・内藤嘉之（2023）「タスクシフト種類ごとの費用対効果分析に必要なデータの収集上の課題を明確にするための研究：協力 7 病院からのデータ収集活動に基づいて」厚生労働行政推進調査事業費補助金政策科学総合研究事業（政策科学推進研究事業）『タスクシフトによる医師労働時間短縮効果と医療機関

経営上の影響に関する研究』令和 4 年度分担研究報告書.〈https://mhlw-grants.
niph.go.jp/system/files/report_pdf/202201007A-buntan4.pdf〉（アクセス日：
2024年 1 月25日）

荒井耕・阪口博政（2022）「費用対効果把握に優先的に取り組むべきタスクシフト対
象業務の明確化等に関する研究：タスクシフトによる医師の労働時間短縮効果と
経営上の影響に関するアンケート調査に基づいて」厚生労働行政推進調査事業費
補助金政策科学総合研究事業（政策科学推進研究事業）『タスクシフトによる医
師労働時間短縮効果と医療機関経営上の影響に関する研究』令和 3 年度分担研究
報告書.〈https://mhlw-grants.niph.go.jp/system/files/report_pdf/202101012A-
buntan4.pdf〉（アクセス日：2024年 1 月25日）

荒井耕・阪口博政・平木秀輔（2024）「タスクシフトに伴う医師及び他職種の業務時
間変化の把握と費用（経営負荷）対効果（労働時間短縮）に関する研究：『タス
クシフトに伴う業務時間の変化に関するアンケート』調査を用いて」厚生労働行
政推進調査事業費補助金政策科学総合研究事業（政策科学推進研究事業）『タス
クシフトによる医師労働時間短縮効果と医療機関経営上の影響に関する研究』令
和 5 年度分担研究報告書.〈https://mhlw-grants.niph.go.jp/system/files/report
_pdf/202301005A-buntan4.pdf〉（アクセス日：2024年 7 月 2 日）

荒井耕・尻無濱芳崇（2010）「医療介護複合経営体としての医療法人における法人内
連携統合戦略に関する認識と実践―戦略遂行のための経営手法の利用不足―」
『税経通信』 9 月号pp.49-55.

荒井耕・尻無濱芳崇（2011a）「経営多角化した医療法人における法人内連携統合のた
めの経営管理実践の現状：戦略レベルとその他のレベルの実践の整合性」『一橋
商学論叢』第 6 巻第 1 号pp.2-14.

荒井耕・尻無濱芳崇（2011b）「経営多角化した医療法人における採算管理体制と法
人内連携統合実践」『産業経理』第71巻第 3 号pp.67-80.

荒井耕・尻無濱芳崇（2014a）「医療法人における予算管理の実態：質問票調査に基づ
く現状把握」『産業経理』第74巻第 3 号pp.70-84.

荒井耕・尻無濱芳崇（2014b）「医療法人における予算管理の規模別実態：質問票調
査に基づく分析」『一橋商学論叢』第 9 巻第 2 号pp.2-19.

荒井耕・尻無濱芳崇（2015a）「医療法人における予算の管理者業績評価での活用状
況：予算管理実態との関係性」『原価計算研究』第39巻第 1 号pp.145-155.

荒井耕・尻無濱芳崇（2015b）「医療法人における予算編成主導権と予算管理実態と
の関係性：予算編成方法による異同」『経理研究』第58号pp.401-414.

荒井耕・尻無濱芳崇（2018）「病院経営医療法人における法人内連携統合のための経
営管理実践」『一橋商学論叢』第13巻第 2 号pp.2-24.

今村英仁（2014）「『保健・医療・福祉複合体』から『非営利ホールディングカンパ
ニー』まで理解するためのポイント（特集 多様化する病院経営）」『病院』第73
巻第 8 号.

大谷聡（2010）「地域ニーズ対応型医療・福祉複合施設の連携戦略について」水巻中正・安藤高朗編著『医療と介護の融合』日本医療企画.

大野博（2009）「病院経営主体の『医療・介護複合体』化の進展とその特徴に関する研究：埼玉県の事例から」『医療経済研究』第21巻第1号.

大野博（2010）「医療法人の経営多角化と黒字経営に関する研究」『日本医療経済学会会報』第29巻第2号.

黒澤一也（2018）「特集 地域とともに進化する中小病院 人口減少社会において小病院が生き残るためには―保健・医療・福祉複合体としてのまちづくりと多角的連携の実践」『病院』第77巻第3号.

月刊保険診療（2011）「医療・介護・福祉複合体の戦略「先進医療から介護までを複合体で積極展開」―南東北病院グループ（特集 急性期の行方，慢性期の未来―医療・介護提供体制の近未来図）―（医療機関の戦略展開―過去・現在・未来）」『月刊保険診療』第66巻第1号.

厚生労働省（2020）「第7回 医師の働き方改革を進めるためのタスク・シフト／シェアの推進に関する検討会（令和2年12月11日）資料5 現行制度上実施可能な業務について〈別添2〉」.〈https://www.mhlw.go.jp/content/10800000/000704449.pdf〉（アクセス日：2023年6月4日）

古城資久（2009）「地域完結型医療VS地域包括型医療：保健・医療・福祉複合体の優位性を論じる」『病院経営』2月20日号.

古城資久（2014）「保健医療福祉複合体の挑戦（特集 日本福祉大学・延世大学 第8回日韓定期シンポジウム 日本と韓国の医療・福祉における新たな課題と展望）」『福祉社会開発研究』第9号.

佐藤貴一郎（2010）「医療から見た経営戦略」水巻中正・安藤高朗編著『医療と介護の融合』日本医療企画.

佐藤俊男（2018）「地域医療連携推進法人日本海ヘルスケアネット設立：目的・期待される効果・解決すべき課題」『病院』第77巻第7号.

塩田正喜（2021）「保健・医療・福祉複合体の病院グループにおける在宅支援の取り組み」『病院』第80巻第7号.

尻無濱芳崇・荒井耕（2019）「病院経営医療法人における法人内連携統合のための経営管理実践の決定要因」『原価計算研究』第43巻第2号pp.37-49.

高橋栄（2009）「地域の人が求める医療・介護の複合体型組織事例：サービスはいかにあるべきか 再構築の時期」『病院経営』6月5日号.

鄭丞媛・井上祐介・足立浩ほか（2009）「医療・福祉サービスの複合化の経営効果分析―医療生協のデータを中心に」『日本医療経営学会誌』第3巻第1号.

徳田禎久（2013）「中小病院の生き残り戦略：禎心会複合体の実践と計画から」『民医連医療』第488号.

中尾浩一（2018）「済生会熊本病院が進めるアライアンス：多施設連携モデルの有効性」『病院』第77巻第7号.

二木立（1998）『保健・医療・福祉複合体：全国調査と将来予測』医学書院.

二木立（2012）「二木教授の医療時評（その101）日本の保健・医療・福祉複合体の最新動向と「地域包括ケアシステム」」『文化連情報』第408号.

西田在賢（2021）「医療経営学からみたケアミックス化の構造と利点」『病院』第80巻第10号.

日経ヘルスケア（2012）「ケーススタディー 医療法人白水会（岐阜県白川町）健康増進，住宅も手がける「医介複合体」：山間部の町で「包括的地域完結型」の理想を追求」『日経ヘルスケア』2月号.

日経ヘルスケア（2018）「特集 進化する医療・介護複合体：地域密着に活路，法人内連携を強化」『日経ヘルスケア』1月号.

日本病院会中小病院委員会（2010）「中小病院は地域を守る～中小病院の複合事業化戦略～」『日本病院会雑誌』第57巻第11号.

橋爪章編著（2010）『医療・介護の連携：これからの病院経営のスタイルは複合型』日本医療企画.

フェイズ・スリー（2009）「多面的事業展開 医療法人美杉会グループ：急性期病院を軸にした多面的展開 総合力の強化に活路を見出す」『フェイズ・スリー』6月号.

鉾之原大助（2010）「医療介護複合体事業の展望」『病院』第69巻第1号.

堀籠崇（2012）「病院を経営する医療法人の財務分析」『経営学論集』第83集.

松田晋哉（2020）「地域医療構想と病院（第36回）社会医療法人仁寿会 加藤病院 過疎が進む中山間地域の民間医療介護複合体が切り開く総合的ケア提供体制の新機軸」『病院』第79巻第8号.

安武俊輔（2008）「湯田温泉病院：医療・福祉・介護の複合体 地域密着で展望」『済生』第84巻第11号.

山本克也・杉田知格（2008）「施設サービスの複合化・多機能化：特に経営の観点から」『季刊・社会保障研究』第43巻第4号.

■ 索　引 ■

■英数

BSC ·················· 8, 21, 31, 46, 47, 49
DPC関連病院 ······· 37, 50, 145, 161, 168,
　172, 174, 178
DPC対象病院 ····· 127, 142, 145, 153, 161

■あ行

赤字経験 ·························· 7, 20, 30, 35
安全性の向上 ················ 149, 152, 158
委員会設置 ·············· 146, 153, 155, 158
一般型 ····· 4, 6, 19, 30, 56, 91, 106, 110,
　124, 186, 241
医療介護複合体 ······· 3, 5, 18, 29, 90, 92,
　97, 101, 105, 141, 236, 268
医療内経営体 ············ 3, 18, 29, 97, 101
医療の質の向上 ···················· 149, 152
因果関係考慮 ····· 39, 41, 43, 45, 46, 47,
　48

■か行

回収期間 ·································· 175
回収期間法 ············· 13, 26, 190, 221
価値企画 ·············· 141, 165, 167, 262
活用担当者 ·············· 114, 127, 129
活用目的 ······················ 116, 130
患者ニーズへの対応 ········ 188, 207, 220,
　226
患者満足・質関連 ···················· 39, 45
関与度 ············ 147, 155, 158, 162
管理者の確保・育成 ········ 193, 202, 208,
　211, 217, 222, 229

管理者の納得性 ···················· 129
技術革新 ······················ 6, 19, 30
技術対応初期費用 ···················· 174
機能・質・安全性の向上 ········· 25, 28
規模の経済 ······················ 6, 71, 87
急性期一般病棟 ········ 142, 145, 154, 161
行政の要望 ······················ 220, 228
業績評価 ······· 37, 38, 43, 48, 63, 70, 73,
　79, 85, 96, 98, 100, 108, 115, 122, 127,
　132, 135
業務所要時間 ···················· 180
金銭的報酬 ········· 43, 63, 70, 79, 85, 96,
　115, 135
黒字か赤字か ············ 200, 204, 219
ケアミックス型 ······· 4, 56, 91, 106, 186,
　241
経営スタッフ ········ 6, 26, 30, 51, 71, 87,
　221, 256
経営方針の浸透 ······· 202, 208, 211, 213,
　215
経済規模 ······· 4, 30, 51, 71, 91, 93, 105,
　109, 240, 256, 265
経済性評価 ············ 2, 6, 13, 19, 27, 30
計算精度 ······················ 129
計算頻度 ······················ 110, 123
権限移譲 ············ 37, 53, 56, 71, 87
現場管理者 ······················ 37, 49, 53
現場納得確保策 ······ 6, 8, 14, 19, 22, 27,
　30, 31
考慮度 ······················ 163
考慮要素 ······················ 11, 25, 187
固定費 ······················ 118, 131

■さ行

採算性……6, 9, 19, 25, 28, 30, 188, 191, 200, 201, 207, 210, 212, 218, 220, 222, 224, 225

採算性確保……………………149, 152, 158

採算性確保考慮度……………………156

採算性確保策………………150, 157, 167

採算性の検討…………………251, 262

財務関連……………………………39, 45

財務健全性………7, 20, 25, 28, 31, 188, 200, 204, 220, 224, 225

財務効率関連…………………………39, 48

財務側面の重視度………………199, 201

事業横断的な収支分析…………244, 256

事業横断的な人事………………244, 256

事業間連携促進の仕組み………193, 205, 208, 209, 212, 214, 217, 223, 230

事業計画の特徴………………………38

事業損益管理………193, 201, 211, 222

事業統合的な法人経営計画……197, 206, 217, 219, 223, 230

事業別採算管理………195, 203, 216, 218, 228, 245, 257

『事業報告書等』………2, 9, 38, 90, 104, 143, 184, 239

事業利益率……9, 22, 32, 200, 204, 219, 224, 258

事後検証………191, 201, 205, 207, 210, 213, 222

事後評価……6, 7, 10, 16, 19, 21, 23, 28, 30, 31, 33

資産収益性………200, 204, 207, 210, 212, 218

施設経営管理者層主導……58, 66, 67, 71, 77

施設事業間連携……………………235

施設事業別損益計算……………89, 99

施設事業別損益分岐分析……………89

施設予算………………………………85

質・成果の向上………………251, 262

視点包括度………40, 42, 44, 46, 47, 48

シフト対象業務……………………170

収益規模……6, 19, 26, 55, 65, 126, 144, 185

収益予算………………57, 76, 80, 83

柔軟な人事異動……193, 202, 213, 217, 229

情報システム連携統合………………193

職員意欲向上………7, 9, 20, 25, 28, 30, 188, 213, 220, 222, 227

人件費節約額………………………174

人件費の作り込み……………………180

人材・学習関連…………………40, 45

人的初期投資………………………175

診療科別損益計算………103, 109, 124

診療領域類型………4, 6, 19, 30, 56, 91, 106, 186, 241

精神型………4, 56, 91, 106, 186, 241

制度的な経営環境……………………153

制度動向…………………………208, 226

設備機器投資………1, 5, 25, 183, 220

戦略策定…………………………243, 256

戦略反映度………………59, 62, 68, 70

総資産利益率………204, 207, 219, 224

組織規模…186, 189, 191, 192, 193, 197, 198, 220, 223

組織体制整備………………………243

組織的仕組み……142, 153, 155, 161, 162

損益計算の効果………………108, 116

損益分岐分析……96, 98, 100, 107, 129, 136

■た行

対話度………………………………70

多角化………………………53, 184, 236

多角化意思決定 ……………187, 201, 220
多角化度 ……4, 5, 18, 29, 239, 242, 244,
247, 248, 249, 250, 252, 253, 254, 264
多角化投資 ………………183, 201, 220
多角化に伴う経営課題 ……193, 201, 205,
216, 222
多角経営体 ………………97, 101, 183
多角経営類型 ……3, 6, 17, 54, 89, 90,
97, 101, 105, 143, 185, 235
多職種チーム ……………………158
タスクシフト ……150, 167, 168, 169, 174
タスクシフト阻害要因 …………173, 179
担当組織整備 ……………………256, 265
地域競争環境 ……………………210, 227
地域連携関連 ………………………40, 45
提供プロセスの標準計画管理 ………143
定量的評価 ……6, 7, 8, 9, 13, 21, 22, 26,
30, 31, 32, 142, 149, 156, 159, 164, 190,
201, 221
出来高換算収入 ………………149, 159
動機付け ……………10, 23, 32, 64, 79, 85
統合された提供プロセス ……………193
投資意思決定 ……………2, 6, 11, 26
投資マネジメント …………………2, 5, 9
投資利益率法 …………………13, 190
トップ経営層 ……………………37, 49
トップダウン ……………68, 77, 81, 84
どんぶり勘定的採算管理 ……83, 197, 257

■な行

入院医療サービス ………………141

■は行

把握頻度 ……………………………108
波及効果 ……5, 18, 29, 35, 188, 191, 205,
220, 222, 225
波及効果増進 ……193, 205, 211, 214, 217,
222, 230

働きかけ的利用 …42, 47, 61, 69, 78, 85,
95, 97, 99, 108, 114, 119, 121, 126, 131,
132, 135, 136
非一般型 ………………………106, 110, 124
非多角経営体 …………………92, 97, 101
病院・診療所型 ………3, 54, 90, 97, 105,
143, 185
病院・診療所・老健型 ……3, 54, 90, 97,
105, 143, 185
病院のみ型 ……3, 90, 97, 105, 143, 267
病院のみ附帯無型 …………………267
病院・老健型 ……3, 54, 90, 97, 105, 143,
185
評価・動機付け ……202, 208, 211, 213,
217, 229
費用削減効果 …………………………175
標準提供プロセス …………142, 146, 154
費用対成果としての価値 …141, 158, 160
費用対成果の作り込み ……148, 152, 174
病棟運営効率関連 …………………39, 45
病棟横断的な標準提供プロセス …151,
160
病棟別損益計算 ………103, 124, 134, 137
病棟別予算管理 ……………………137
費用予算 ………………57, 76, 80, 83
副作用 ………………………50, 72, 86
附帯業務 ………………………………3, 18
部門管理者層主導 ……………………77
部門別損益計算 …33, 83, 103, 107, 124,
130
部門予算 ………………………………85
分析的利用 …42, 47, 61, 69, 78, 85, 95,
97, 99, 108, 114, 119, 120, 126, 131, 132,
135, 136
ベンチマーク …………………149, 159
変動費 ………………112, 117, 131
包括出来高差 …………………149, 159
包括払い …………………141, 161

法人経営層主導 ·················58, 66, 77
法人全体機能向上 ··········214, 221, 228
法人全体経営計画 ·······················197
法人全体中期事業計画 ··········246, 258
法人全体としての財務指標 ·····199, 203,
　207, 209, 212, 218, 224, 230
法人全体予算 ·······················248, 258
法人内患者データ統合利用 ·····253, 262
法人内統合一貫サービスモデル ·····251,
　261
法人内連携戦略 ···················242, 255
法人内連携統合のための経営管理
　·································235, 237
法人本部主導 ···························67, 71
法人本部主導予算管理 ··········248, 259
法人理念との適合性 ··············215, 228
ボトムアップ ·······68, 77, 81, 84, 87
本部管理徹底度 ···························249
本部施設間の対話度 ·················62, 73
本部主導投資 ·······················250, 260
本来業務施設 ···················3, 18, 105
本来業務多角化 ·······54, 75, 183, 185

■ま行

マネジメントサイクル ·······8, 28, 30, 31
未実現理由 ·····················95, 110, 135
目指すべき事業利益率 ····10, 17, 24, 29,
　33

目標設定 ······95, 98, 101, 108, 115, 121,
　129, 131, 132, 135, 137

■や行

要素考慮度 ········148, 152, 155, 163, 201
予算管理 ·············8, 21, 31, 53, 67, 75
予算管理機能 ·················60, 69, 78, 85
予算実績差異情報開示 ··········60, 69, 73
予算実績差異情報の主たる利用層 ····59,
　66, 68, 71, 77, 82, 84, 87
予算実績差異把握頻度 ····57, 65, 70, 76,
　81, 86
予算スラック対策 ···················58, 67
予算編成主導層 ···························59

■ら行

利益額 ·································204, 219
利益センター ···············107, 111, 125
療養型 ···········4, 56, 91, 106, 186, 241
連携強化観点からの事業計画/予算
　編成 ···························193
老健併営系多角化類型 ···················267
労務時間企画 ·····························180
労務単価企画 ···············167, 174, 180
労務費の作り込み ·······················167

■わ行

割引現在価値法 ···········13, 26, 190, 221

《著者紹介》

荒井　耕（あらい　こう）

一橋大学大学院経営管理研究科教授

1994年　一橋大学商学部卒業
2001年　富士総合研究所勤務を経て，一橋大学大学院商学研究科博士課程修了　博士（商学）取得
　　　　大阪市立大学大学院経営学研究科専任講師，助教授，准教授を経て，
2008年　一橋大学大学院商学研究科准教授
2012年　一橋大学大学院商学研究科教授，現在に至る
　　　　中央社会保険医療協議会公益委員（2015年〜2021年）
　　　　東京医科歯科大学大学院医療管理政策学コース「財務・会計」担当講師（2004年〜現在）
　　　　専門分野：管理会計，原価計算，医療管理会計，公会計

［主要著書］

『医療バランスト・スコアカード：英米の展開と日本の挑戦』中央経済社，2005年5月（日本原価計算
　研究学会　学会賞受賞）．
『医療原価計算：先駆的な英米医療界からの示唆』中央経済社，2007年2月（日本会計研究学会太田・
　黒澤賞受賞）．
『病院原価計算：医療制度適応への経営改革』中央経済社，2009年1月（日本管理会計学会・文献賞受賞）．
『医療サービス価値企画：診療プロトコル開発による費用対成果の追求』中央経済社，2011年7月．
『病院管理会計：持続的経営による地域医療への貢献』中央経済社，2013年11月（日本公認会計士協会
　学術賞−MCS賞受賞）．
『病院管理会計の効果検証：質が高く効率的な医療の実現に向けて』中央経済社，2019年9月．
『診療所の財務実態：多角化・多拠点化の財務的効果』中央経済社，2020年1月．
『病院の財務実態：多角経営時代の医療法人』中央経済社，2021年1月．
『新型コロナ流行初期における医療機関の財務的影響：将来の新興感染症流行に備えた歴史的教訓』中
　央経済社，2023年10月．

牧誠財団研究叢書21
多角経営時代の医療法人管理会計
：有効活用による経営持続性の向上

2024年11月10日　　第1版第1刷発行

著　者　荒　井　　　耕

発行者　山　本　　　継

発行所　㈱中　央　経　済　社

発売元　㈱中央経済グループ
　　　　パブリッシング

〒101-0051　東京都千代田区神田神保町1-35
　　　　電　話　03（3293）3371（編集代表）
　　　　　　　　03（3293）3381（営業代表）
　　　　https://www.chuokeizai.co.jp
　　　　印刷／三英グラフィック・アーツ㈱
　　　　製本／誠　製　本　㈱

© 2024
Printed in Japan

＊頁の「欠落」や「順序違い」などがありましたらお取り替えいた
　しますので発売元までご送付ください。（送料小社負担）
ISBN978-4-502-51801-0　C3034

JCOPY〈出版者著作権管理機構委託出版物〉本書を無断で複写複製（コピー）することは，
著作権法上の例外を除き，禁じられています。本書をコピーされる場合は事前に出版者
著作権管理機構（JCOPY）の許諾を受けてください。
　JCOPY〈https://www.jcopy.or.jp　eメール：info@jcopy.or.jp〉

牧誠財団研究叢書 （旧メルコ学術振興財団研究叢書）

メルコ学術振興財団研究叢書 12
進化する生産管理会計
新井康平（著）　　＜A5 判・172 頁＞

メルコ学術振興財団研究叢書 13　　日本原価計算研究学会賞受賞
セーレンの管理会計─高不確実性下の予算管理と人事評価
足立 洋（著）　　＜A5 判・240 頁＞

牧誠財団研究叢書 14
経営管理システムをデザインする─中小企業における管理会計実践の分析
飛田 努（著）　　＜A5 判・348 頁＞

牧誠財団研究叢書 15
医療機関のマネジメント・システム
伊藤和憲（編著）　　＜A5 判・220 頁＞

牧誠財団研究叢書 16
日本的グローバル予算管理の構築─実務に根ざした理論化の試み
堀井悟志（編著）　　＜A5 判・256 頁＞

牧誠財団研究叢書 17
サステナブル経営を実現する金融機関の管理会計
秋山 盛（著）　　＜A5 判・340 頁＞

牧誠財団研究叢書 18
組織間マネジメント・コントロール論
－取引関係の構築・維持と管理会計
坂口順也（著）　　＜A5 判・204 頁＞

牧誠財団研究叢書 19
管理会計担当者の役割・知識・スキル
－ビーンカウンターから FP&A ビジネスパートナーへの進化
池側千絵（著）　　＜A5 判・264 頁＞

牧誠財団研究叢書 20
現場改善会計論－改善効果の見える化
上總康行・柊紫乃（著）　　＜A5 判・220 頁＞

中央経済社